高等院校素质教育系列教材

宗教学导论

An Introduction to Religion

（第三版）

王晓朝　李磊　编著

首都经济贸易大学出版社
Capital University of Economics and Business Press
·北京·

图书在版编目(CIP)数据

宗教学导论/王晓朝,李磊编著. --3 版. --北京:首都经济贸易大学出版社,2019.8

(高等院校素质教育系列教材)

ISBN 978-7-5638-2938-5

Ⅰ.①宗… Ⅱ.①王… ②李… Ⅲ.①宗教学—高等学校—教材 Ⅳ.①B920

中国版本图书馆 CIP 数据核字(2019)第 092044 号

宗教学导论(第三版)
王晓朝　李　磊　编著

责任编辑　田玉春
封面设计　砚祥志远·激光照排　TEL: 010-65976003
出版发行　首都经济贸易大学出版社
地　　址　北京市朝阳区红庙(邮编 100026)
电　　话　(010)65976483　65065761　65071505(传真)
网　　址　http://www.sjmcb.com
E-mail　publish@cueb.edu.cn
经　　销　全国新华书店
照　　排　北京砚祥志远激光照排技术有限公司
印　　刷　北京市泰锐印刷有限责任公司
成品尺寸　170 毫米×240 毫米　1/16
字　　数　339 千字
印　　张　19.25
版　　次　2006 年 1 月第 1 版　2011 年 8 月第 2 版
2019 年 8 月第 3 版　2024 年 1 月总第 11 次印刷
书　　号　ISBN 978-7-5638-2938-5
定　　价　39.00 元

出版说明

《宗教学导论》一书自2011年修订至今转眼又走过了数个年头。在改革开放和现代化进程不断加深的背景下，中国宗教状况有了许多新形势、新变化，在全球化与“一带一路”建设过程中，倡导人本与理性精神的中国宗教如何发挥自己的作用，如何为中国社会的现代化做出独特的、不可替代的贡献？在2016年的全国宗教工作会议上，习近平总书记对我国的宗教工作基本方针做了全面阐述，其中强调，人才培养是做好新形势下宗教工作的一个关键问题。

在我国的高等教育领域，宗教学是一门新兴的人文社会科学学科。学习这门课程，将会对宗教学的基本原理，对世界诸宗教的历史和现状、发展规律、内在本质有一个较为系统的把握，对当代宗教的热点问题形成较为全面的了解和正确的认识，从而提高广大莘莘学子的人文素养。

在本次修订中，作者对新时期中国的宗教工作做了最新的分析和总结，通过本课程的学习，对于读者认识宗教的本质、历史发展及其在社会文化中的地位与作用，有着重要的理论意义和现实意义。

本书虽经多次修订，但由于时间仓促，内容可能仍有诸多不足之处，恳请业界同仁及广大读者提出批评指正。

出版者

前言

宗教是一种客观存在的社会现象，也是一种在世界各个民族、各个国家普遍存在的社会历史文化现象。一般说来，人们对宗教并不陌生，神佛显灵的传闻、祭天祀祖的礼仪、五体投地的信徒、念念有词的祝祷、晨钟暮鼓的佛庙、香烟缭绕的道观、巍峨壮丽的教堂、残酷的宗教纷争等等，只要一提起宗教，这些现象就会浮现在人们的眼前，并在人们心中引起无限的遐想。

然而，熟知非真知。诚如宗教学创始人麦克斯·缪勒所说：宗教信徒可谓对宗教十分熟悉，“成千上万的人信心之诚笃可以移山，但若问他们宗教究竟是什么，他们可能张口结舌，或只能说说外表的象征，但谈不出其内在的性质，或只能说说信心所产生的力量”①。既然宗教信徒都如此，那么非宗教信徒对宗教的认识和了解也就可想而知了。因此我们不仅要了解和研究宗教现象，还要思考宗教的本质。

宗教的历史非常漫长，从原始宗教算起，宗教至少已经有了数万年的流传历史，即使后来出现的若干世界性大宗教也有两千多年的发展和演变。宗教的发展与人类文明的历史同步，它已经经历了原始社会、奴隶社会、封建社会、资本主义社会和社会主义社会五种社会形态，对人类的思想意识、文化形态、心理

① 麦克斯·缪勒：《宗教学导论》，陈观胜、李培茱译，上海人民出版社，1989年版，第11页。

素质、法律思想、政治制度产生着不可忽视的影响。宗教既打上了人类远古社会的各种烙印，又随着人类社会历史发展的各个阶段而不断充实，可以说，宗教是人类社会的一种不可或缺的文化现象和文化载体。尽管今天人类文明取得了巨大成就，但是只要人类处于不断探索自然并发展自身的情况下，宗教的存在和影响仍将长期延续下去。

宗教的分布极为广泛。迄今为止，宗教在一切社会形态、一切国家、一切民族、一切种族、一切阶级和阶层中，都有程度不同的存在和发展，具有无可比拟的文化继承性和社会适应性。近二十多年来，人类的科技进步取得了巨大的进展，但是宗教并没有衰微的迹象，反而有迅速扩张的态势。传统宗教积极改革以适应新形势，新兴宗教大量兴起，宗教多样化的倾向日趋明显。一些新兴宗教走向极端，成为邪教，给社会和信徒造成不小的危害。

宗教的表现极为复杂，这不仅表现在宗教的教义、教理思想丰富，而且表现在教派划分、宗教礼仪的繁多等许多方面。撇开一切地方性的、古老的、原始的、形形色色的民族宗教不谈，单就世界三大宗教来说，每一宗教都在历史上形成了难以计数的宗派，每一个教派都有自己的教义、教规，每一宗派又组成了各种各样的宗教组织，创制了各种各样的宗教经典和宗教仪式。

宗教的复杂性还表现在它与社会各个领域的关联，它们互相交叉、互相影响、相互作用，比如宗教与道德、宗教与文化、宗教与和平、宗教与科学、宗教与民族等等。对于教徒来说，宗教戒律就是道德规范。就信仰宗教的民族来说，有不同的民族信仰同一种宗教的，有同一个民族信仰几种不同宗教的。各民族之间，各阶级、阶层之间，其宗教仪式、信仰程度、宗教心理、宗教感情都异彩纷呈、千差万别，宗教与民族习惯、民族文化互相交织、互相融合，表现出复杂的形态。甚至在当今国际格局下，宗教成为影响世界和平的重要因素之一。

中国是一个多民族、多宗教的国家。中华人民共和国成立后，在相当长的一段时间里人们对宗教持批判与否定的态度，人们片面地将宗教意识形态化、政治化，信仰宗教成为“落后”“愚昧”“迷信”的标记，这不仅践踏了马克思主义关于宗教的科学理论，而且否定了党和国家对宗教问题的正确方针政策，伤害了信教群众的感情，破坏了民族团结。

改革开放后，党和政府的宗教政策得到了很好的贯彻，宗教状况有了根本改观，宗教工作步入正轨，中国宗教走上了一条与社会主义社会相适应的道路。在这个过程中，在我国传播的各大宗教都有了长足的发展，学术界关于宗教学的研究也空前兴盛，中国宗教团体与国外宗教组织的交往也达到了前所未有的高度。1997 年10 月16 日，中国政府发表《中国的宗教信仰自由状况》白皮书，就中国的宗教现状、宗教信仰自由的法律保护、宗教信仰自由的司法行政保障和监督、对独立自主自办宗教事业的支持、对少数民族宗教信仰自由权利的保护等五方面阐述了中国充分尊重和保护宗教信仰自由的态度和主张。

尽管我国目前的宗教发展和宗教学研究盛况空前，但是就整个社会而言，对宗教的认识和了解并不是非常深入，特别是对世界宗教现象和状况的了解比较欠缺，因此本书的整体构架就是对目前世界主要宗教的介绍，以期增进当代大学生对宗教问题的了解，使大学生们有能力在掌握宗教学基础知识的前提下，分析和认识各种宗教现象，正确对待和处理各种宗教问题，在此过程中提高自身的人文素质。

本书全文由中国劳动关系学院的李磊博士执笔，我帮助构思全书框架和审阅部分稿件。受写作时间及本书性质所限，本书客观介绍较多,深入的理论分析较少,书中引用的材料以及作者自身的评价也有不够妥帖之处,敬请专家和读者批评指正。但愿这本书能起到桥梁的作用,使读者对世界宗教有更多的认识和了解。

王晓朝

目　录

第一章　什么是宗教 …… 1
第一节　宗教的起源 …… 2
第二节　宗教的构成要素 …… 11
第三节　宗教的社会功能 …… 26
第四节　现代社会宗教存在的根源 …… 36
第五节　世界宗教概况 …… 38

第二章　儒教 …… 43
第一节　孔子与儒学 …… 43
第二节　儒教的形成、发展与衰落 …… 48
第三节　儒教教义 …… 58
第四节　儒教仪式与礼仪 …… 63
第五节　儒教在亚洲 …… 67

第三章　佛教 …… 73
第一节　佛教的创立与发展 …… 74
第二节　佛教的基本教义 …… 78
第三节　佛教的主要礼仪 …… 82
第四节　佛教在中国的传播及其经典 …… 85

第四章　道教 …… 90
第一节　道教的形成与发展 …… 91

第二节　道教的教义和教规 …………………………………… 95
第三节　道教科仪和道术 …………………………………… 104
第四节　道教中的生态智慧 ………………………………… 108

第五章　基督教 …………………………………………… 115
第一节　基督教的诞生与发展 ……………………………… 116
第二节　基督教的经典 ……………………………………… 122
第三节　基督教的核心信仰与基本礼仪 …………………… 131
第四节　基督教在中国的传播与发展 ……………………… 132

第六章　伊斯兰教 ………………………………………… 135
第一节　伊斯兰教的诞生与发展 …………………………… 136
第二节　伊斯兰教的基本信条 ……………………………… 141
第三节　伊斯兰教的礼仪 …………………………………… 144
第四节　伊斯兰教的经典 …………………………………… 147
第五节　伊斯兰教在中国的传播与发展 …………………… 149

第七章　印度教 …………………………………………… 155
第一节　印度教的起源和发展 ……………………………… 156
第二节　种姓制度 …………………………………………… 161
第三节　印度教的信仰 ……………………………………… 170
第四节　印度教的仪式与节日 ……………………………… 176
第五节　印度教在世界的传播 ……………………………… 179

第八章　犹太教 …………………………………………… 186
第一节　多灾多难的犹太人 ………………………………… 187
第二节　犹太教的创立和发展 ……………………………… 193
第三节　犹太教教义 ………………………………………… 199

第四节　犹太教经典 …………………………………… 203
第五节　犹太教的节日和习俗 ……………………………… 207
第六节　犹太教在中国 ……………………………………… 212

第九章　邪教 …………………………………………… 217
第一节　什么是邪教 …………………………………… 217
第二节　当代世界主要邪教简介 ………………………… 224

第十章　宗教与社会的关联 …………………………… 237
第一节　宗教与科学 …………………………………… 238
第二节　宗教与文化 …………………………………… 248
第三节　宗教与道德 …………………………………… 256
第四节　宗教与和平 …………………………………… 267

第十一章　社会主义中国的宗教 ……………………… 275
第一节　新制度下宗教的调适 ………………………… 275
第二节　中国宗教五性的提出 ………………………… 279
第三节　新时期我国宗教工作的基本任务 …………… 284

参考书目 ………………………………………………… 294

第一章

什么是宗教

本章要点

- 宗教是一种在世界各个民族、各个国家普遍存在的社会历史文化现象。宗教是人类社会发展到一定历史阶段的产物。关于宗教的起源,理论界有各种各样的说法,有的人认为宗教起源于神话,有的人认为宗教起源于自然崇拜,还有的人认为宗教起源于巫术。按照马克思主义的观点,宗教起源于人的发明,是人创造了宗教,而不是宗教创造了人。宗教的本质是支配着人们日常生活的外部力量在人们头脑中的幻想的反映。
- 一般看来,宗教有几个基本的要素,分别是宗教意识、宗教组织、宗教仪式和宗教器物。当宗教体系化和制度化后,宗教对社会的稳定和发展有一定的积极作用,如社会整合与控制功能、社会心理调节功能、社会化与交往功能等,但是宗教对于社会稳定和发展也有一定消极影响。
- 当今世界是一个科学技术非常发达的时代,达到了人类先辈无法达到的文明,但宗教在今天并没有衰微的趋势,这背后有深刻的心理根源和社会根源。也就是说,宗教很好地满足了人对不死的追求,也体现了人类的终极关怀。宗教作为一种以人的存在状况为反映对象的社会意识,它的内容不仅反映了人与自然的关系,而且也反映了人与人之间的关系。只要人类不能完全认识自己、不能完全解决自身的各种问题,宗教就不会消亡。只有到了"谋事在人,成事也在人"的时候,宗教才能最后消亡。
- 在漫长的人类历史中,产生了成千上万种的宗教,有的宗教流传了下来,有的则随着历史的发展而消失。根据20世纪90年代的资料,当时世界人口约为51.5亿人,信奉各种宗教的人达41.7亿人,天主教和基督教有17.58亿信徒,伊斯兰教约有9.35亿信徒,印度教有7.05亿教徒,佛教有3.03亿信徒,各种新兴宗教有信徒1.38亿,其他信奉原始宗教或邪教。

宗教是当今人类社会的普遍现象,世界上每个民族都有自己的民族宗教。在当今的世界人口中,有近2/3的人信仰各种不同的宗教。由各种宗教内部产生的矛盾、宗教与宗教之间产生的矛盾、宗教与社会生活各方面产生的矛盾,构成了世界各国普遍关注的宗教问题。在我们的现实生活中,经常会出现这样的画面:在庄严肃穆的教堂,一群教徒在顶礼膜拜;两个宗教组织在为圣地的归属而进行战争;虔诚的宗教徒进行着各种不同的宗教仪式和礼节……可以说,今天的宗教已经渗透到人们日常生活的方方面面,特别是对于宗教信徒来说,宗教就是他们精神生活的全部,而且由宗教所产生的各方面的问题对全球社会生活的影响也越来越大,比如由于宗教问题所引起的国际纷争等等。在科学日益发达的现代社会,宗教甚至有越来越兴旺的趋势。那么到底什么是宗教,它又是如何产生的呢?宗教的本质是什么,它是由哪些要素构成的,它又有哪些社会功能?现代社会是一个科技文明高度发达的社会,为什么仍然有宗教的存在?只有弄清了这些问题,才有助于我们正确认识宗教。

第一节 宗教的起源

宗教是人类社会特有的历史现象。宗教与其他人类社会文化形式一样,是人类社会发展到一定历史阶段的产物,有其产生、发展、衰落和消亡的历史过程。

在漫长的历史过程中,人类从古猿中的支系逐步进化至今,大约经历了早期猿人、晚期猿人、早期智人、晚期智人四个阶段。1995年在非洲肯尼亚发现的人类祖先化石是已知的最早直立人化石,化石年龄在407万年至412万年之间。考古学家又把人类的发展分为猿人、古人、新人和现代人四个阶段,而只有到了所谓新人的发展阶段才发现有宗教遗迹。1856年在德国杜塞尔多夫尼安德尔河区域附近洞穴中所发现的"尼人"遗骸,其位置经常是头东足西,与日出东方和日落西山这一自然现象有联系。尼人的遗骸有一定的葬式,在不少遗骸的周围撒落着红色的碎石片及工具,这些东西被考古学家认为是随葬用品,具有宗教观念的意义。在法国穆斯特累洞中发现的一个"尼人"青年遗骸,他的头枕在一块燧石上,身体周围散放着74件石器,左侧还有一件石斧,头部和肩部用石板保护着。在法国的奥瑞纳洞穴中,死者则被按照胎儿的姿势埋葬起来,身边也放有武器、工具,还有食物、首饰。这些考古发现被学者们视为尼人已有灵魂观念的证明。

1939 年在我国周口店发现的“山顶洞人”存有葬礼的遗迹,遗骸周围撒有含赤铜矿的红色粉末。红色象征着光明、温暖的火和具有生命力的血。此外,还有死者生前的装饰品作为随葬物,如钻空的兽齿、石珠、骨珠等等。

上述两处发掘的材料,是我们目前所能找到的最早的宗教萌芽遗迹。由此推断,最早的原始宗教产生的年代,大约是十几万年以前。

近代社会学对于近现代尚存的原始民族的调查结果也有助于我们把握宗教的起源。美国著名社会学家摩尔根在对美洲印第安原始社会做了大量的调查研究之后,在《古代社会》一书中指出:宗教是在野蛮时代的中期产生的,而不是从来就有的。关于宗教到底是如何起源的,当前有各种学说,下面介绍宗教起源的主要理论。

一、宗教起源于神话

自然神话论是宗教学有关宗教起源问题的第一种理论。它认为:宗教的来源及其最早形式是自然神话,尤其是星辰神话;神话和宗教中的神,都是自然物的人格化,尤其是较大的星辰的人格化;除此之外,还有一些神是某些自然力和自然现象的人格化。

神话传说是人类早期生活的全面记录,表现着人类生活的各个方面,其中关于宇宙和人类起源的神话故事包含着浓厚的宗教心理和情感。神话以一种浪漫想象来表达神性观念及其灵性世界,远古人类在这种浪漫想象中开始探索世界和人生的起源及归宿,并对其存在和意义提出了“是什么”和“为什么”等根本性问题。全世界各种古老文化系统中均有丰富的神话故事。

在埃及,有太阳神“拉”开天辟地的传说。据说在混沌初开之际,“拉”在水神“努”的体内孕育成形,又从莲花苞中开出水面,显现为一团红日,并成为万物的创造者。“拉”创造了天地、人类和动物。后来,由于人类堕落犯罪,“拉”派遣他的女儿爱情之神赫托尔去毁灭他们。接着“拉”又回心转意,便以美酒灌醉女儿,使她常卧不醒,人类因此而免于毁灭。

在巴比伦,也有一则创世神话。故事说,起初太空中只有混沌和化身为恶魔的提阿马特的太初深渊。后来,提阿马特生了诸神,诸神反过来剥夺了她的权力。提阿马特为此震怒,准备惩治诸神,诸神得知后十分恐慌,唯有大神安夏尔之子马尔都克对提阿马特无所畏惧,并与之搏斗且战胜了她。马尔都克将提阿马特的躯体撕成两半,一半为天,一半为地,并进而创造了星辰、万物和人类。

在中国,则有盘古开天地的神话传说。上古时期,天与地混沌未开,像个鸡蛋,盘古就生长在这当中。经过 18 000 年,天地分剖,属于“阳”的清而轻的物事上升为天,属于“阴”的浊而重的物事下降为地。盘古也在天地变化之中成长,以致其智慧超过天,其力超过地。这样又经历 18 000 年,天极高了,地极深了,盘古的身子极长了,然后才有三皇出现在世间。

希腊神话中的阿波罗

阿波罗是希腊神话中的太阳神,是音乐家、诗人和射手的保护神。他是宙斯的儿子,他的典型形象是右手拿七弦琴,左手拿象征太阳的金球。

希腊神话关于宇宙的生成有多种说法。希腊诗人赫西奥德说:“首先出现的是混沌;接着出现的是宽广的大地,那永远岿然不动的为一切不朽的神居住的奥林帕斯雪峰的基座;接着是在宽广的大地凹处的朦胧的冥府塔尔塔洛斯;接着是不朽的神中最可爱的爱神厄罗斯,她对待神和人是一样的,既酥软了他们的手足,又慑服了他们的神志。从混沌中产生了黑域厄瑞布斯(指阴间和阳间之间的黑暗区域)和黑夜。他们婚配后,又从黑夜中产生了白昼。于是大地首先产生和她本身同样广大的、点缀着繁星的天宇,将自身团团围住,并作为幸福的诸神的永恒居处;以后她又不经交配而产生高山,是栖息于森林山谷的女神尼姆福斯流连的居处,以及波涛汹涌的海洋。然后,大地和天宇婚配,产生涡流深深的大洋之神俄刻阿诺……”①

此外,《旧约》中记载了古代希伯来人的神话创世说。上帝耶和华在创造了天

① 赫西奥德:《神谱》,张竹明译,商务印书馆,1996 年版,第 116 ~ 134 页。

地万物之后，又用泥土捏了一个男人，取名亚当，并取亚当的肋骨造了一个女人，取名夏娃。耶和华使他们结为夫妻并将他们安置在伊甸园中生活。之后，亚当和夏娃在蛇的劝诱下，违背耶和华的旨意吃了分辨善恶之树的果子，于是智慧明了，眼睛亮了，他们看到了自己那赤裸着的美丽肉体。而耶和华知道后，大发雷霆，他将亚当和夏娃赶出伊甸园去历经人类的各种磨难。

神话在远古时代是人们对人性与神性、世间与灵界的描述和解释。古人用神话形象来说明宇宙的起源和天地万物的存在，体悟并解说人本身的意义。因此，神话中的各种人格神灵、天体神灵、自然神灵和动植物神灵形象构成了远古人类精神认知上的世界全景。英国文化人类学家马林诺夫斯基曾说："神话在一个原始社会里，就是说在其活生生的自发形式下面，并不仅仅是讲述出来的故事，而是一个有生命的实在。它并不属于发明之类，如我们今天在小说当中读到的那种东西，它是一个有效的、活着的实在。由此，人们相信神话产生在那些最遥远的时代，而且自那时以来，继续不断地影响着世界和人类的命运。"①回溯宗教的历史，我们可以说原始宗教与原始神话本不可分，原始神话乃原始宗教所具有的象征表述体系。

当宗教进入人类文明时代以后，神话的运用及其影响虽然逐渐削弱，但却未曾从根本上退出宗教舞台。世界各大宗教在其发展演变中仍不同程度地保留了其神话形式。现存于世的各大宗教都有各自的神话构建，如犹太教、基督教的圣经神话体系，东方宗教中的印度神话体系，佛教神话体系和道教神话体系等，都保持着旺盛的生命力和在信仰生活中的活跃之态。因此，进一步研究当今世界宗教神话体系仍旧很有必要。

二、宗教起源于自然崇拜

自然宗教是人类文明史以前的宗教形态，有着一个较长的变化过程，随着人类对于改造自然和认识自然能力的提高，原始宗教也在不同的发展阶段上表现出种种不同的宗教形式。概括起来，原始宗教大致有这么几种主要形式：大自然崇拜、动植物崇拜、鬼魂崇拜、祖先崇拜、图腾崇拜、灵物崇拜、偶像崇拜。这些原始宗教形式归纳起来又可以分为两大类：一类是对自然力和自然物的直接崇拜，把直接可以为感官所感觉到的自然物和自然力当做崇拜对象；另一类是精灵和鬼魂的崇拜，其崇拜对象不是由感官所感觉的某种力量，而是纯属幻想出来的某种神秘自然力

① 荣格、凯伦伊：《论神话的起源和基础》，《外国美学》第二辑，商务印书馆，1995年版，第439页。

量的精灵、鬼魂等，但是它并没有把精灵、鬼魂同自然物自然力断然分开，而仍然把自然力当做精灵的力量的表现。因此，原始宗教的崇拜对象没有超出自然物范围。

万物有灵，首先就在那周围的环境中。2 000 年前，我国古代思想家庄子曾经这样描述过："水有罔象、丘有峷、山有夔、野有彷徨、泽有委蛇"（《庄子·达生》），万物的灵真是无所不在，人类学和民族学的资料也表明了这一点。近代的澳大利亚，一些原始部落也常有许多圣地，这些圣地往往就是该部落狩猎地域内的某个特异之所：石崖、丛林、沼泽、峡谷。再如古代希腊神话中的宙斯形象，也可说是从原始精灵演化而来，宙斯所居住的奥林匹斯山实际是希腊东北部一座高耸云霄的山峰，终年白雪皑皑，云雾悠然，丰沛的雨水滋润着附近的帖萨利亚原野。于是，当地牧人和耕者惯于将这座巍峨的山峰视为山灵栖居之所。

1872 年，英国著名的人类学家和宗教学家泰勒提出了一种理论，解释宗教的起源。泰勒认为，原始人根据对睡眠、出神、疾病、死亡、梦幻等生理和心理现象的观察，推论出与身体不同的灵魂观念，然后把灵魂观念应用于万物，产生了万物有灵论；应用于死去的祖先，产生了祖先崇拜与纯粹神灵观念；应用于非生命的自然物，产生了自然神和自然崇拜；以后发展为种类神崇拜和多神教，至上神崇拜和一神教。泰勒指出，在祖先崇拜、实物崇拜和自然崇拜之前，已有万物有灵的崇拜。因此，万物有灵崇拜乃是一切宗教的源泉。在关于宗教起源的若干种理论中，泰勒的理论是影响最大的一种。

1885 年，罗伯特森·史密斯在其研究阿拉伯人和闪族人宗教的著作中，主张图腾崇拜是一切宗教的起点。弗洛伊德在心理分析的基础上发展了图腾论，他不仅认为图腾崇拜是一切宗教的起源，而且认为是一切文化、道德和社会组织的起源。杜尔凯姆的名著《宗教生活的基本形式》进一步发展了这一理论，但是他又把图腾崇拜与巫术结合起来，把此二者的混合物视为人类宗教的起源。

我国原始社会时期的陶器纹饰就具有广泛而深刻的图腾崇拜的背景。在已出土的实物中，仰韶文化的半坡类型与庙底沟类型，分别属于以鱼和鸟为图腾的氏族部落；马家窑文化则分别属于以鸟和蛙为图腾的氏族部落。各种图腾纹饰都同样促进着原始绘画艺术的提高。在西安半坡出土的陶器中有人面形图案，人面眼鼻明显，口呈工形，有些两边还各加小鱼，造型非常别致。还有鱼形图案和鹿形图案，鱼或张口，或翘首，或游于水中；鹿则长颈、短尾、奔跑、行走、伫立，姿态各异。在河南三门峡庙底沟出土的陶器残片上，绘有蛙的图案，蛙的形态非常生动，煞是可爱。

诸如此类以图腾为背景的绘画、雕刻艺术也遍及世界其他地区。如爱琴文化的克里特—迈锡尼时期，敬牛之风尤为盛行。对此，屡见不鲜的牛像可资佐证。其中，有一镌刻于印章上的图像饶有意味：躯体和腿与人一般无二，却生有牛蹄、牛尾、牛首，这显然属于图腾艺术。又如法国、西班牙岩洞中的各种绘画除了对动物的一般膜拜外，还有相当程度具有图腾性质。至于印第安人的图腾柱，更以其造型生动、技法纯熟而著称于世。

舞蹈是又一种与图腾紧密结合的形式。有相当长的一段时间，世界各地的舞蹈表演都以图腾为目的。欧洲旧石器时代遗址阿尔塔米拉洞穴发现的城雕中，有所谓猿人形者，泰雅洞穴也有佩戴面具和饰物的舞者。近代澳洲土人精于模仿鸵鸟、袋鼠的动作，特别爱用腕部象征动物的颈部。在非洲，土人的鳄鱼舞蹈尤为普遍。而北美印第安人的舞蹈，所模仿的图腾多为熊、犬、野牛等。

三、宗教起源于巫术

在原始社会中，巫术是一类重要的社会现象。宗教学者们在研究宗教起源时，也把目光投向了巫术。他们看到，在人类早期生活中，诸如接生、起名、成年仪式、婚配嫁娶，乃至送葬等等，往往都要由巫师来主持。在生活中，凡遇到困境，也都要由巫师负责处理。比如在古代欧洲的克尔特人那里，一切祭仪均操于专职祭司德鲁伊德手中，而要成为德鲁伊德者，必须经过漫长而又艰苦的培训，时间长达二十余年。在此期间，除必须领悟祭司的奥秘外，相当重要的一个内容就是要熟记为数众多的宗教颂歌和咒语。

美国学者金氏于 1892 年提出巫术先于万物有灵论，主张把巫术作为宗教的起源。弗雷泽在 1900 年《金枝》第二版中系统论述了人类理智发展历程的三个阶段：巫术、宗教、科学。他认为原始人在巫术阶段尚未有精灵或神明的观念，相信可以用巫术手段来控制超自然力，只是在理智进一步发展之后，认识到巫术无效，才转而向超自然力的神灵祈求，于是产生宗教，也就是说，宗教起源于巫术。

英国文化人类学家马林诺夫斯基(1884—1942)对宗教研究有重大贡献。他认为，原始文化可以划分为圣、俗两个方面，其中圣的一面又可以进一步划分为宗教与巫术。也就是说，他认为宗教由原始巫术发展而来，但并非所有巫术都是宗教。他指出，必须考察原始文化生活中的世俗方面，比如农业、航海、渔业、战事等等，看看其中到底有无一种行为是以经验和逻辑为依据的，从而有别于巫术和宗教。为此，马林诺夫斯基利用自己实地考察所得到的第一手资料来证明自己的观点。

新几内亚及其邻近地区向来以盛行巫术著称。位于新几内亚东北部的美拉尼西亚人主要以农业为生，他们的农具十分粗糙，但即使靠这些简单的农具，他们也能获得丰产，而且还能做到年有余。尽管当地人已经有非常系统的关于农业生产的知识，但是当地土人认为巫术对于农业丰收必不可少。当地的一切农事都掺杂着巫术活动，美拉尼西亚人每年都要按时在地里举行一整套传统的巫术仪式。当地土人在农业活动中是这样，在其他活动中也是如此，比如他们非常精通造船技术，也掌握很多海航知识，但是他们仍然利用巫术来乞求神灵的保佑，因为航海终归避免不了狂风、恶浪、暗礁等等意外情况。此外，美拉尼西亚人在渔业、战争、疾病、生死等方面也同样如此。

基于上述考察，马林诺夫斯基得出结论，他说："因此，原始人对于自然和命运，不管是想要利用前者还是躲避后者，总是清楚地认识到这两种势力或力量，即自然的和超自然的，并且总是出于自己的利益而试图利用二者。只要借助经验了解到，在知识引导下做出的努力会有收益，他们便决不会放弃或忽视这样或那样的努力。他们知道，种庄稼不能只靠巫术，独木舟制造不当或操持不当也不能下水航行，打仗时缺乏武艺和胆量也无法取胜。他们从来就没有仅仅依赖巫术，相反，有些时候甚至根本不需要巫术，比如在取火以及其他一些行为和事务中。然而，每当他们不得不承认自己的知识和理性技能于事无补时，他们便求助于巫术了。"①

四、宗教起源于人的发明

原始宗教（或自然宗教）是宗教发展的最初阶段。从现已掌握的材料来看，以往学者提出来的宗教起源的理论，比如"神秘观念说""鬼魂说""恐怖观念说""人格说""精灵说""图腾论"等等，都有其自身难以解答的现象。例如：有些原始部族里只有自然崇拜而没有祖先崇拜，有些原始部落对恒长不变的自然物和自然现象也加以崇拜，但这些事物并不会引起人们的恐惧感。由此可见，上述理论实际上是抓住了原始宗教的某个特点，进而视之为宗教的全部起源，因此都有一定的局限性。在了解了这些理论后，让我们以历史唯物主义为指导，深入到社会物质生活中去寻找宗教的起源。

历史唯物主义为我们研究原始时代自然宗教的起源提供了方法论的指导。马克思在《资本论》中指出："甚至所有抽掉这个物质基础的宗教史，都是非批判的。

① 马林诺夫斯基：《巫术、科学、宗教与神话》，李安宅译，中国民间文艺出版社，1986 年版，第 33 ~ 34 页。

事实上，通过分析来寻找宗教幻想的世俗核心，比反过来从当时的现实生活关系中引出它的天国形式要容易得多。”①宗教是人类在一定的物质生活条件下受自然界沉重的压迫、把自然力和自然物神化的结果。在原始社会中，处在采集和狩猎经济阶段的人们经过无数次的生产斗争实践，扩大了生产范围，提高了抽象思维能力，逐渐认识到许多自然现象和人们经济生活的联系，从而对许多自然现象抱有某种希望，有了控制它的要求。只有到了这个时候，原始人才会对许多自然现象做异化的反映，把这些自然现象神圣化。恩格斯指出，史前期的“这些关于自然界，关于人本身的性质，关于精灵、魔力等等的形形色色的虚幻观念，多半只是在消极意义上以经济为基础；史前时期的低级经济发展有关于自然界的虚幻观念作为补充，但是有时也作为条件，甚至作为原因”②。

原始社会的生产力水平十分低下，原始人类为了生活费尽了心思和气力，可是常常是白费气力或得到相反的结果。在此情况下，人们就由于多次失败而幻想获得成功，幻想自然恩赐，就把自然力看做是神秘的力，将许多偶然的机遇当做是神秘自然力对人们行动的报应，并且把这种对神秘自然力的信仰和依赖当做人们的生存条件。对变化多端的自然现象的无知是原始人制造神灵的重要认识论根源之一。诚如德国近代唯物论哲学家费尔巴哈所说：“自然界的变化，尤其是那些能激起人的依赖感的现象中的变化，乃是使人觉得自然是一个有人性的、有意志的实体而虔诚地加以崇拜的主要原因。如果太阳老是待在天上不动，它就不会在人们心中燃起宗教热情的火焰。只是当太阳从人眼中消失，把黑夜的恐怖加到人的头上，然后又再度在天上出现，人这才向它跪下，对于它的出乎意料的归来感到喜悦，为这喜悦所征服。所以佛罗里达的古代阿巴拉支人当太阳落山的时候，唱着颂歌向太阳致敬，同时祈祷它准时回来，使他们能够享受它的光明。如果大地上老是结着果实，还有什么理由来举行播种节和收获节的宗教典礼呢？大地上的果实之所以显得好像是出于天意的、理当感谢的恩赐，只是因为大地时而把它的宝库打开，时而又把它关闭。唯有自然的变易才使人变得不安定，变得谦卑，变得虔敬。”③

原始人类对自身精神活动和机体活动的关系之无知，也是造出神灵的认识论根源之一。恩格斯指出：“在远古时代，人们还完全不知道自己身体的构造，并且受梦中景象的影响，于是就产生一种观念：他们的思维和感觉不是他们身体的活动，

① 《马克思恩格斯全集》第 23 卷，人民出版社，1972 年版，第 410 页。
② 《马克思恩格斯选集》第 4 卷，人民出版社，1996 年版，第 703 页。
③ 《费尔巴哈哲学著作选集》下卷，三联书店，1962 年版，第 223 ~ 224 页。

而是一种独特的、寓于这个身体之中而在人死亡时就离开身体的灵魂的活动。从这个时候起，人们不得不思考这种灵魂对外部世界的关系。如果灵魂在人死时离开肉体而继续活着，那就没有任何理由去设想它本身还会死亡，这样就产生灵魂不死的观念。”①

澳大利亚的土著人在表演部落传统舞蹈

（摘自路易斯霍普夫：《世界宗教》，麦克米兰出版公司，纽约，1983，第17页。）

原始人相信灵魂存在、相信灵魂不死，这还不是宗教，只是形成原始宗教的一种思想基础。到后来，原始人群不但以当时的生活条件和要求来虚构神灵的世界和神灵生活方式，而且把自己的本质和心理状态附加给神灵，从而规定对神灵的崇拜仪式，以此来表现人与灵魂之间的关系，这才形成原始宗教。在宗教仪式中，人们把自己的思想、要求、生活方式，用满足神灵种种要求的形式来自我安慰和取得信心。就拿葬礼来说，有些原始人群可能是这样想的：灵魂既然与肉体长期相处一起，死后的灵魂就好像一个人留恋自己住熟了的住所一样，一时舍不得离开肉体，因此对尸体是否合理处置，就被人们想象成为能引起鬼魂喜怒的问题。为了使鬼魂给人类带来好处或至少不带来灾祸，古人就根据当时的生活状况和想象来处置尸体，使灵魂得到安乐。这样，葬礼就被看做处理活人与鬼魂之间关系的一个重要措施。

① 《马克思恩格斯选集》第4卷，人民出版社，1996年版，第459～460页。

恩格斯在《反杜林论》中，对宗教的起源做了总结式的论述，他说：一切宗教都不过是支配着人们日常生活的外部力量在人们头脑中的幻想的反映，在这种反映中，人间的力量采取了超人间的力量的形式。在历史初期，首先是自然力量获得了这样的反映……不久社会力量也起了作用，这种力量和自然力量本身一样，对人来说是异己的，最初也是不能解释的，它以同样的表面上的自然必然性支配着人。恩格斯的这一段话，概括起来，正是“人创造了宗教，而不是宗教创造了人”。

第二节　宗教的构成要素

当宗教产生并发展到一定阶段，其信使就逐渐成为一个成熟的组织，这时候的宗教不仅对人、对国家甚至对整个社会都产生影响。宗教以及宗教问题尽管复杂，但是一种成熟的宗教一般有宗教意识、宗教组织、宗教礼仪和宗教器物四个构成要素，也可以说这是我们分析某个具体宗教的四个维度。

一、宗教意识

宗教意识对宗教的其他层面有着决定性的意义。宗教发展的历史过程和事实已经充分表明：宗教礼仪的规范化及其文明程度，宗教组织的状况，宗教器物的使用状况，都首先取决于宗教意识的发展。由于原始社会的人类还不具有高度的抽象思维能力，因此原始宗教还不可能具有系统的神学理论，因而其宗教礼仪完全依靠直观感受来确定。这就使得原始宗教的礼仪常常带有不文明的野蛮性，人祭和血祭就是这种状况的典型表现。社会发展到了文明时代后，宗教由原始形态发展到了神学形态，开始有了系统的神学理论，理论思维在宗教意识中发展起来，取代了原始宗教的直观感受，宗教礼仪逐渐摆脱了原始宗教礼仪的野蛮性和残忍性，变得越来越具有文明的规范化的特点。现代宗教礼仪的文明程度比起古代神学宗教的礼仪更要文明得多，这虽然要归功于整个社会文明的进步和发展，但宗教神学思想和理论思维的提高，则是直接起作用的因素。

宗教意识也决定了宗教组织的发展程度和形式，这主要表现在宗教组织的制度规范化程度有赖于宗教意识的水准。世界各国的宗教组织发展史都表明，宗教组织制度规范化的程度，总是与宗教意识相适应，随着宗教意识的变化而变化。神学理论的每一重大进展，往往都会推动宗教组织向更完善化方向发展。今日宗教组织的完善程度，是原始时代和古代文明时代的宗教组织无法与之相比的。世界三大宗教具有完备的经济、政治、文化、教育等方面的组织系统，这对于一个没有较高宗教意识的宗教来说是不堪设想的。

宗教观念从其形态来看，可以分为感性和理性两个层面，它们都为宗教的产生和发展起到了独特作用。一般说来，发展程度较高的宗教，其理性因素便较高；发展程度较低的宗教，其理性因素便较低。世界三大宗教是目前理性因素最高的宗教，而各种原始宗教(包括目前现存的原始宗教)则是理性因素最低的宗教。

宗教观念的理性因素，在维持宗教的生存与发挥宗教功能的过程中，常常表现为其固有的保守性和稳定性同其变化的适应性的矛盾。任何一种宗教，为了维护其生存和保持其固有的宗教特征，必须要有相对稳定的神学理论和教义，这对于发达的高级宗教尤为重要。例如：基督教的存在及其特征，便是以《圣经》为标志的；伊斯兰教的存在及其特征，是以《古兰经》为标志的；佛教的存在及其特征，是以“佛经”为标志的。如果世界三大宗教没有这些稳定不变的神学经典和圣书，那么，它们的存在是难以设想的，更谈不上巩固和发展。世界三大宗教的经典和圣书已传承了近两千年，其内容甚至连词句都保持不变，正是由于这样，才保持了这些宗教的稳定性及其固有特征。如果这些宗教的经典和圣书经常变化不定，那么，这些宗教体系的稳定性及其固有特征也丧失了，当然也就不复存在了。

但是，宗教是社会历史的产物，它必须随着人类社会在经济、政治和文化方面的变化而变化，否则它们也会被社会历史所淘汰。为了避免这一命运，许多宗教都在不断改变自身，其中就包括改变它们各自的神学理论。世界三大宗教之所以能长期地一直保持到现在，除了其有稳定不变的宗教经典和圣书外，还在于它们有解释这些经典和圣书的教义。这些教义可以根据时代的要求并赋予新的含意，以便适应时代的要求，能为不同时代的人们所接受，从而使自己的功能得以较好发挥。所以，尽管这三大宗教的经典和圣书连字句都没有变，但解释这些经典和圣书的教义已有变化。特别是在当代，世界三大宗教都出现了各种具有适应时代要求的新的教义理论，以便能够在当今世界经济、政治和文化科学迅速发展的社会历史过程中求得生存和发展，避免被历史淘汰的危险。

宗教观念的理性因素虽然在维持宗教的生存与发挥宗教的功能中具有极其重要的意义，但任何宗教都不可能把理性主义贯彻到底，否则就会导致对宗教本身的自我否定，打破宗教所固有的神秘主义性质，宗教就不成其为宗教了。因此，我们还要阐述一下宗教的神秘主义问题。

神秘主义是宗教学家、哲学家、神学家、社会学家、生物学家、心理学家共同关心的一类现象。究竟什么是神秘主义，各种定义莫衷一是，学者们均基于自己的立场和研究方法而各执一词。相比而言，神秘主义与宗教的关系最为密切，宗教学的研究频繁地使用这个概念。我们似乎可以说，在现代学术研究中，神秘主义首先是包括宗教心理学和宗教社会学在内的宗教学研究的问题，而这些研究的结果对解释宗教至关重要。因此，宗教学家、神学家和哲学家对神秘主义现象的关注是可以理解的，学术界加强对宗教神秘主义的研究也是必要的。

神秘主义一词的英文 mysticism、法文 mysticisme、德文 mystizismus，皆源于拉丁文 mysterium。这个拉丁语词的含义有：秘密祭神礼、奥迹、奥义、神秘等。这个拉丁语词源于希腊文 mysterion，词根 Muein，意思有引导、介绍入会、秘密的东西、放弃肉体感觉代之以超验的启示等等。

神秘主义是一种十分普遍的宗教现象，与宗教的各个层面和包括基督教在内的各种宗教都有关。在西方国家，神秘主义作为一种普遍的宗教现象早已引起学者们的关注，也有很多学者对什么是神秘主义进行定义。"神秘主义是融修行术与秘传知识为一体的一门学科，是上升到最高水平的个人宗教。神秘主义可以与宗教有关联，但并非必然如此。神秘主义者往往是宗教团体（例如教会）并不培养也不知如何对待的人物。"[①]这一定义从学科分类的角度描述了神秘主义的所指，将某种宗教现象即修行术，定为神秘主义的主要内容，这样一来，对神秘主义的研究也就被局限在宗教的一个要素之中了。在这样的定义下，我们很难看清宗教意识与宗教体验的关系，更无法弄清宗教神秘主义的发展。

与上述定义类似的一类定义是把神秘主义限定为一种宗教体验，即所谓神人合一的体验。一些现代西方学者给神秘主义下的定义，例如，"神秘主义是一种在现世通过个人的宗教体验而获得的关于神的间接的知识。它原来是一种祈祷者的状态，从得到程度不同的各种短暂而又罕见的神圣的触及到在所谓的'神秘的合一'中达到实际的与神永恒的联合。神秘主义者自己为他们的体验的真实性提出的最确定的证明是它的效果，亦即在谦卑、仁慈、甘愿受苦这类事情上的增长。神秘主义是一种广泛的体验，不仅在基督教中有，而且在其他许多非基督教的宗教中也有，例如，佛教、道教、印度教和伊斯兰教。[②]""神秘主义就是人与神的心灵合一。[③]"这些定义表明，在现代西方宗教学和哲学研究中，神秘主义主要是被理解为

① 《简明不列颠百科全书》第 7 卷，百科全书出版社，1992 年版，第 152 页。
② 克洛斯：《牛津基督教会辞典》，英文版，牛津大学出版社，伦敦，1957 年版，第 935 页。
③ 弗格森：《早期基督教百科全书》，英文版，伽兰出版公司，伦敦，1990 年版，第 632 页。

一种特殊的宗教体验，即人神合一的心灵体验。

人类的精神生活，不仅有理性的因素，而且还有大量的非理性因素。情感、欲望、激情、意志，都是非理性的因素。当人们在理性的精神生活中找不到所需要的应答和要求时，往往就倾向于到非理性的精神活动中去寻求补偿，而宗教则常常是获得这种补偿的处所。宗教感情、宗教情绪和宗教激情就是宗教非理性因素的基本表现形式，它们在实际的宗教生活中具有重要的作用，许多宗教功能是通过它们而得以发挥的。

宗教感情在宗教意识形态中具有十分重要的地位，它对于维护宗教信仰的凝聚力具有不可缺少的引力作用。这种宗教感情是在特定的宗教环境中长期熏陶培植出来的。当人们反映现实生活所具有的依赖感、有限感、恐惧感、感恩感、需求感、崇拜感、罪恶感和孤独感等的心理活动，一旦与宗教信仰结合在一起，就会很自然地把自己的命运同敬神和利己、爱神和爱己紧密地联系在一起，并在宗教环境和宗教群体感染力的推动下，产生一种特有而稳定的宗教感情。这种感情如果与特有的民族文化、民族习俗、民族生活、民族感情结合在一起，就会更具有极大的稳定性、专一性、狭隘性和不可伤害性。谁要伤害这种感情，往往会引起严重的冲突乃至流血斗争。这种非理性的宗教感情，在强化宗教共同体、增强其内部凝聚力方面，具有十分重要的意义。没有这种感情，宗教团体是很难维系与巩固的。

宗教感情也不是凝固不变的，它常以宗教情绪的形式反映出来。这种情绪总是随着人和自然关系的变化、人与社会关系的变迁，以及随着人与人之间关系变动和个人遭遇的不同而波动与变化，因而具有较大的变动性和不稳定性。一般说来，在人遭到天灾人祸或陷入绝望的时候，往往会引起人们宗教情绪的高涨，甚至会出现群体性的求神攘灾的集体性行为。在阶级对抗的社会中，如果被剥削、被压迫阶级无法生活下去和陷入绝望时，宗教情绪往往也会产生向上的波动。这种情绪如果在宗教的引导下，往往会产生社会动荡和社会革命，这种情况在人类的历史上是屡见不鲜的。在当今时代，宗教情绪也会随着社会经济、政治和文化的变化而变化。

宗教情绪如果持续地向上发展，必然会导致宗教激情。这种激情是宗教情绪达到了高昂状态的一种宗教感情。它往往是在特殊的情况下，为了维护宗教利益或体验到神恩和受到宗教共同体的极大恩惠，以及宗教感情受到激化而产生的。宗教利益常常是由宗教共同体代表和体现的。共同体在经济、政治、情感等方面都不容外来势力的干涉和伤害，如果一旦有危害于共同体的现象出现，这一共同体的教徒就会被激发出高昂的宗教激情，甚至不惜流血牺牲。世界上诸多教徒教派之间的冲突大都是属于这样一类的冲突。宗教感情发展到极端，便会出现宗教狂热。这时，人们的宗教感情便具有完全非理性的特征，并为毫无理智的宗教偏激情绪所支配，从而使其做出丧失理智的行为。例如：为表达对神的虔诚而自残，或为报答神恩而宰子献神，或切割自身某个器官来敬神。1988年印度少女鲁尼亚剪下自己的舌头祭印度中央邦赖普尔的一印度教神。这种宗教狂热若以群体现象出现，则危害性更为严重。宗教狂热若被引入政治领域，会给人类社会带来灾难性的后果。

宗教意识的非理性因素要受各宗教的基本学说与教义的规范与制约，故又总是在确定的宗教意识的理性因素控制与指导之下表现出来和发生作用的。完全不受宗教意识理性因素约束的宗教感情、情绪和激情是没有的。正因如此，宗教感情、情绪与激情才能始终服务于确定的宗教目标并由既定的宗教信仰所引导，从而对宗教发挥出应有的作用。

二、宗教组织

宗教组织是构成宗教的基本要素，对宗教组织的界定要区别于其他社会组织。它是一种与统一的宗教信仰目标与行为体系相联系的、共同遵照一定的制度规范的宗教信奉者所结成的社会群体。

宗教群体具有宗教性与社会性这两重性。任何宗教都有某种组织形式，在宗教要素中具有核心意义的宗教意识也只有通过宗教组织才能形成一个宗教的社会实体，规范化的宗教礼仪也只有在组织中才能得以实现。从这个意义上讲，宗教组织乃是宗教其他构成要素发挥自身作用的组织保障。宗教作为一种客观存在的社会实体又是社会组织系统中的一个子系统。宗教信徒不是游离于社会实际生活之外抽象的人，也不可能不食人间烟火，而是活动于现实社会之中。信教者由于具有某些共同的信仰和期望、感情和志趣、行为规范和价值取向，有着同样宗教生活与满足宗教心理的需要，形成各种宗教群体，并为了达到这些特殊目的而有意识地建立起各种宗教团体，这些团体一旦建立，就要有一定的制度与手段加以维系。宗教组织一旦建立，就对宗教自身和社会产生积极的或消极的作用。

宗教组织是社会生产和分工发展到一定阶段的产物，是宗教制度化发展的结果。在各种制度化宗教中，宗教组织的形态各异，具有不同的表现形式。不同名目和形态各异的宗教组织成为不同宗教的象征。例如，寺庵代表佛教、宫观代表道教、教堂代表基督教、清真寺代表伊斯兰教。这些宗教组织不但具有作为一般社会组织的结构性要素，如权力机构、制度、经济资源、成员资格，还具有不同于其他社会组织的一些特征。首先，任何宗教组织均认为自己具有“神圣性”，从组织的象征体系到其行为和活动都笼罩着神圣的光环；其次，任何宗教组织都是宗教徒的联系纽带，起着培养、维护和实践宗教信仰的作用；再次，宗教组织以宗教信条、教义和经典为依据建立起组织的价值规范和道德约束机制，以此指导和约束其成员的行为与活动。

在宗教组织中，宗教领袖或领导人的确立是宗教组织制度化的首要环节。大多数宗教在其初创时尚未制度化，因而其组织较为松散。然而当宗教发展到一定阶段，组织与制度趋于形成时，各种宗教组织一般均尊崇或追认其最初创始人为其领袖或教祖，且这些人享有崇高的威望。一些宗教组织的领袖或权威来自师徒相承制度或祖师制度。例如：印度流传的耆那教是祖师制的代表，传说耆那教有24祖，其真正创始人是被教徒尊称为“大雄”的第24祖筏驮摩那。锡克教的名称源自梵文Sikha，意为门徒，因其信徒自称是祖师的门徒而得名，该教一创建就建立了祖师制，教团组织的法定领袖被教徒们奉为神明。佛教各宗源组织的寺院组织也是典型的祖师制，大的寺院设有掌管全寺的最高领导人方丈，其继承人通常为衣钵相传的传法弟子。

宗教组织的形式与结构受制于该组织的信仰内容和社会目标，并为之服务。在人类早期社会中，宗教的组织结构与机制往往与社会的组织结构职能交叉，甚至重合。如在氏族社会中，原始宗教同氏族社会组织融为一体。而在特定的历史阶段或特定的历史条件下，宗教的组织机构同政权机构、司法机构、文化教育机构全部或部分重合的情况也是常见的。比如，西方中世纪基督教的教阶制及其相应的一套组织设置，是西欧封建等级制度在教会内部的反映。明清之际，在中国伊斯兰教内，出现了苏菲神秘主义与中国封建制度相结合的门宦，采用集政治、经济、宗教一体的封建宗法制度，内部建立了以清真寺为中心划分若干教区等级森严的宗法管理制度。中华人民共和国建立后经过民主改革，废除了教主的封建特权与宗教特权，组织情况也随之发生了根本变化。

现有正式的宗教组织主要以两种形式出现：一种是像基督教、伊斯兰教那样入世型的宗教社区组织；一种是像佛教、道教那样的出世型的注重个人修行得道的寺院宫观组织。

从中世纪起，罗马天主教会为了统治罗马帝国的需要，模仿世俗官僚等级体制建立起罗马教廷组织和教会组织，与之相配套的是教阶制度。这种组织与制度是到目前为止世界上各大宗教中世俗官僚化色彩最浓、制度化发展最为完备的宗教组织权力体系。罗马教廷是以教皇为君主的政教合一的城市国家(梵蒂冈),不仅有一套严密的组织管理和执行机构,而且拥有法庭等组织监督机构和司法机构。罗马教皇(教宗)被称做是基督、圣父在世间的代表,是罗马教廷的最高统治者,对整个教会和教徒拥有管辖权。20世纪60年代中期,梵蒂冈第二届大公会议召开后,为适应时代需要,罗马教廷成立世界主教团与教宗共同行使教会的最高权力。罗马教廷目前由9个部、3个神圣法院、12个委员会及若干行政办事机构组成,每一部门都有由教宗任命的枢机主教为首,下设由教宗任命的秘书和助理秘书。枢机团是教宗的顾问团和高级助理,由枢机主教组成。

罗马教廷采用主教制(教区制)管理世界各地的天主教徒。主教制相当于教廷在世界各地的地方性教务行政组织,以主教为主体管理教会,其基本单位是大主教区和教区。大主教区是天主教固定的地方组织,有地域性大主教区和全国性大主教区,由总主教或枢机主教以及相应的国家或地方性主教团统一管理。教区是主教管辖的特定区域,其中央机构是主教公署,下设副主教、法官、书记和教区参议等负责各种教区事务的人员。与主教制相应的制度是教阶制,主体由司祭(主教和神父)、助祭和副助祭三个正级品位组成。

由上可见,在罗马天主教教会组织中居主导地位的是与教徒宗教生活密切相关的教会教区组织和教廷机构。这是一个庞大的跨越国界的宗教组织。

宗教组织制度化对于宗教的持续发展是必要的,但与此同时也会对宗教产生消极影响。宗教既需要制度化,又最容易受到制度化的损害。宗教组织的制度化既可以起到保障宗教延续性、稳定性和有效性的作用,保障成员在交往过程中具有伦理性或强制性的规范,增强内部的凝聚力与依赖性,又有可能产生出某种僵化的机制,从而限制教徒的创造力和灵活性。

一般而言,在宗教组织制度化形成前后,其成员皈依宗教组织的信教动机会有所变化。在制度化之前由第一代宗教领袖所领导的第一代成员中,其信教动机往往较为单纯,他们对宗教领袖及其传述的“启示”或“预言”表现出绝对的信奉与忠诚,并愿意为此做出个人的奉献乃至牺牲,历史上许多宗教运动在其初创期所表现出的虔诚、统一、团结甚至宗教狂热可为佐证。然而,随着稳定的制度化结构的出现和发展,宗教组织渐趋稳定,利益冲突成为角色冲突的主因,而复杂的信教动机又使利益冲突加剧。入教动机的复杂化影响了成员对宗教组织的虔信程度,进而对宗教组织的发展产生了消极影响,原先统一的宗教组织会由于目标不一而分裂、分化出更小的组织，如宗派、教派或某些膜拜团体。而保留了原先单纯信仰动机的组织则遵循原有宗教领袖的启示或教诲，表现出原教旨主义倾向。

宗教组织在行政管理上也会发展出一套具有科层结构的机构和制度，这些机构和制度发展到一定程度，常常形成类似世俗行政机构所常见的繁冗的机构和复杂的办事程序，官僚化现象滋生。官僚主义作风会导致组织功能的丧失，从而影响其工作效率和组织对社会变迁的适应性，宗教组织亦不例外。

宗教组织为了谋求发展，总是寻求与所处时代的社会制度及文化价值观相联系，与世俗的统治阶级联手，尽力用世俗法律权威与公众舆论或情绪支撑信徒对宗教信仰的忠诚。在西方中世纪，宗教组织上层与世俗统治者相互利用，以维护统治秩序和宗教的权威，共同强化宗教的一致性。这种联盟通常建立在强力威慑的基础上，使宗教组织与世俗政权更趋于保守。在这种情况下，对宗教的皈依及表面上的对宗教组织的忠诚掩盖着某种深层的对社会与宗教组织日益增长的不满或怀疑情绪，其结果，政治上的反叛与社会的动乱必然变成宗教上的对抗，历史上无数内乱与宗教战争就是明证。

总而言之，宗教组织的制度化发展不是一帆风顺的，它往往会不断产生并尽力克服某些制度化所招致的消极后果，以及对社会发展适应性调节能力的退化和滞后。宗教复兴运动、新兴教派以及其他革新或改革运动都是宗教组织寻求克服上述机能失调或功能障碍的途径。对制度化宗教组织的反叛是新兴教派发展的重要原因之一，宗教组织中多数内部冲突和分裂都可归结为对制度化弊端的反感和对组织再生的渴望。一个新的宗教组织的产生虽然主要是各种社会因素的产物，与社会结构及社会变迁的过程紧密相连，但也有不少宗教组织是在旧的宗教组织躯体内，在制度化所带来的消极后果的驱使下产生的。显而易见，制度化对宗教组织是必需的，但同时也在不断增长和加剧宗教组织内部、宗教与社会的关系中原有的那些张力和冲突，这就是宗教组织制度化发展的必然结果。

三、宗教礼仪

宗教礼仪是构成宗教的基本要素之一，是宗教意识的行为表现，是信教者用来沟通人与神之间关系的一种规范化的行为表达方式。各种宗教都按照各自的信条和教义以及已经形成的传统方式，进行各种崇拜活动，借助符号化的象征手段，构成一套严格规定的程序，以显示宗教的神圣性和庄严性，并在人们心理上造成极为严肃敬穆的宗教气氛，培养宗教感情，坚定宗教信仰。宗教礼仪的主要类型有献祭、祈祷、节庆等等。有学者认为,“无论从历史上说还是从心理学上说,宗教的仪式先于教义,这看来已是现在公认的准则”①。然而在具体的宗教发展中,要想辨清这一先后是极其困难的。

巴厘岛上的农民在庄稼成熟的时候向神献祭

[摘自玛丽·菲施:《现实中的宗教》(第四版),Prentice - Hall 出版公司,新泽西,1999,第 76 页。]

(一)献祭

献祭是向崇拜对象祭献贡物,宗教信仰者通过这种形式来表达自己的敬畏和意愿。贡物具有宗教象征意义,宗教信仰者把这种象征物作为同神沟通的媒介,这是宗教徒虔诚意识和祈求意识的物化表现。这种行为具有强烈的功利意义,宗教徒有求于神,故必须以贡物来表达虔诚。这样,贡物实际上就是人与神之间实行互补的媒介物,人的贡物越贵重,从神那里得到的补偿也就越多。正因如此,古代和中世纪的一些国家统治者对祭神的规模都有具体规定,只有国家的最高统治者才能对神进行最隆重的物祭仪式,而一般臣民则不允许。

宗教的物祭形式种类繁多,归纳起来大致可以分为人祭、血祭和食祭。在人祭中,人被认为是最富有生命活力的祭献象征物,施祭者或为增进部族的活力和生殖

① 卡西尔:《人论》,上海译文出版社,1985 年版,第 101 页。

力，或为保持土地肥沃和丰饶，或为复仇而安慰死者的亡灵，或为赎罪和祈求作战胜利以及免除各种灾害等。人是最高贵的祭献物，人祭具有非人道的残忍性，因此已被文明社会所淘汰，但在现代社会里也偶有发生。比如，1983 年 1 月 17 日在印度中部某地，村民们为求丰收，竟然杀死一名 14 岁的男孩，将他的鲜血洒在农作物上，祈求丰收。血祭要比人祭文明，只是用宰杀牲畜、动物来祭献神灵，以血的神秘感和珍贵感为契机。这种祭献方式在原始时代、古代和现存原始宗教以及有些民间宗教中较为盛行。由于血祭多少还带有一种不文明的蒙昧意识，故一般不为现代文明素质较高的宗教所采用。食祭的祭献方式比血祭更为文明一些，它用糕点瓜果或各种菜肴来敬神灵，这在民间信仰中最为盛行，在低层次的佛教信仰者中也被采用。尽管食祭比人祭、血祭要文明，但也是以物祭神，故不为基督教、伊斯兰教和高层次的佛教信仰者所采用。

（二）祈祷

献祭是一种以物为象征符号的礼仪，通过奉献贡物来向神表示虔诚、意愿和祈求，而祈祷则是以特定的言行规范来达到这一目的。祈祷通过信教者以具有规范化的符号动作来表示意愿和表达对神的崇拜，摆脱了献祭所具有的那种神和人之间物物交换关系，赋予宗教礼仪更为崇高的神圣性，使宗教礼仪更加符号化和象征化，提高了宗教礼仪的层次，成为一切宗教体系所不可缺少的重要组成部分。

各种宗教的祈祷方式丰富多彩。宗教礼仪的演化有一复杂的社会过程。它由各民族在特定的自然环境、社会条件和持久的民间习俗中逐渐形成，并由宗教人员加以提炼和规范，并非由宗教信仰者任意自行设计。为了把握宗教礼仪的演化，我们以早期基督教为例来说明这一过程。

据圣经记载，基督教的创始人耶稣受难，给他的门徒很大的打击。当他被捕时，他的门徒便四散逃命，连彼得也矢口否认耶稣是自己的老师。耶稣去世后，他的门徒便去了加利利，在那里等待耶稣的复活。“我们素来相信，要拯救以色列人的就是他，可今天却是他遇难的第三天了”。但当门徒们相信耶稣已经死而复生出现在他们面前时，他们的焦虑消失了。这些信徒们的体验是最初在巴勒斯坦出现的耶稣崇拜的心理起点，是现已自动发展成一种组织的那种基督崇拜共同体得以出现的真正前提。“随着这些体验而来的，便是将耶稣视为‘复活的基督’的信仰和礼仪；早期基督教会就是在此基础上建立起来的。”①

① 奥戴：《宗教社会学》，中国社会科学出版社，1990 年版，第 69 页。

这种早期基督教社团主要关心的就是每天举行集会，不久，这种集会改在"主日"这一天举行，会上进行礼拜仪式，包括圣训、布道、祈祷和分食面包。这些聚会充满着期待情绪，信众们盼望他们的主在不久的将来会第二次降临。他们通过圣餐"获得与基督直接而又亲密的结合"。这种仪式随着仪式中"基督的降临"而达到高潮，"基督经过蒙难和复活已把自己和他的信众团体结合在一起，并借此把他的信众团体和自己的血肉融为一体"。

早期基督教与众不同的仪式，是圣餐的神秘仪式或圣事（Sacrament），这个词就是从希腊文"神秘"中译出来的，即领主的肉和血。起初这是在教堂晚餐结束时举行的，后来一些教会把这种仪式与晚餐分开，列入主要是白天举行的礼拜仪式中，成为最庄严的一部分仪式。

基督教入教的仪式是洗礼，这是基督教与一些神秘教相同的地方。吃主的肉体与血，使人分有他的神性，因而取得不死的保证，这种圣事与神秘教也有类似之处。此外，基督教也像某些神秘教一样，向一切人敞开拯救的大门，而不论他们的种族、性别或地位如何。确实，基督教是在类似神秘教的外表下，以注重个人得救的宗教团体的面貌出现的。它一开始就在最早传播的地区取得成功，这是因为它

罗马天主教的婴儿洗礼

仪式由一位牧师主持。在洗礼盆周围举行，由生父母和教父母把孩子抱到洗礼盆前接受洗礼。牧师以圣父、圣子、圣灵的名义在孩子身上洒三遍水，接着就在孩子的前额上画十字架。

提供了人们所能憧憬的最美好的事物——不死的保证,也为这种保证提供了最容易理解的方式——与神的融合一致。

除了上述洗礼和圣餐礼以外,天主教、东正教信奉的圣事还有坚振、告解、终傅、神品(授职礼或祝圣神父)和婚配。新教则大都只承认圣餐与洗礼两件圣事。

总之,基督教在其初创阶段的教仪以它的简洁和精神象征的力量为主要特征。基督教在最初产生的几个世纪里,在思想上是凭借着信仰、在实践上是凭借着道德而最终战胜了深陷于外在性的律法主义禁锢中的犹太教和囿限于同样外在性的自然主义藩篱中的罗马多神教的。而在基督教成为官方宗教以后,基督教教仪的官方化与模式化则将早期发展阶段具有的外在形式上的神秘主义大大淡化。

(三)节庆

各种宗教都有其节庆和相应的仪式。宗教节庆不仅综合了大量繁多的宗教活动,而且还包括了世俗的尽可能多的娱乐方式。从参与者的范围来说,它往往不仅超越了宗教教派的界限,而且往往还超越了信教者和不信教者的界限。例如,圣诞节和中国的庙会就是这样的宗教节庆。所以,宗教节庆礼仪是宗教性、世俗性、娱乐性和群众性融为一体的宗教礼仪活动。这对于激发宗教感情、强化宗教意识和扩大宗教影响,都具有异常特殊的意义,所以各宗教组织都非常重视宗教节庆礼仪活动。宗教的节庆礼仪是一种节日形式的宗教礼仪活动,它把崇拜、纪念和娱乐融为一体,其内容主要是崇拜、纪念和歌颂崇拜的对象。节庆礼仪的内容大致可分为三个方面:一是纪念崇拜对象的降世和升天、诞生和逝世。例如,佛教有纪念释迦牟尼诞生日的佛诞节(农历四月初八)和纪念他逝世的涅槃节;在基督教中有纪念基督诞生的圣诞节和迎接耶稣诞生的降临节,有纪念耶稣被钉十字架而死的“受难节”;在伊斯兰教中有纪念穆罕默德诞生的“圣纪”(3 月 25 日)等等。二是纪念有关崇拜对象圣事的奇迹、圣迹。在基督教中有纪念耶稣被钉死后复活的“复活节”,有纪念天使告知圣母玛利亚由“圣灵”感孕而生耶稣的“圣母领报节”;在伊斯兰教中有纪念穆罕默德升天遨游朝觐耶路撒冷圣地的“登霄节”,有易卜拉欣受安拉“启示”宰羊代子献祭表示忠诚的“古尔邦”节;在佛教中有纪念释迦牟尼降伏邪魔的“灯节”等等。三是纪念崇拜对象的成道、降经和传经事迹。比如,佛教有纪念释迦牟尼在菩提树下沉思得道的“成道节”(农历十二月初八),有纪念佛陀在鹿野苑首次讲经的“转法轮节”;在基督教中有纪念圣徒受灵后开始传教的“五旬节”;在伊斯兰教中有纪念安拉降经文的“大赦之夜”。这些丰富的宗教内容同唱歌、舞蹈、塑像、绘画、游戏等等娱乐活动结合在一起,就会产生一种巨大的宗教感染力。

（四）修行

宗教修行是宗教礼仪中的最高层次。它要求修行者摆脱世俗事务，通过特定的内省礼仪形式（如佛教的坐禅等）从事修道、修心和修身，全方位地把人的思路封闭在宗教意识的范畴中，引导意识脱离现实而达到与外界隔绝的“感觉遮断”式的状态，经过内省从“自我否定”而达到“自我新生”，使修行者的言行超脱世俗而达到升华的神圣境界（如佛教的“涅槃”境界），并从中获得种种特有的宗教体验。宗教的修行可以分为两种：出世修行和在俗修行。出世修行者，无论从形式到内容都过着出世的修行生活，这主要是集中在宗教的神职人员中；在俗修行者主要集中在少数具有较高宗教修养的虔诚教徒中，他们在生活方式上是在俗的，但在思想上则保持高度自觉的宗教修道、修心、修身意识。修行方式还有内修和外修之分，内修主要通过内省方式，外修主要通过善德行为的方式。实行宗教修行者虽属少数，但它们是信教者中的中坚、榜样和典范，特别是一些高僧更享有这方面的权威，他们那种出俗不凡的思想境界和行为规范，对于创教立教、树立宗教形象和扩大宗教影响具有难以估价的力量。因此，宗教修行是最富有宗教意识自我表现的一种最高层次的宗教礼仪。

四、宗教器物

宗教器物是宗教实体的物化标记，是基本的宗教要素之一。宗教器物广义上包括宗教场所（庙宇、寺院、教堂、圣地、修道院）在内，狭义上仅指神像、圣物、法器等宗教特有的器物。

（一）宗教场所

宗教团体需要有一个举行宗教活动的空间场所。庙宇、圣地、修道院这些宗教器物的最大特点就是为宗教团体提供一个宗教活动的空间，把宗教神职人员和信徒结合在一个特定的充满宗教气氛的空间中举行各种礼仪活动。这个空间首先是一个具有艺术性的宗教建筑。宗教建筑的宏伟和精巧，为教徒提供了一个参与宗教礼仪的空间，引发宗教意识，使人有一种置身于神圣殿堂的内心感受。在这些宗教场所，每当举行宗教礼仪时，都伴有音乐、读经和唱诗，为信教者提供了一个最佳的宗教听觉空间。佛教、道教礼仪活动中的那种肃穆悠扬唱腔和打击音乐融为一体，会使人有一种魂魄出窍漂移忽然的内心感受。基督教礼仪活动中的圣经唱诗班的那种自然轻盈的声韵和管风琴的优雅声和谐共鸣，会使人油然产生一种天使般的愉悦心理感受。伊斯兰教寺院圣职宣礼员在领念带有节奏的专门经文时,教徒随声应召入寺礼拜,会使人有一种随应安拉感召的内心感受。宗教场所把神职人员和信众组合在一起,通过诵经、听经、讲经、释经和各种宗教礼仪活动,互相交流宗教体验,加强教友之间的宗教情感交流,使参与者产生宗教神圣亲和的内心感受。

除了对举行宗教活动有着至关重要的作用外,宗教场所还是宗教组织力量的物化显示。庙宇、寺院、教堂建筑规模的大小和建筑艺术高低,都可以表现宗教组织的实力大小及其盛衰之势。梵蒂冈的"圣彼得大教堂"是世界上最大的教堂之一,相传为信徒彼得的墓地。该教堂是教廷的重要活动场所,是教皇发布通谕的地方,因此已成为天主教的物象标记。纽约的"神圣约翰大教堂"是世界上最大的新哥特式教堂,是基督教新教实力的一种体现。我国西藏的"布达拉宫"是世界上最大的佛教寺庙,它象征着藏传佛教的宗教实力。位于麦加的"圣寺"是伊斯兰教最著名的清真寺,拥有7万多平方米的空间,寺中的朝拜中心"天房"据说是安拉创造的人类祖先阿丹依照天上宫殿原形建筑的。宗教组织总是千方百计地筹集资金来建筑具有标记意义的大寺院和大教堂。摩洛哥国王耗用了6亿美元的巨资,在海上建造了一座举世无双的"哈桑二世清真寺"。我国的佛教寺院和道教宫观大都建立在风景优美之处,把自然美和神性美融为一体,使信徒产生一种"天人合一"和"返璞归真"的心理感受。正是由于这种触及内心的感召力,使千百万善男信女不怕路途遥远去朝山进香。

梵蒂冈城的圣彼得大教堂

宗教圣地一般都是宗教圣人的诞生地和墓葬地，或为宗教重大事件的发生地。有着悠久历史的宗教圣地对信教者有着一种特别神圣的空间感受。耶路撒冷之所以成为犹太教、基督教、伊斯兰教的信徒的圣地，乃是因为基督教相信上帝的圣子耶稣在此钉死并复活；伊斯兰教相信安拉的使者穆罕默德在此登霄，并以该城为礼拜的朝向；犹太教的“哭墙”也在这里。麦加之所以成为伊斯兰教圣地，乃是因为该地是穆罕默德的诞生地和伊斯兰教的发源地，世界各地穆斯林每年都来此朝圣。麦加的朝圣规模宏大，每年朝圣人数有数百万之多，可称世界之最。麦地那因为是穆罕默德的葬地而成为圣地，穆斯林常来此谒陵。

中国佛教四大圣地也是世界闻名。五台山据说是文殊菩萨显灵说法的道场，现有隋唐历代皇帝敕令建寺的遗址百余处。五台山方圆 500 里，五峰环抱，金代建筑佛光寺的文殊殿内有 500 罗汉壁画，真有“佛光翠绿五峰中”的神秘感。普陀山据说是观音菩萨的圣地，北宋以来相继在此建普济、法南、慧济诸寺，并有众多宝塔名胜云集。普陀山四面环海，海景变幻莫测，给人一种“四海普度众生观世音”的神圣感。九华山是地藏菩萨显灵的圣地。传说释迦牟尼涅槃 1500 年，地藏菩萨降生于新罗国，唐代时渡海至此，传戒于此。九华山建有肉身塔、百岁宫等古刹 80 余座。百岁宫供有“应身菩萨”即无暇禅师的肉像，至今仍颜面如生。在这 200 里 99 峰的“天河绿水”之中，身入其境，真有“人入仙山云雾中”的感觉。峨眉山是普贤菩萨的圣地，相传是普贤菩萨显灵说法的道场。万年寺有普贤骑白象的塑像，方圆

四川成都附近的青城山是中国著名的道教名山，道教发源地之一。传说道教天师张道陵晚年显道于青城山，并在此羽化。此后，青城山成为天师道的祖山，全国各地历代天师均来青城山朝拜祖庭。

10 里藏有佛像 100 余个，有报国寺、伏龙寺等大小寺院百余座，皆坐落于美丽多姿的云海中，金顶更有奇妙的“佛光”普照。可以说，中国的佛教圣地把神灵和地上的环境美结合在一起，形成一种独特的神圣美。

宗教院校是宗教组织培养宗教教职人员的地方。自 20 世纪 80 年代恢复开办宗教院校以来，我国宗教院校获得长足发展。目前，我国佛教有佛学院，道教有道教学院，伊斯兰教有经学院，天主教和基督教也有自己的神学院，这些宗教院校是培养爱国爱教后备人才、正确阐述宗教教义、培训现有宗教教职人员的重要基地。截至 2016 年年底，经国家宗教事务局批准设立的宗教院校 89 所，在校生 10 000 多人。其中佛教院校 39 所，道教院校 10 所，伊斯兰教院校 10 所，天主教院校 9 所，基督教院校 21 所。从各宗教院校毕业的学生累计达 4.7 万人，绝大多数已担任宗教团体、宗教活动场所和宗教院校的负责人，成为宗教教职人员的骨干力量，为引导宗教与社会主义社会相适应做出积极贡献。

（二）特有器物

神像、圣物、法器等宗教器物都具有特定的神性象征意义。神像本身就象征着被崇拜的神，圣物则是一种被赋予神性神意的象征物，法器是用示意动作的符号形式来体现神性神意的一种工具。这些器物对于强化宗教意识具有重要作用。

神像为信教者直接地提供了象征性的崇拜对象。佛教的神像极多，但最重要的是大雄宝殿的释迦牟尼佛像，被称为“大雄世尊”。佛有大力的德号，成为体现佛力的最高象征，也是佛教信徒皈依的最高象征。耶稣被钉十字架的圣像，体现了圣子耶稣为替世人赎罪被钉十字架而死的牺牲奉献精神，教徒挂上这种“十字”项链，表示对耶稣的崇敬皈依之意。道教的神像更是繁多。印度教的神据统计有 1 亿多，但被供奉最多的神像是三大主神之一的湿婆神，她既有宇宙万物的毁灭功能又有创造功能。伊斯兰教不供奉神像，但作为无所不在、无处不在、无所不能的真主安拉，在信教者的心目中有其自身特定的意念形象。

总之，宗教器物与宗教场所的结合，为宗教活动的开展提供了物质基础，起到了激发和坚定宗教信仰的巨大效应。

第三节　宗教的社会功能

宗教的各种基本要素都有一定的作用，发挥着不同的功能，从而使得宗教作为一个整体存在于社会之中，成为社会结构的一部分。研究宗教的社会功能可以从各种宗教要素出发，分析它们对个人和社会的具体作用和作用途径，并做出价值判断，但也可以把宗教作为一个整体，研究宗教与其所处的世俗社会的相互影响，阐述宗教在社会系统中的作用。

一、社会整合与控制功能

（一）宗教的整合功能

社会整合是指将社会存在和社会发展的各要素联系到一起，使它们一体化。宗教能够使社会的不同个人、群体，或使各种社会势力、集团凝聚成一个统一的整体，从而有利于社会的发展。法国社会学家杜克海姆最早论述了宗教这一功能。他指出，原始宗教都有促进原始氏族、部落内部团结一致的重大作用。

宗教的整合功能主要通过宗教信仰来发挥。宗教信仰首先使接受了它的个人、群体、社会集团形成一个具有共同意识的宗教共同体并进而产生组织上的整合。在此基础上，宗教信仰又能以其不同于世俗思想观念的特点，在宗教共同体内唤起一种强烈的认同意识，从而增强和促进共同体内部的团结与一致。宗教的整合功能建立在宗教信仰能在信徒中唤起共同的思想信念的基础之上。一种宗教如果不能唤起这种共同的思想信念，便不会产生整合的功能；如果它在这方面显得很弱或者变得越来越弱，其整合功能也就会很弱和越来越弱。

宗教的整合功能还要通过宗教的其他要素才能产生和发挥。宗教组织通过不同等级不同层次的神职人员，不仅起到传道布道的媒介作用，而且通过他们把具有共同信仰的信徒组织起来，从而起到了凝聚的作用。宗教组织通过特定的教规约束宗教信徒的行为，促使宗教组织成为相对稳定的社会实体，从而使宗教成为社会系统中强有力的子系统，并影响世俗社会。

宗教领袖一般都是宗教意识和宗教组织的最高体现者，他们的宗教权力总是被广大宗教信徒普遍认同，从而产生特殊的号召力与凝聚力，成为宗教体系中的核心力量。宗教领袖在发挥宗教的整合功能方面能起重大的作用，杰出的宗教领袖更是如此。佛教的释迦牟尼、伊斯兰教的穆罕默德、基督教新教中的加尔文和路德等，都发挥过这样的作用，其历史影响一直延续至今。

宗教的整合功能在不同的情况下会产生不同的后果，从而对社会历史的影响也是不同的。例如：当宗教的整合功能发生在宗教共同体与民族、国家共同体相一致的条件下时，它就会促进民族或国家内部的一致和团结；当这种整合发生于宗教共同体与民族、国家共同体不一致的条件下时，它常常会破坏民族与国家的一致和团结。一个国家或民族的宗教派别越多、各教派的内部整合程度越高,这个国家内部的分裂程度便会很大,从而产生宗教纠纷和其他社会冲突。而且,在宗教信仰者与非宗教信仰者之间,由于认同上的差异,也会造成种种纠纷。世界上因宗教不同而造成冲突(包括战争)的地区非常多,这种冲突不利于社会的进步和发展。

（二）宗教的控制功能

"所谓社会控制就是社会对作为社会行为主体的行为的各个方面予以约束。"①社会控制以社会秩序的稳定为目标。广义的社会控制指人们依靠社会力量,以一定的方式对社会生活的各个方面施加影响,协调个人与社会之间的关系,协调社会各部分之间的关系,以保持社会的相对稳定;狭义的社会控制指运用各种手段对犯罪行为及越轨行为进行预防、阻止和处置。社会控制的手段很多,初步分类可以有法律手段、行政手段、习俗手段、道德手段、艺术手段、舆论手段以及宗教手段。而运用宗教手段来实现社会控制就是运用宗教信仰、感情、仪式、教义约束人们的行为。宗教对人能够起到的这种约束就是它的社会控制功能。与其他类型的社会控制手段相比,宗教在社会控制方面的特殊性在于它可以使统治者的权力获得神圣的合法性与权威,能够为人类建构的社会秩序涂上神圣的色彩,从而达到维系社会稳定的目的。

宗教是超世的,在宗教徒眼中任何世俗社会都是有缺陷的,不完美的。但宗教想要改变的是人而不是社会,不是对具体社会不满,而是超越社会生活本身。正是宗教的这种超越性,使宗教采取了与世俗社会相容合作的态度,在客观上起到了稳定社会秩序的作用。

在宗教与所处地区或国家的主导意识形态不矛盾的社会中,尤其是在阶级社会中,统治者一般都乐意把宗教作为一种主要的社会控制手段,在实践中加以应用。利用宗教进行社会控制所达到的极致就是国教统治,宗教成为全民性信仰,成为占统治地位的官方意识形态,成为维护统治秩序的最大精神支柱。"君权神授"这一观念是封建统治者经常用来强化其权威的宗教手段。中国皇帝被奉为天子,罗马皇帝被奉为神的化身,日本天皇被奉为天照大神之子,在这种时候,人间的权力便获得了超人间的神圣权威。即使在宗教与社会主体意识形态不相一致的社会中,宗教客观上仍在起着维护世俗社会公德和正常秩序的作用,在多个层面影响着社会,这是因为世俗社会的规范对人的约束力是有限的。社会成员万万千千,各不

① 孙尚扬:《宗教社会学》,北京大学出版社,2001 年版,第 87 页。

相同，面对与社会无利害冲突或心性较为柔顺的社会成员，只要对其灌输社会的行为规范，他们就会规规矩矩地照办，而另一些和社会有着利益冲突或精力过剩、行为易于越轨者，尽管也知道社会的行为规范，但未必就受其约束，而往往我行我素。诚然，每个社会为保证其社会规范的实施，都有一系列相应的制度、法律、措施来对其成员的行为进行控制和监督，但这些手段无法普及到一切场合，有许多需要进行行为选择的时刻是在个人独处之时，这是社会的一切监督、控制工具所达不到的地方。而宗教（许多时候借助于神灵）却可以作为一种无形的观照者，时刻监督个人遵守社会的行为规范，因而控制相当数量的越轨或偏离行为并使之避免发生。对少数不轨分子，宗教可以通过其仪式为他们赎罪，使他们从犯罪、越轨而导致的心灵束缚中解脱出来，重新整合到社会群体中去。

美国人类学家塞雷纳·南达说："宗教信仰实际上就是以超自然的神秘方式实现社会控制。"①一切居于统治地位的宗教都具有强烈的维护与稳定现存社会秩序的功能，而居于非统治地位的宗教虽然也有这样的作用，但更多的则会起相反的作用。宗教的社会整合与控制功能在不同的社会历史条件和不同的社会制度下，其产生的社会历史后果也是不相同的。这种后果可能是消极的，也可能是积极的，或者二者兼而有之，又各有所偏重。因此，对具体问题要具体分析，不能一概而论。

二、社会心理调节功能

在历史上已经有过的任何一个社会中，自然与社会的双重压迫一直都在威胁着人们的安全感，使人们生活在对那些强大的异己力量的恐惧中。宗教的一个重要功能就是对社会个体和群体进行心理调节，借助于超人间的力量，为社会成员提供心理上的慰藉和安全感。

社会是由具体的社会成员组成的，多数社会成员心理的稳定与平衡是社会系统正常运行的必要条件之一。一个社会群体的成员如果彼此之间充满怨恨，或者对社会持有一种不信任乃至仇恨的态度，每个人内心都焦躁不安，疑虑重重，或者充满莫可名状的恐惧感，那么这个社会要想获得秩序上的稳定一定会面临许多困难。人类生活在一个充满着危机与不确定性的自然环境中，在无情的大自然面前，我们常常是软弱无力的。如今世界虽然已经进入现代文明，但仍有许多不可预料的灾祸会随时随地向人类袭来，火山爆发、洪水泛滥、地震、环境污染、癌症、艾滋

① 塞雷纳·南达：《文化人类学》，陕西人民教育出版社，1987年版，第283页。

病……这些都无时不在威胁着人类的生存。在这个充满危机和不确定性的世界上,人们时时被侵扰,加上现代社会的快速运转和高度竞争给人带来的精神压力,使人们更加紧张。所谓原始人有原始人的烦恼,古代人有古代人的忧虑,现代人有现代人的精神压力,而宗教,作为一种心理调适机制,在从原始社会至现代社会的若干种社会形态中,始终执行着它的心理调适功能。

马克思曾经指出,宗教是人民的“鸦片”。它指的是:第一,宗教使人超脱现实,在人们的意识中创造出幻想的世界;第二,宗教使人得到寄托于空想的自我安慰。过去我们在理解马克思这段论述的含义时,只注重了其批判性,即为宗教确定性质,而忽略了马克思在其中首先指出的宗教的心理调节功能。宗教的心理调节功能是指通过特定的宗教信念把人们的心态从不平衡调节到相对平衡的功能,并由此使人们在心理、生理、精神和行为达到和谐的状态。宗教的心理调节功能指向人,指向一个个有血有肉的生命个体。而人不仅是特殊的肉体存在,更重要的是特殊的精神存在。这种精神性的存在寓寄于肉体性的存在之中,既受制于肉体性的存在,又超越于肉体性的存在。人类普遍存在的宗教精神与神圣感正是人的精神存在的一个重要层面,是人性的一个重要内容。这就是宗教具有心理调节功能的根源。

人的内在精神需要使宗教的心理调节功能成为可能。当一个人在社会实践与社会生活中不能实现各种人生需要时,就会感到自己是处于一种被动地位,在心理上会由此而产生一种相对不平衡的心理现象,即本来应该得到的东西被剥夺而引发了心灵上的痛苦。宗教则能为人们提供安抚这种心灵痛苦的镇静剂和镇痛剂。英国历史学家汤因比说:“逆境的加剧会使人回想到宗教。”①当一个人从理性和实践上难以平衡自身心态的时候,往往会到宗教的神圣领域中去寻找一个“避风港”,求得心灵的安抚和精神的支持,以便消解心灵的痛苦。② 各种宗教正是通过对世俗价值的贬抑和对神圣价值的推崇,来缓解、摆脱人们对世俗功名利禄的执著,从而达到心理调节的目的。宗教还通过忏悔方式给犯有罪过的人留下了一条悔过自新、重新做人的后路,使他们消除沉重的负罪感,把心态调节到正常状态。

宗教的心理调节也会引起生理上的良好调节。现代心理学研究的成果表明:一个经常受到精神折磨、心情苦闷的人,其生理上的免疫功能会下降,甚至会下降50%,这样的人得病率高、寿命短,死亡率当然也高;与此相反,一个心情愉快、心胸

① (英)阿诺德·汤因比:《一个历史学家的宗教观》,四川人民出版社,1998 年版,第 1 页。
② 玛丽·梅多、理查德·卡霍:《宗教心理学》,四川人民出版社,1990 年版,第 523 页。

开阔的人，其生理上的免疫功能就会随之提高，从而有益于身体健康，甚至本来身体有病的人，也会由于虔诚地笃信神明而消除病痛。因此，正是人性中内在的宗教精神和对神明崇敬的情感构成了宗教心理调节功能深刻的内在基础，并因而使宗教所具有的调节功能得以发挥作用。

除了人的内在精神需要外，宗教美感也实际上起到了一种心理调节的功能。

犹太教的哭墙

宗教的礼仪、修行等活动在激发和培养宗教情感、净化灵魂、消解不良心态的同时，还会通过宗教象征符号起着启发人们宗教美感的作用。宗教象征符号是人们意志、愿望和目标的物化表现，具有神圣的感召力。至上神是宗教神圣美感力量的最高象征。此外，教堂、庙宇、圣诗、圣书、圣物等也是宗教美感力量的象征物，同高度抽象化了的至上神的理性化美感相比，它具有一种生动直观的感性美力量。当教徒们走进教堂做礼拜时，仁慈的圣像、优美的赞美诗、和善的牧师、可亲的教友、讲道的教诲、穆静的祈祷、严肃的气氛、神圣的建筑等等，都会使人们的身心沉浸于神圣超然的情操美感之中。这就是宗教象征美的实际效果。

三、社会化与交往功能

（一）宗教的社会化功能

在社会学中，社会化是指人成长发展和融入社会，在此过程中，个人通过与社会的互动形成个人的社会属性，促使个人与社会保持一致。个人在社会生活中，学习和掌握社会生活的知识技能，熟悉社会的风俗习惯、道德、法律，确立生活目标和道德观念，取得被社会认可的地位，成为具有“社会资格”的人。

社会化是一个长期的、复杂的过程,它贯穿于人生的各个时期。家庭、学校、职业组织、大众传媒都对社会化产生着作用。从世界大多数国家来看,尤其是西方国家和阿拉伯国家,宗教组织至今仍是社会化的主要机构。

宗教的社会化功能通过多种途径来发挥。个人要在社会中生活,首先要学习一些文化知识,通过这种学习,使自己了解人类一些最基本的知识和自己所在社会一些最基本的文化,促使自己更快的社会化。宗教有自身特殊的体系,也以自己特殊的方式帮助个体实现社会化,宗教教育便是促使个体社会化的基本途径之一。在现存的若干种宗教教育中,无不带有传播人类或本社会、本民族文化的特征。

学习本民族宗教的经典著作是宗教教育的基本内容。但由于世界各大宗教经典都包含着极为丰富的、方方面面的知识,因此教徒在学习经典的同时也是在学习人类古代的文学和文化。中国现在的一些少数民族,如云南的傣族和西北地区的某些民族,仍把宗教教育作为学习本民族语言、传播本民族文化的重要手段。

要在社会中生活,还必须掌握社会的行为规范,否则便无法立足于社会。人类世代积累的文化,提供了决定行为取舍的价值标准,在不断进行他人评价和自我评价的基础上,经过肯定或否定的社会裁决,逐步形成社会成员自觉遵守的行为规范。因此,个体学习社会行为规范的过程,就是社会文化渗入人的意识并内化为人的社会性的过程。宗教不仅为信徒提供信仰,还为教徒制定行为规范,教给教徒该做什么和不该做什么。教徒在遵循和习得这些行为规范的过程中,加速了自己的社会化。在一般情况下,宗教行为规范尤其是它的道德规范,是支持社会规范并有助于社会整合的。即使在主体意识形态与宗教不一致的国家里,宗教道德规范仍然和社会公德规范是相通的,教徒仍可通过对宗教道德行为规范的习得来促进自己的社会化。

宗教还有利于个人在社会上扮演特定的社会角色。角色是指与个人的某种社会身份有关的规定了的行为模式。学习扮演社会角色是社会化的核心内容。每一个社会成员都在社会关系和社会组织中占有一个特定的位置,处于一定的社会地位,要按照社会规范的要求做出各种各样的行为。人的社会化主要是通过角色学习和地位的获得进行的,人的社会化过程也可以说是进行角色学习的过程。大多数宗教让人宽容、隐忍、利他,从而要求教徒学会与他人和睦相处,处理好人际关系。因此,宗教在与其所在社会的主体意识形态不矛盾的情况下,可以充分发挥自己的这种特长与优势,促进社会的整合,促进个人的社会化。

宗教作为一种制度,有自己一系列特定的不同于其他社会制度的规范和行为准则。其他社会制度是世俗性的,而宗教制度具有某种超自然的“神圣性”,会对其成员施加更为深刻的影响，使人认为某种宗教规范不仅要做，而且必须做，如果不做将会受到某种“神圣力量”的惩罚。换言之，宗教把自己所定的规范和行为准则说成是来自“神意”而具有“神圣性”，并由此对人们产生刻骨铭心的影响与强大的自律作用。同时，宗教又作为一种社会组织来具体实施带有神圣性的行为规范，如果发现教徒有违反教规的行为，就会给以不同程度的惩罚，以此维护宗教制度的神圣性和现存社会的稳定性。

个体社会化的结果是促使人们在思想上趋向于共同的信念和价值观。各种社会意识形态和社会实体都有这样的作用，而宗教由于具有至上的神圣性而拥有特殊的认同作用。作为一种社会意识形态，宗教以其非实证的神秘方式来说明神与人、人与人、人与自然之间的关系，并以此规定人的本质、人的价值、人生意义和人类命运，通过使个人接受宗教价值观以及相关的教理，帮助个人理解“我是谁”“我是什么”这些问题，从而使具有同一信仰的人们集结成某种宗教群体，达到群体认同。作为一种社会组织结构，宗教把分散的具有同样信念的宗教信教者组织起来，并用教规约束教徒，使之成为一个相对稳定的社会实体。在社会迅速变迁和大规模流动时期，人们往往会产生无所寄托和无所依赖之感，在这种时候，宗教使许多漂泊的心灵有所归属，促进他们之间的群体认同，帮助人们度过因社会剧变而产生的不良心理。

（二）宗教的交往功能

宗教还可促进社会交往的增加。个人原本是独立的个体，因血缘、姻亲、朋友或工作关系而有着一些私人间的交往。宗教也能实现人的交往，它用信仰的纽带把教徒联系在一起，使他们彼此认同，感觉彼此属于同一群体，因而产生出许多亲切感。共同的宗教信仰促进了教徒间的交往，共同的追求使他们亲密相处并有着永不衰竭的谈话内容。

宗教也能促进国际上人民交往的增加。除了国与国之间本来的许多正式的外交途径，宗教也可因为信仰的凝聚力使居住在不同国家和地区的教徒彼此往来，并把各自的文化带到对方。久而久之，它就成为增进各国人民往来和友谊的一种途径。处于沙特阿拉伯境内的麦加，是伊斯兰教的主要圣地，每年都有上百万的穆斯林从世界各地来到这里朝觐。早在中国古代，就有名僧玄奘从长安出发，往西天求法取经，往返 17 年，行程 5 万里，带回大小乘佛教经律 657 部。中国唐代另一僧人鉴真也曾东渡日本，把律宗传入日本，把大量佛教经像和药物、艺术品带到日本，对发展日本医学、雕塑、美术和建筑均有一定贡献。今天，宗教作为一种民间交往途径，已成为增进各国人民之间的友谊与了解、促进中国社会改革开放的一支社会力量。近十多年来,国内外的宗教团体之间进行了大量的互访和交流,不少在国外的华人教徒捐资修复境内的寺庙,还吸引了不少外资用于我们的现代化建设。教徒个人之间的国际往来也增多,出访和来访络绎不绝,加之宗教景观旅游的开发,更促进和密切了中国人民和其他各国人民的友好交往。在国际政局中,当某些国家或地区处于紧张状态时,有时可通过宗教间的交往与对话,推进彼此的沟通并相互理解,在一定程度上可以缓冲矛盾,淡化敌意。

四、宗教社会功能的两重性

对于宗教所能起到的社会功能,学者们的评价是不同的。尽管宗教对于社会稳定和发展能够起到一定的积极作用,但仅仅强调宗教的积极作用比较容易走向一个极端,即寄希望于宗教来解决一些社会问题,把宗教的价值追求扩展为全民的目标。事实上,宗教对于社会稳定和发展也会起到一些消极的作用,这同样也是显而易见的。因此,我们以宗教对其所在社会的影响和作用是积极的还是消极的来划分正负功能:凡能增进所在社会的团结与合作,使社会各部分趋于和谐一致的功能均为正功能;反之,能造成社会懈怠、紧张乃至解体的功能均为负功能。宗教的正负功能实际上是相互对应的。

宗教具有社会整合与控制的功能,但其功能的发挥所产生的结果对于人类社会的影响并非都是积极的。这方面具体表现为:第一,宗教观念容易使教徒形成保守主义的价值观,有碍社会变革的进行。宗教虽然天然地具有其他社会子系统所不可替代的整合性倾向,能使社会价值与行为规范神圣化,易对人们的价值观及行为进行整合,但也正是宗教的这种至高无上的神圣性,容易造成教徒价值观念的保守以及对规范理解上的僵化。尤其是宗教强调信仰虔诚、强调神谕的不可变更性,因而容易把人对世界的认识引入歧途,妨碍人们对时代及社会变化的适应。在神圣力量的感召下,一般的教徒都循规蹈矩,忠于现实的政权与社会制度而不过问该政权和社会制度的性质,但当一个政权或一种制度腐朽没落到需要推翻或大刀阔斧进行改革时,宗教就容易成为阻碍社会变革的保守力量。第二,宗教既能使社会目标神圣化,以此稳定社会现存秩序,但它同样也可以提出新的社会目标并使之神圣化,促成动乱与革命,动摇和瓦解现存社会。在中国历代的农民起义中,有很多是假以宗教而行的。比如元明清三代流传很广的民间宗教白莲教,曾在农民、手工业者、城市贫民和流民、差役、下层知识分子中广为流行,一度也曾传入皇宫,元明清三代常有以白莲教名义发动的农民起义。宗教感情一般来说是深沉而持久的,而由这种感情所煽动起来的狂热，可能会造成宗教战争，成为一种破坏或变革社会的力量。以宗教为由而引起的教派战争、不同宗教之间的战争及国家之间的战争不胜枚举，现今世界上许多民族纠纷、民族分裂的根源部分也在于宗教纠纷。宗教战争使人产生大量越轨及偏离社会规范的行为，导致了社会的分化和民族的离散。当然，负功能并不等于非进步，它仅指对当时社会政权的瓦解、破坏与动摇，至于客观上对社会起进步作用还是非进步作用，要视当时社会政权是革命的、进步的，还是反动的、腐朽的而定。

在社会心理调节功能方面，当人们遇到精神烦恼与障碍时，宗教可以使人通过对超自然力量和对彼岸世界的追求得到慰藉，转移人们的注意力，降低人们的精神紧张度，使之超然于现实之外，以消除人们对现实社会的恐惧、不满等。但与此同时，宗教也有着相应的负功能。宗教讲“前世”“上帝的安排”等等，也容易使人产生宿命思想，消极地去依赖和听任命运的摆布。宗教固然能够缓解人们心中的苦闷，但与此同时，它也会使人逃避现实，不去直面人生，不去正视现实中的丑恶事物，不去与之斗争。宗教也可以使人沉浸在对天国的幻想中而盲目乐观，减少自己可能的行动和改革社会现实的愿望。

对于宗教的社会化与交往功能，同样也有着很大的局限性，因为宗教主要是利用宗教教育来执行促使个体社会化的功能，通过宗教教育，教给教徒知识、文化、行为规范及处理人际关系的方式方法、扮演好个人社会角色等等，但宗教教育强调学习宗教教义和神学思想，因此必然会造成知识结构上的偏重。另外，宗教教育的主要接受者是宗教教职人员阶层，而非所有信教者。在某些地区由于接受义务教育的年龄与宗教教育的年龄冲突，许多学生存在辍学情况。这些负面效应显示了宗教教育在社会化方面的局限性，因此宗教也有延缓、妨碍个体社会化的负功能。

在社会交往功能方面，宗教也会阻碍新的认同感产生，容易导致宗教冲突与民族冲突。作为一种社会意识形态和社会组织机构，宗教通过使个人接受宗教价值及信仰、参加宗教仪式和崇拜，极易使他们达到自身认同，但对宗教的信仰会阻止更适合于自我的新的认同感的产生。原有的宗教认同感束缚着个人，使他难以放弃原有信仰和群属而去皈依更适于他的新的信仰与社群。宗教所提供的认同感也会深深嵌入人的个性结构中，使教徒具有不与对手妥协的排他性格，因而可能导致一些冲突加剧。宗教的认同功能会产生强大的凝聚力，可以使同教者亲近，但由于这种认同的专注与执著，也容易引起排斥异教和同教其他教派的情绪，视其他宗教、教派为异己和非正统，极易对其产生排斥心理。在全民族信仰某种宗教的地区,宗教所带来的认同感往往会导致狭隘的民族主义,因而造成与其他民族与国家的紧张与冲突。

从宗教所具有的与其正功能相对应的一些负功能,我们可以看到宗教社会功能两重性的特性。因此,现代社会里,特别是在我们社会主义国家中,必须注意把宗教的正功能发挥出来,而最大限度地消除其负功能。

第四节 现代社会宗教存在的根源

现今的世界处于科学非常发达的时代,尽管如此,今天的宗教却没有一点衰微的现象。那么,现代社会宗教存在的根源是什么?按照马克思主义的观点,宗教的存在根源只能在现实生活中去找,宗教的存在有其深刻的心理根源和社会根源。

人的需要复杂多样。马克思曾将人的需要分为生理需要、精神需要和社会需要。当代美国著名心理学家马斯洛认为人的需要可分为生理需要、安全需要、社交需要、尊重需要和自我实现需要五个层次。也就是说,作为一个有理性的人,除了满足基本的物质需要和生理需要外,他还追寻着一种更高的价值意义,甚至神圣性的东西,而宗教信仰正好满足了人的这方面的需求。信仰是人生的信念、支柱、目标、准则、意志和创造力。没有信仰的人,也就没有真正意义上的希望、信念、准则、目标,没有意志和创造力,生命对他们来说只是时间的流逝和谋求生理需要的满足,是没有价值的。宗教信仰是人的各种信仰中的一种,它的特征首先在于它的对象是超自然力量,其次则是它在虔诚信徒身上能引起强烈的信心和情感。宗教信仰的这种特殊的情感和心理体验,具有自觉和自愿等特征,而这种情感投向,同人个体的心理需要有着密切的联系。

一个人的宗教信仰必然要影响到他的整个生活:不仅要影响爱、友谊、道德修养这些与人格关系较为密切的方面,而且还要影响到人生的其他方面,甚至还影响到求生存或与求生存相关的活动。正如斯特伦所说,宗教信仰会造成信仰者的“根本转变”。①

一、心理根源

尽管在现代社会中人们的物质生活比较富足,但富足不能保证人生没有苦难

① 斯特伦:《人与神:宗教生活的理解》,上海人民出版社,1991 年版,第 2 页。

和挫折，更不能保证人生意义的充盈。现实世界的复杂和艰难以及人生理想的难以实现，真善美的难以追寻，也使得人到宗教信仰中去寻找慰藉和寄托。正如马克思说："宗教是被压迫生灵的叹息，是无情世界的感情。"①

宗教信仰最好地满足了人对不死的追求，能消除对死的恐惧。宗教的灵魂观就是宣扬死亡的只是肉体，作为精神实质的灵魂是不死的，从而减少了对死的恐惧。在信仰里，宗教还构造了一个彼岸世界，在那里，不仅自己能以另一方式存在，而且父母、妻儿等亲人都能团聚，仍然可以生活在一起，死亡只是离开一个世界进入另一个世界，满足了人不愿失去亲人和美好事物的愿望。

宗教满足了人对神圣执法者的精神需要。人无法把自己的"账"算清楚，是因为他用来量度的标准是他自己订立且由自己来执行的。由于人是有限的，故由人设立的尺度及其运用也必然是不完善的、易出差错的。然而，人又并不甘于此，他有一种强烈的愿望，要准确无误地量度、评判每一个人的所作所为，决不让善良蒙辱，狡黠得逞，要使人的历史成为正义的历史。为此，人便把目光投向了神圣的价值尺度及其执行者。

此外，宗教也体现了人类的终极关怀。人是一种两极性结构的动物，所谓两极性结构，借用黑格尔的表述是："人生活在两个世界中：在一个世界中人具有他的现实性（实在性），这方面是要消逝的，这也就是他的自然性、他的舍己性、他的暂时性；在另一个世界中人具有他的绝对长住性，他认识到自己是绝对的本质。"②这就是说，人的本质结构中，一极是他的有限性或现实性，另一极是他的无限性或理想性，这是人类存在的本原性结构，是人类独特的存在方式。这种独特的方式就是他的精神有着永恒的追求，却又永无达到目标的归期。人永远无法达到无限，永远无法独立找到生活的意义。他不能把生活的意义诉诸自然因果法则，因为他是具有精神自由的存在；他也不能指望自身能独立发现生活的意义之源，因为人生有限而理想的王国无限遥远。人类精神和心灵领域的无限和绝对，使得宗教信仰具有绝对的价值。这种价值就在于人类超出自身的具体的道德生活而诉求的一种终极关怀，这种终极关怀使人类自身在有限中找到无限，找到自己的永恒的精神家园。

二、社会根源

从社会根源来看，尽管当今社会是一个科学技术高度发达的社会，但是人们仍

① 《马克思恩格斯选集》第1卷，人民出版社，1977年版，第2页。

② 张世英：《论黑格尔的精神哲学》，上海人民出版社，1986年版，第273页。

然面临着许多自身无法解决的问题,在无穷的宇宙和广袤的大自然面前,人类仍然无法完全掌握自己的命运。在这种情况下,人们自然地就到自身外部去寻找一种力量。因此,只要人类不能完全认识自己、不能完全解决自身的各种问题,宗教就不会消亡。只有到了“谋事在人,成事也在人”的时候,宗教才能最后消亡。

第五节　世界宗教概况

在漫长的人类历史中,产生了成千上万种的宗教,有的宗教流传了下来,有的则随着历史的长河而消失。在当今存在的所有宗教中,大多数宗教都与古老的世界文明联系在一起,这其中既包括各种各样的原始宗教,也包括当今世界流行的各种正统宗教。根据 20 世纪 90 年代资料,当时世界人口约为 51.5 亿人,信奉各种宗教的人达 41.7 亿人,天主教和基督教有 17.58 亿信徒,伊斯兰教约有 9.35 亿信徒,印度教有 7.05 亿教徒,佛教有 3.03 亿信徒,各种新兴宗教有信徒 1.38 亿,其他信奉原始宗教或邪教。

一、由印度产生的宗教

从印度产生的宗教有印度教、耆那教、佛教和锡克教。这四种宗教中,只有佛教走出了印度而传播到了中国、日本、朝鲜、越南和泰国等亚洲国家,而其他三种宗教只在印度范围内传播,没有走出印度。这四种宗教除了锡克教外都是多神教,目标是要从人的生死循环中解放出来,从而获得永生。

印度教是在婆罗门教基础上,吸收印度其他民间信仰,融合佛教、耆那教等思想内容演化而来的,其基本特征和文化传统仍然因袭婆罗门教。

印度教的世俗生活和宗教生活密切不可分。世俗生活的核心是严格遵守种姓制度。种姓是职业世袭、内部通婚和不准外人参加的社会等级集团。印度教的基本教义有业报轮回的思想、承认吠陀的权威等。印度教的实质是一神论的多神崇拜,从表面上看,印度教是多神崇拜,在印度教的万神殿中,有着众多的神祇。一个印度教徒除了崇拜所属的家神、村神和职业保护神外,还要崇拜自己特定的神或主神(本尊),如湿婆派信徒崇拜湿婆、毗湿奴派信徒崇拜毗湿奴等。但在印度教看来,这些神的背后还有一个最高实在者——梵,梵既不具有任何属性,也不表现为任何形式,它超越于一切时空,也不为因果所限,梵是万物的原因和根本。

目前,印度教在印度影响很大。不少政党、集团都和种姓制度有着千丝万缕的联系，旧的教派势力如印度教大会等仍在活动，而且出现了很多新的组织。印度教对印度的法制、教育、文化和社会生活等方面都有着明显的影响。

佛教是与基督教、伊斯兰教并列的世界三大宗教之一，由释迦牟尼在公元前6世纪时创建于古印度。“佛教”就是教主佛陀的教诲。“佛陀”是已看透宇宙真相、证悟最高真理的觉者，含有自己觉悟、觉悟他人、觉悟一切的意思。佛教按照传播路线可以分为南传佛教和北传佛教；按照教义的不同可以分为小乘佛教、大乘佛教和密教。佛教的基本教义就是认为世间充满了痛苦，一切事物都是不值得留恋的，人们只有出世，才能寻找到获得精神解脱的方法。佛教的最高思想是通过修行而最终涅槃成佛。佛教主要流行于中国、韩国、日本等东亚地区以及东南亚等地。佛教19世纪末开始传入欧洲、美洲、非洲和大洋洲。据2000年的统计数字，它现在拥有35 998万信徒。①

二、发源于中国的道教和儒教

发源于中国的宗教有道教和儒教，②这些宗教也是多神教，相信对自然的崇拜，甚至还信仰祖先崇拜。

道教是在中国古代社会宗教信仰的基础上发展起来的一种宗教，具有汉民族思想和信仰的特点。它起源于殷周时代的巫祝祭祀鬼神和战国秦汉时代的方士求仙采药，同时在形成和发展过程中，吸收了阴阳五行家、道家、儒家学说，把鬼神崇拜、仙方术与古代哲学思想结合起来，使其信仰带有理论色彩，构成内容复杂的道教神学，在中国传统文化中占有重要的地位。道教推崇“自然无为”，主张兼容并包，主张“出世”应与“入世”相结合，不仅关爱人，也关爱大自然，十分重视人与自然的和谐相处，对于现代人类的生活有着很多积极意义。

三、发源于中东的宗教

发源于中东的宗教有犹太教、基督教、伊斯兰教和拜火教（又称祆教）。这些宗教都信仰唯一的神，其中基督教和伊斯兰教已经成为世界最重要的宗教之一，其信徒遍布世界各地。

犹太教在各宗教中起源比较早，而且基督教也是从犹太教分化出来的，因此其

---

① 见中国人民大学基督教文化研究所编《基督教文化学刊》第6辑，宗教文化出版社，2001年版，第148页。

② 儒教是否是真正的宗教，参见本书第二章关于儒教的解释。

在宗教起源和发展上具有重要意义。

犹太人最早生活在阿拉伯半岛上,靠游牧为生。约在公元前20~17世纪时,他们由两河流域下游迁移到现巴勒斯坦地区转向农业,后因灾荒移居埃及。由于受埃及人的奴役和压迫,在其民族领袖摩西以神的意旨为号召的带领下离开埃及,返回巴勒斯坦地区。摩西在途中利用上帝启示宣布了后来成为律法的"十诫",率领在埃及的犹太人经历各种困难,回到巴勒斯坦。因此,摩西被认为是犹太教的创始人。

基督教相传由巴勒斯坦境内拿撒勒人耶稣创立于公元1世纪,崇奉耶稣为救世主。后因时代变迁,出现信仰态度不同的基督宗教——天主教、东正教、新教,此外还有许多较小教派。

天主教是建基于对耶稣基督的信仰上,其前身是犹太教,故继承犹太教的一神观念和旧约圣经。天主教又称为罗马天主教。"天主教"的名称源自于他们对基督教教义中的唯一真神称呼为"天主"。公元313年,西罗马皇帝君士坦丁大帝皈依天主教,使天主教成为罗马帝国的国教,是为罗马帝国政教合一的开始。其后,天主教的信仰随着罗马帝国的声威,传布各地。

东正教是随着5世纪罗马帝国分裂为东罗马帝国、西罗马帝国之后,在东罗马帝国奉君士坦丁堡的大主教为正宗的基础演变而来。

新教的创立来自16世纪英国宗教改革以及马丁·路德的宗教改革。公元1521年,马丁·路德脱离天主教,成立新教。马丁·路德原为天主教教士,因研究天主教大部分以拉丁文记载的圣经,认为有必要让信徒以一般的文字了解圣经,因此翻译圣经,并在16世纪发明的活字印刷术基础上使得圣经快速普及。马丁·路德并坚持以圣经为依归,废除了历任教皇不合理的律例,强调耶稣基督"因信称义"的新约。

基督教传遍全球,其传布范围超过任何其他宗教,主要分布在欧洲、美洲、大洋洲等地。据1982年牛津大学出版社出版的《世界基督教百科全书》统计,当时世界信奉基督教的人数约有15亿,其中属天主教的约8.8亿人、新教的约3.6亿人、东正教的约1.3亿人、其他派别9 000多万人。

伊斯兰教于7世纪初产生于阿拉伯半岛,中国旧称天方教、清真教或回教。伊斯兰一词原意为顺从,即顺从真主意志的宗教。其基本信仰是:信仰真主是唯一真实的主宰;信仰吉卜利勒为首的众天使;信仰《古兰经》和以前的诸经典为天启;信仰众先知和穆罕默德为封印先知;信仰死者复活和审判、后世的奖惩;有的还加上信仰一切皆由真主前定。

《古兰经》是伊斯兰教的根本经典，被认为“安拉的言语”，传说是安拉通过天使吉卜利勒降给先知穆罕默德的最后一部天启经典。伊斯兰教是以律法为中心的宗教，强调教法在社会生活中的至上地位。教法的内容从宗教礼仪、社会伦理、政治制度、经济活动到法律规范，几乎涵盖日常生活的全部行为，构成一个包罗万象的应尽义务的体系。因此，伊斯兰教不仅是宗教信仰和意识形态，也是一种生活方式和社会制度。

伊斯兰教自兴起以来，一直保持着向世界各地传播和发展的势头，并以其独特的精神活力影响着当代国际政治关系。据统计，2000 年全世界穆斯林约有 118 824 万人。① 它的神学思想体系、社会制度、道德规范、生活方式、饮食禁忌、文化艺术等等对伊斯兰教各民族的文化思想产生过深远的影响。由于它的教义简明、教规严谨、主张人类平等、反对强暴、扶助弱小，赢得了人们特别是被压迫民族和人民的信仰，所以被认为是一个发展最快的宗教。

四、邪教概况

除了原始宗教和正统宗教以外，当代社会还存在着大量的邪教。邪教可以说是宗教的反面，但与宗教不存在绝对分立的鸿沟。目前，对全球邪教的数目还难以进行精确的统计。据称，全球现有邪教组织 3 300 个，信徒达数千万。但据加利福尼亚伯克利大学的心理学教授玛格丽特·辛格在写给白宫的一份报告中估计，仅美国的邪教组织就有 2 000 ~ 5 000 个，有 1 000 万至 2 000 万人卷入邪教活动。在中国，除“法轮功”外，警方还发现了十几个规模较小的邪教组织在活动。除此之外，在非洲的一些国家、澳大利亚、墨西哥、以色列都有邪教在活动。在未来社会，由于人类情感的需要和人格的变异，邪教组织有进一步发展扩大的趋势。

阅读材料

我国少数民族的自然崇拜

我国东北地区的鄂伦春族终年生活在深山密林之中，四周山峰高耸，峭壁垂

① 参阅中国人民大学基督教文化研究所编《基督教文化学刊》第 6 辑，宗教文化出版社，2001 年版，第 148 页。

悬，岩洞阴森，令人敬畏。回音在幽深的山谷中激荡，神秘而又奇异。气流运动所产生的幻影，更使人感到不可捉摸。他们认定这一切都来自某种精灵。于是，那些山峰、悬崖、岩洞便成了精灵的栖息之所，不准大声喧哗，更不准言出不敬，种种禁忌便油然而生。

鄂伦春族和鄂温克族对熊的一些特殊的禁忌同样表现了动物有灵以及人可以与之交感的意识。当鄂伦春猎人猎获熊后，必须割下熊头，裹上草包，然后放置在木架上，由年长猎手率青年猎手行“三跪九叩”之礼，并反复祈求：“请以后多给我们玛音(意即猎获品)。”当熊肉食完后，骨头不得随意乱扔，要全部集中起来放在柳条编的篱笆上，由四个人抬着送葬。这时全体氏族成员都要假装哭泣一番，并向熊说些道歉的话。诸如“我们不是有意杀害你的，而是误杀了你”，“你不要降祸于人，要保佑我们多打野兽”等等。与鄂伦春族毗邻的鄂温克族在食熊肉之前则要由一人毕恭毕敬地捧着熊皮走门串户，表示让熊向人们告别，而持熊皮者每到一家时，家中所有的人都要发出一种“嘎嘎”的叫声，以表示欢迎熊的莅临。

思考与练习

1. 关于宗教的起源有哪些比较流行的学说？
2. 宗教的基本构成要素是什么？试举例说明。
3. 宗教的社会功能有哪些？如何正确看待宗教的积极作用和消极作用？
4. 现代社会是科技文明高度发达的社会，为什么还会有宗教存在？
5. 世界宗教的基本概况是什么？

第二章

儒　教

本章要点

- 儒教创立于东汉时期，它是儒家学派的发展，所以儒教崇拜孔子。儒教正式创立之后，经过与王权的结合，以及董仲舒、朱熹、王阳明等思想家的发展，渐成体系并成熟，成为我国2 000多年来封建统治的精神支柱。近代以来，儒教逐渐丧失了在意识形态领域的统治地位，渐趋衰落，只在民间存在。
- 孔子奠定了儒教的基本思想。孔子思想中出现了三个最重要的范畴即天、礼、仁，后来的儒教思想家在这三个范畴的基础上发展并逐渐形成三个理论层面："仁"是个体心性道德修养，"礼"是社会伦理纲常，"命"是超越于个人和社会之上的某种外在客观必然性。儒教全部的教义就是在这三个理论层面上展开的。儒教仪式数不胜数，主要有祭天、祭孔和祭祖。
- 儒教文化传统是中国传统文化的主流。在世界各大文化系统中，儒学作为一种亚细亚思想方式，代表着中华文化传统走向了世界，其影响超越了国界，在东亚形成了覆盖数十亿人口的"儒家文化圈"。儒教文化传统的一些思想也是世界文化可资利用的资源，因此儒教文化传统越来越引起世界更多人士的兴趣和关注。

第一节　孔子与儒学

一、儒学的创始人——孔子

在当今的世界上，有四种对世界影响重大的思想体系：一个是佛教，一个是基督教，一个是伊斯兰教，另外一个就是儒学，而孔子则是儒学的创始人。孔子，名丘,字仲尼,生于公元前551年(周灵王二十一年,鲁襄公二十二年),死于公元前479年(周敬王四十一年,鲁哀公十六年),享年73岁。与世界其他宗教的创立者比较起来,孔子的出生比他们的出生要早得多。也就是说,在孔子死后耶稣才出生,而穆罕默德则是在孔子去世后1 100多年才创立伊斯兰教。

据传孔子远祖是殷贵族,周灭殷后,孔子的远祖受封到宋国(今河南商丘一带)当诸侯,世奉商祀。后来宋国发生内乱,孔子的先祖又奔鲁,世为鲁人。孔子曾祖孔防叔为鲁国防邑大夫,其父叔梁纥为武士,任陬邑宰,以勇力闻名,晚年与颜氏女结婚,生孔子。孔子出生在鲁国昌平乡的陬邑(今山东曲阜)。可以说,孔子的祖先是宋国人,但由于远祖是殷贵族,所以孔子也自称为殷人,而且在临终前还嘱咐子贡要以殷人之礼葬之。

孔子虽有贵族的血统,但是到他的时候,家道已经衰落得差不多了,及至孔子时,已到"吾少也贱"①的地步。孔子出生后不久,父亲便死去了,他便随母迁居曲阜,过着贫贱的生活。孔子幼时就很聪颖,15岁的时候立志于学。用孔子自己的话说:"吾十有五而志于学。"②少年立志于学,这是他走向成功的开始。

17岁那年,含辛茹苦把他抚养大的母亲也去世了,于是孔子成了孤儿,生活更加困苦。为了谋生,年轻的孔子不得不从事各种劳动,很受人的鄙视。但是他并没有好高骛远,而是对自己做的工作认真负责、兢兢业业。社会地位的低微,使孔子能懂得许多上层贵族所不懂的知识,能做许多上层贵族做不了的事。

孔子20岁的时候成为鲁国季氏管理粮仓和牛羊的小官吏,由于他谦虚好学,而且无所不学,内容非常广泛,所以他成为当时最博学多闻的学者。他自己也曾说:"不学诗,无以言","不学礼,无以立",③"三人行,必有我师焉;择其善者而从之,其不善者而改之"。"德之不修,学之不讲,闻义不能徙,不善不能改,是吾忧也"④。22岁时,孔子开始设教于闾里,有曾点、颜无由等弟子受教于他,孔子从此开始了办私学的生涯。

孔子创办私学,采取"有教无类"的方法,打破贵族垄断受教育的机会,这是适合当时"文化下移"的时代发展潮流的。孔子以前,学在官府,入学的都是贵族子弟,为师的也是国家委派的官吏。像孔子这样以私人资格教授学生的,在中国历史

① 《论语·子罕》
② 《论语·为政》
③ 《论语·李氏》
④ 《论语·述而》

上是首创。由于孔子博闻多学,学识渊博,更由于私学适应了时代发展的需要,所以孔子的学生慢慢多起来了。到他34岁的时候,孔子已经声名显赫。这时人们才发现孔子有贵族血统。相传鲁三桓中的孟僖公在临终时竟吩咐后人将来要把自己的两个儿子送到孔子那里,受教于孔子,而且他还讲述了孔子的贵族家世,称赞孔子为"圣人之后"。这时候孔子也知道了自己的贵族身世,这无疑会对孔子后来的道路产生重大影响:一方面改变了世人对孔子的看法,他的私学更加兴旺了;另一方面,孔子参政的欲望更加强烈起来。34岁那年,他终于接受了鲁昭公赏赐的车乘、仆役和赍资,在贵族子弟南宫敬叔的陪同下到达洛阳。就是在这次访周问礼的过程中,孔子拜访了老子,两人相互留下了非常好的印象。

回到鲁国后,孔子曾做过地方官中都宰,由于他政绩明显,不久又被提拔为司空,后来又被提拔为大司寇。鲁定公十年,也就是孔子51岁时,开始代理鲁国宰相。在代理宰相期间,诛杀了扰乱政治的鲁国大夫少正卯;陪伴鲁定公参加与齐景公道夹会之盟,在盟会上,孔子据"礼"力争,迫使齐景公砍断了进献优倡侏儒之戏者的手足,取得了外交上的重大胜利。

鲁国的逐渐兴盛使齐国感到恐惧。为了离间鲁国君臣,齐国送给鲁国一个庞大的女子乐队。之后,鲁定公多日不上朝听政。孔子看到自己的政治抱负难以施展,遂带领颜回、子路、子贡、冉有等10余弟子离开"父母之邦",开始了长达14年之久的周游列国的流离生涯,这年孔子55岁。这时候,诸侯国之间的混战加剧,而且各国内部也纷乱迭起,整个奴隶制处于风雨飘摇之中。在这样的情势下,孔子率领自己的弟子,奔走于各诸侯国之间,谋求仕进,干预政治,以平息天下之乱,但是其结果是屡遭失败。他先后到过齐、卫、陈、蔡、宋等国,但都得不到任用。在谋求出仕的过程中,孔子也遭受了许多痛苦和危险,他和弟子曾经绝粮多日,许多人都饿得站不起来。鲁哀公十一年(公元前484年),冉有归鲁,率军在郎亭出奇制胜,战胜齐军。鲁哀公遂召孔子归鲁,这时孔子已经68岁了。

在周游列国中,14年过去了。孔子自述:"其为人也,发愤忘食,乐以忘忧,不知老之将至。"[①]此时的孔子已经知道无法贯彻自己所信奉的先王之道,虽然鲁哀公、季康子以及自己从政的弟子经常来问政于自己。鲁哀公十四年,鲁国贵族"西狩获麟",孔子触景生情,哀叹说:"吾道穷矣"。麟在当时被认为是瑞兽,是圣人的

① 《论语·述而》

象征。鲁哀公十六年春，孔子病重逝世，逝后葬于曲阜城北泗水边，终年73岁。[①]

孔子死后埋葬在鲁国都城以北的泗河边上，弟子服丧3年相别而去，独有子贡在墓侧守墓6年才离去。

孔子抱有远大的政治抱负穿行于诸侯各国之间，但是到临终之前才悟出自己失败的真正原因。春秋战国时代是一个礼崩乐坏的大变革年代，处在那样的年代，竟然要用西周的礼制来力挽狂澜，其结果可想而知。到了晚年，孔子终于绝望了，于是就全力以赴地从事古代文献的整理，教授学生，指望后代有人能根据自己整理的文献，把先王之道付诸实施，成就自己的理想。但是孔子并不是一个彻底的失败者，他在从政的过程中，逐渐阐发和形成了自己的思想体系，创立了儒学思想。私学的创办以及学生的增多，不仅壮大了孔学学派，而且使儒学思想得到传播，大大扩展了儒家学派的影响，把中华文化的种子播及四方，这些思想都是后来儒教的思想基础。

二、孔子的思想主张

春秋时期是一个"礼崩乐坏"的社会动荡时期，旧的社会秩序遇到极大的危机。从社会根源来说，这是由于当时出现了新的生产力代表——地主阶级。这些社会新贵经济上有着极强的实力，他们不满于与自己经济势力不相适应的政治地位，要求更多的政治权力，向旧制度、旧秩序发难。各种政治势力纷纷走上社会舞台，提出自己的利益和要求，形成了许多政治文化中心，产生了各种不同的学说。

① 参阅刘蔚华：《儒学与未来》，济南：齐鲁书社，2002年，第86页。

儒家学派就是在这一社会历史背景中产生的。

孔子面对社会现实提出了“克己复礼为仁”的理论纲领，主张通过主体的道德修养(“克己”)，恢复西周的礼治秩序(“复礼”)，实现仁爱的和谐关系(“为仁”)。但是孔子并没有给我们留下什么巨著，更没有通过自己的著述活动去建构什么理论体系。孔子的贡献在于通过那些具体入微的只言片语的讨论，通过那种“述而不作”的著述态度进行古代文献的整理，建立了早期儒学体系的核心内容。正因为如此，孔子不仅建立起一个包容万象的思想体系，而且为后世儒者对思想的诠释留下了巨大的空间和思维余地。

一是天命观。天命观既是中国传统哲学的一种特殊理论，也是构成孔孟儒学世界观的重要组成部分。孔子在这方面的观点是“听天命，尽人事”，正所谓俗话所说的“谋事在人，成事在天”。对于鬼神，孔子说“敬鬼神而远之”，这也说明孔子积极致力于人道的现实态度，对神道并不太重视，这也符合春秋时期神人关系重点的转移。

二是“仁者爱人”的伦理观。仁是春秋时代的新观念。孔子认为，“仁就是克己复礼”和“爱人”。他把“仁”作为儒学的基本思想和范畴，探讨人的价值。在孔子看来，“仁”不仅是人生的追求，而且也是一种社会生活理想。

孔子在谈到仁的时候还说到礼，说“道之以德，齐之以礼”，强调从社会政治制度和体现社会政治制度需要的礼仪规范两个方面实施礼制，当然个人也要注意自己的道德修养。制定礼的目的是为了求得和谐，建立起和谐的社会秩序。

三是“为政以德”。孔子“仁者爱人”的伦理学说在社会政治领域内的运用与体现，就是“德治”“为政以德”。孔子说：“为政以德，譬如北辰，居其所而众星拱之”，“道之以政，齐之以刑；道之以德，齐之以礼，有耻且格。[①]”这里孔子比较了两种不同的治国方法，认为仅仅依靠刑罚来治国不行，只有依靠道德教育，才能使百姓有知耻之心，自觉走上正道。同时孔子还强调，在进行道德教化中，统治者需要做好表率，正所谓正人先正己。后来孟子将“仁”的思想发展为系统的“仁政学说”和“王道”政治，为后来中国封建社会的巩固和发展奠定了理论基础。

四是中庸的思想。孔子把“中庸”看做是最高尚的美德。这是孔子在“礼崩乐坏”、社会纷争、新旧交替的历史条件下所总结出来的调和、折中社会关系的方法，也是培养新型人才的新理论。这种“折中哲学”对人们的世界观和方法论起了很

① 《论语·为政》

大的作用。当然,孔子的中庸并不是无原则的调和,不能为了和而和,不是做好好先生,而是要依礼而行。

五是“有教无类”的教育原则。孔子把一生的主要精力都放在教育上,他的教育思想极其丰富,教育学说是孔子思想中最积极的成果。他提出来教育要为治国服务,不分贫富贵贱地施行教育;教育要因材施教,学习要学思结合;教育的内容包括知识、德行,所谓的文、行、忠、信,也包括诗、书、礼、乐、易、春秋六艺。特别是他的“有教无类”的教育原则,打破了“学在官府”的教育,开创了教育下移的私学新风,发扬了育人精神。这样,中国古代的教育开始促进了文化下移,推动了历史前进。

第二节　儒教的形成、发展与衰落[①]

儒教学说创立之初的确只是一种学说,并非宗教。但它对终极关怀的关注,为它日后的宗教化提供了内在根据。它的政治主张,又为它日后的国教化准备了条件。到汉代,经过董仲舒的努力,儒学完成了初步的神学化。同时,儒学也被官府定为治理国家的意识形态,确立了统治中国思想达2000年之久的国教地位。隋唐时期,儒学经历了与佛教和道教的不断交融,及至宋明,以儒家伦理为中心,吸取了佛教、道教的一些宗教修行方法的宋明理学终于出现。宋明理学的建立标志着中国儒教的完成。从两汉时期的经学和谶纬之学,到魏晋时期的玄学,从唐代的“道统”说,到宋明的理学和心学,儒学的宗教特征在每一个阶段都有所发展,其神学理论也愈发系统而完整。朱熹的《四书集注》确立了儒教的系统教义,而张载的《西铭》则是一部最简约的儒教宣言。

至于近代,为了对抗西方各大宗教在中国的传播,康有为首倡复兴儒教,在中国近代史上掀起了一场颇具影响的儒学国教化运动。他不仅反复上书言说,希望借助政府的力量在中国推行儒教,而且身体力行,积极支持孔教会的活动,他甚至希望把孔教推广到世界各国,但是这仅仅是当时的一种主观臆想。五四运动和民国革命的打击,使儒教一蹶不振。1949年以后,儒教彻底地走出意识形态,只在民间存在。

---

① 本节的写作大量参阅了李申先生所著的《中国儒教史》。

一、儒教的形成

孔子本姓孔，孔子及其弟子也没有用儒学来冠名自己的学派，但是人们一般都用儒学和儒教来称谓孔子所创立的思想体系。为什么用“儒”来称谓，这要从“儒”的起源说起。

历史上最早研究儒的起源的是汉代的大学者刘歆。他认为儒是从“司徒之官”演化而来的，而这些人是帮助皇帝教化民众治理国家的，可见儒的起源与官制的产生、发展有着密切的关系。在春秋战国奴隶制的崩溃过程中，一些原来的官员和贵族没落下来，失去了原来的社会地位，成为流落在民间的以教书来谋生的人，这些人就是“儒”。社会的变迁使得另一部分人显贵起来，这些人看不起没落者，但是他们需要这些儒者来为自己装点门面，为自己出谋划策，甚至教育自己的弟子，而儒者则需要新显贵为其提供衣食住所，于是这些儒者就成为从事精神生产的劳心者。这样，“儒”就职业化了，儒也成为当时人们选择职业的目标之一。

孔子因为办私学教书而声名大振，实行“有教无类”的原则，广收门徒，第一个把由贵族所独占的知识和教育普及到民间，因此他所创立的学派也就被称为“儒家”，可见，儒家也是因其职业而得名。到了汉代，独尊儒术，儒家成为一尊。“儒”一方面指当时的知识阶层的术士，另一方面则指以继承和发展孔子儒家学说的代表人物。“儒家”这个名字正式的出现是始于汉代。

真正的儒教传统始于孔子死后好几百年的西汉王朝。汉朝建立的时候，需要一种思想体系来为统治者辩护。当时的儒学已经存在，直接导致汉武帝独尊儒术的是汉景帝时期的“七国之乱”。① “七国之乱”很快被平定下去，但是却提出了这样的问题：如何处理中央集权与藩王的关系？如何才能够治理好国家？是完全依靠天佑，还是做好人事以获得天佑？王道大坏的原因是人事的原因还是天命的原因？这样，天人关系的问题就被明确提出来了。对这些问题进行直接和系统回答的是董仲舒，他从维护和巩固封建专制统治的需要出发，对儒学思想进行一系列的阐述，直接导致了儒教的形成。

在董仲舒看来，天人感应，而且天人相副，天降符命还是降灾异，在于人的自身

---

① “七国之乱”的首领是吴王刘濞，他是刘邦二哥刘仲德的儿子，立有战功，剽悍好战，桀骜不驯。由于朝廷的无为政策导致他实力不断壮大，直至自己不来朝见汉景帝，甚至铸钱造币，要与中央分庭抗礼，分享权力。在这种情况下，汉景帝采纳晁错的建议，采取削藩的政策，于是吴王联合其他藩王一齐起兵反叛，并借天命以反叛。

行为。董仲舒的天人感应不否定上天完全出于自己意志所发出的天命、天道，但是重在上天对人间是非善恶的反应。

董仲舒认为，天人之间，气是传递信息的中介，气有阴阳，事有善恶，气的中介作用遵守着同类相感的原则，这种通神的形式类似当代的信息反馈过程，它是个先从人到神再从神到人的双向运动，而不仅仅是从神到人，由神发命令，人只照此执行的单向运动。因此，天人感应说一面把神的作用举到至高无上的地位，事无大小，无所不管；一面又认为上神的意志完全随人的善恶为转移，是人的善恶在支配着神的意志。所以，从历史的发展看，董仲舒的天人感应说是儒家神学的一个重大进步。

与天人感应说相对应，董仲舒还提出来阴阳五行说。他认为一切事物都必有与之相反但又合在一起不能离开的另一方面，比如有上必有下、有左必有右、有前必有后、有表必有里、有美必有丑、有喜必有怒、有寒必有暑、有昼必有夜等等。每个物都有自己的配偶，都有阴阳，阴阳之间有尊卑的关系，阳为尊、阴为卑，阳为德、阴为刑。因此，弄清了阴阳关系，也就理解了一切物的根本关系。

与阴阳二气配套的还有五行之气，五行分别是木、火、土、金和水。随着阴阳的周年运行，五行之气也开始循环运动，从一年的冬至开始又回到冬至，然后开始下一轮循环，显然这只是个约数。五行这样的循环，是一种相生的顺序，即木生火，火生土，土生金，金生水，水又生木。其中:木居首，水为终，土居中央，是五行之中的最尊贵者。五行之间不仅有相生关系，而且有相胜关系，不仅相生关系是人应当效法的天道，相胜关系也是人们应当效法的天道。和五行对应，人间的主要官职也有五类，其中木为司农，火为司马，土为司营，金为司徒，水为司寇，全依天道行事。

董仲舒的另一个重要思想是人性论。他认为人的本性既不能说是善的，也不能说是恶的。他把本性比做卵和茧、比做璞。雏鸟是从卵里出来的，但卵不是雏鸟；丝是由茧缫成的，但茧不是丝；玉是从璞中出来的，但璞不是玉。这些比喻所要反复说明的就是:本性中蕴含着向善的可能，但本性自身并不是善的。在他看来，如果说性恶就否认了人本性向善的根据。他主张必须施以教化，改变或促进天性向善，所以董仲舒认为教化是必要的。也就是说，在本性中具备了向善的可能，但本性自身不全是善。要使人向善，必须实行外在的教化。善是外在的教化而产生的结果，而不是本来就具有的东西。

董仲舒还对祭祀进行了讨论，主要讨论了祭天、祭祖的必要和祭祀的意义。董仲舒认为，在所有的祭祀之中，祭天是最重要的祭祀，其他祭祀都是次要的。因为天是百神之大君,所以不祭天就不可以祭其他小神了。皇帝号称天子,那么天之子就不能不祭天,就像儿子不可以不供养父亲一样。正常的祭天礼仪,董仲舒认为应是一年一次,由于他认为天是最尊贵的,所以祭天应该在一年的开始,也就是农历正月,然后安排一年的朝政。

汉朝时期是我国封建集权专制比较强大的时期,特别是汉武帝统治时期,作为封建政权最集中体现的王权也随之得到加强。为了证明封建王权的神圣权威,就必然要寻找一种神学来充当这种证明的根据。为此,董仲舒借用天的权威提出君权神授说。这样,"天"成了宇宙间最高的主宰,是至高无上的神;君权代表天意,是代天实行赏罚的至上权威,因此,君权也是神圣不可侵犯的。特别是董仲舒用阴阳五行等神学以论证儒家的仁义道德、纲常名教,积极把儒学神学化。

董仲舒把施行儒家所强调的仁义德政看做是神秘的天人感应的需要,这样又使得儒家的政治学说依附于神学了。他借助神灵之说为封建君主和封建王朝制造了神学根据,通过阴阳五行与封建的三纲五常的比附,使儒家伦理学说具有了宗教意味,又凭借"天人合一"论,使儒学的政治思想带上了宗教神学的色彩。从中国宗教史的角度来看,董仲舒神学体系的建立,标志着中国封建社会创立官方神学的开始,儒学从此开始成为政教合一的儒教。

二、儒教的发展

如果说汉朝时期是儒教的形成时期,那么唐宋明时期则是儒教的大发展时期。在这些时期,儒教思想体系和儒教仪式都有了巨大的发展,体系更加完备。

(一)唐朝儒教

唐朝建国的第二年,唐高祖李渊就下诏,命令在国子学内建立周公、孔子庙。武德七年(624 年),李渊亲自到周孔庙行释奠礼,尊周公为先圣,以孔子为先师,配享周公。武德九年,封孔子后人为褒圣侯。唐太宗即位不久就颁布法令,要求所有县府都要设孔庙,由担任政府官员职位的士大夫主持祭礼仪式,这时就不仅仅是私人学者对他们的圣人的一种崇敬了。后来他在庙中安设了汉代 22 个正统儒士的纪念碑,这是首次祭礼崇拜孔子之后的人。他的这些行动促进了儒教传播,孔庙的数量也很快多起来。贞观十四年,唐太宗李世民亲自到国学行释奠礼,并命令国子祭酒孔颖达在祭礼上讲解《孝经》。贞观二十一年,建立孔庙配享从祀制度。贞观年间,除了发展孔庙祭祀制度以外,对儒学建设的另一重要贡献是撰写《五经正义》,分别为《周易正义》《尚书正义》《毛诗正义》《礼记正义》《春秋左传正义》五部。《五经正义》是唐朝初年著名儒者们的共同作品，集中反映了唐朝前期儒学的面貌。

（二）宋朝儒教

宋朝时期，由于统治者皇帝的尊崇和支持，儒教获得了巨大的发展。宋太祖即位之初，就在后周所建国子监的基础上，重新修缮，塑先圣孔子、亚圣颜回及 10 哲像，画 72 贤及 21 先儒像于两庑。宋太祖亲自撰写先圣赞、亚圣赞，以下则由臣子们撰写。宋真宗时，下诏追谥孔子为玄圣文宣王，后避国讳，改为至圣文宣王，并亲制《玄圣文宣王赞》。建隆年间，宋太祖曾三次视察国子监，进谒孔庙。宋太宗时，也曾三次进谒孔庙。

儒教在北宋时代发生的最大变化就是新理学的提出。新理学经过周、张、邵、程等人的努力，至二程后已基本成型，思想体系基本构成，主要概念已基本提出。然而，真正将理学构成一个庞大的思想体系，并真正使儒教发生重大转折的，还要数南宋时期朱熹思想体系的建成，他使儒学真正完成从经学到理学的转变，理学的思想体系也才真正建立起来。

朱熹自幼熟读经史，宋高宗十八年（1148）中进士；中进士之后，朱熹被授予一定官职，其间治绩卓著，公务之余研究学问；24 岁时，徒步数百里拜李侗，遂专心于圣贤之学；28 岁那年，罢官归里，以讲学为业；49 岁的时候，辞官达 20 多年的朱熹又出任知县，其中修复白鹿洞书院，并亲定书院学规，虽然兢兢业业，但是却因为学问而获罪被罢官；宋庆元六年即公元 1200 年朱熹去世，终年 71 岁。

朱熹一生的大部分时间都用来讲学、著述，在中国古代的学者之中，朱熹的著作是最多的，而且都完整地保存了下来。这些著作之中，最重要的是《四书集注》（《大学章句》《中庸章句》《论语集注》《孟子集注》）。《四书集注》体大思精，影响深远，为后人百年的官亨定本，成为中国知识分子科举考试的必读之书，并上升到五经之先的地位。

朱熹像

朱熹的思想体系是中国思想史上公认的最庞大的思想体系，它包罗万象，无所不容。其思想体系的核心便是天理论，而天理论的核心又是理气说。他认为，天理是宇宙的本原，天地、人物都是因天理而存在，都是由最根本的理所产生、所承载。在理气的关系问题上，朱熹认为理为根本，气是依附于理的，天下没有无理之气,也没有无气之理,但是理也不能脱离气而独立存在。

朱熹虽然对理气进行了深入而又广泛的探讨,但是他的真正目的是为探讨心性问题做铺垫。他认为:心能够禀赋理而构成至善之性;心能够据此性而与事物发生感应作用。朱熹区分了"人心"与"道心"。道心是天理的体现,是义理之心,是人心的主宰;人心是气质的表现,所以人心必须接受道心的主宰和统领。

在朱熹的思想体系中还包括对修养的探讨。朱熹以为敬是为学修养的立脚处,是圣人第一要法。敬的要求首先是"正衣冠""肃容貌""思虑"。但是居敬并不是目的,而只是功夫,居敬的目的在于"穷理",而格物即是穷理,格物的主要任务是穷天理,明人伦,讲圣言,道世故。至于如何格物,在朱熹看来,主要还是要读书。

在道德修养上,朱熹提出了"存天理,灭人欲"的主张。这个天理,实际上指"三纲五常"等封建道德。所谓"人欲",就是受物欲迷惑而产生的私欲。不过,朱熹把"天理"和"人欲"绝对对立起来,认为天理人欲不容并立,"天理存则人欲亡,人欲胜则天理灭"。克得一分人欲,就复得一分天理,当人欲被克尽之日,就是天理流行之时,这就达到了超凡入圣的境界。

综上所述,在总结了先前儒家学者思想贡献的基础上,朱熹建立了一个博大而精深的理学哲学体系,这个体系以儒家政治伦理为中心,广泛吸取和糅合佛、道思想。朱熹一生孜孜不倦、呕心沥血所营建的一套封建主义意识形态,虽在其生前未被统治者所用,但在他死后不久就得到理解和重视。由于朱熹的学说对维护封建制度有用,因而自南宋末年历经元、明、清三代,各个王朝都把他的学说定为指导思想。从元朝开始,朱熹的《四书集注》就被定为科举考试的依据,他的言论几乎成了判断是非善恶的最高标准。他的思想在13世纪以后流传到海外,在日本、朝鲜等地都有相当大的影响。

(三)明朝儒教

明代时期也是儒教的大发展时期。明代开国皇帝朱元璋也尊崇和推广儒教。他在没有正式即皇帝位的时候就在南京建立国子学,开始设文、武两科取士;还在南京建立了圜丘、方丘和社稷坛,建立了太庙,又订正郊庙和社稷祭祀的音乐;他在即位前还专门祭告天地。洪武元年十一月,开始在圜丘祭天,从此成为定制。由于他认为事奉天地如事奉父母,祭祀天地不宜分开,所以也就开始合祭天地。洪武八年,命令天下建立社学,这样就把唐代以来郡县设学的制度扩大到县以下的基层单位,学校从科目到教材,无不贯彻宋代新儒学的精神,这对于儒教教义的普及和传播有着重要的意义,有力地促进了儒教的发展。

在明代儒教的发展中,王守仁的思想做出了巨大贡献。

王守仁①,浙江余姚人,字阳明。据记载,他是我国历史上著名的大书法家王羲之的后代。王家世代都是明朝的大小官员,而且都有儒学士大夫的风格。正是在家庭的熏陶和教育下,王守仁接受了作为中国封建社会标准道德规范的儒家学说,并在一生中信念不改,身体力行。

王守仁对儒教的贡献是他创立的"心学"体系。这个体系主要包括"心即理""知行合一""致良知"三部分内容。所谓"心即理",在他看来,心是宇宙天地万物之主,心外无物,心外无理,心就是物,心就是理。既然心即是宇宙的主宰又是我的主宰,所以在心中,也就没有"天理"和"人欲"的对立。宇宙万物的存在就在于心的感知,只有被心所感知到的事物,才是真正存在的。很显然,他的这种思想强调了人的主体作用,是一种主观唯心主义的思想。

20世纪20年代中国江浙地区印有王守仁头像的纸币

王守仁"心学"体系的另一个重要部分是"知行合一"认识论。在他看来,知行合一,有知便有行,有行便有知。譬如,人一般在有食欲之心后才知道吃饭,食味的好坏,必须在吃到口中以后才知道。可见知与行是不可分的,没有知,显然行也就没有主意和目的;没有行,知不但不能达成,即便达成了,那也是道听途说,抽象、空洞的。

"致良知"是王守仁"心学"体系的核心。致,是获得、掌握的意思;良知,即真我。所谓致良知就是要获得真我的意思。"良知"是战国时期的大思想家、儒家学

① 王守仁是中国历史上的重要人物。他不仅是成功的军事战略家,勤勉的政治活动家,伟大的思想家,也是一位著名的教育家。他的学说个性突出,不仅对儒教的思想有重大影响,而且还深深影响到东亚各国。日本近代著名军事家东乡平八郎深深为王守仁学说所折服,一生崇拜王守仁,特意佩一方印章,上面篆刻"一生低首拜阳明"。在现代社会的今天,王阳明的思想仍有一定的积极意义。

派的又一个重要领袖孟子提出来的哲学概念，意思就是，良知是人天生就具备的，是人生的天赋。王守仁的“致良知”正是孟子这一思想的继续发展，在他看来，人人都有良知，通过良知，人能直接明辨是非，知道什么是对的，什么是错的。这样看来，人人都有做圣人的潜能，一个人只要按照自己的良知行事，就有可能成为圣人。“致良知”就是要求人们从个人内心深处去认识自己，发掘自己天性中最积极的一面，来提高个体道德修养和认识水平。

三、儒教的衰落

清朝建立初年，为了巩固在中原的统治，大部分沿用了明朝的制度，对于儒教也采取了扶持的态度，其他天地神灵的祭祀大体沿袭明制，皇族子弟也学习儒学经典。大清国成立的崇德元年，就在盛京建孔庙，派大学士范文程致祭，以颜回、曾参、子思、孟子配享，春秋两次行释奠礼。入主北京以后，清即在明代国子监的基础上进行改建。乾隆二年，下令将大成殿和庙门改用黄瓦，崇圣祠即原启圣祠用绿瓦，大成殿用黄瓦，表明孔子祭祀规格的提高。实际上，清朝人是金人的后代，金人曾经受到明朝的册封，儒教也是他们的主要信仰，只是由于长期脱离中原，所以礼制逐渐松弛，没有汉族地区完备。

在康熙统治时期，他亲自东巡到曲阜，礼部特地制定祭孔仪式，要向孔子行三跪九拜礼。皇帝拜孔子，是君拜臣，已是特殊的礼仪，又要三跪九叩，如此大礼，这是历代所没有的。祭完孔庙，康熙又到孔林，下跪献酒，三跪三拜，并下令扩大孔林面积，免除赋税，而且还留下皇帝的曲柄黄盖陈设于孔庙之中，以示尊崇。

中国从秦朝以后就是一个高度集中统一的国家。统一的国家需要统一的思想，而儒经乃是儒教思想和信仰的核心，统一经文、统一对儒经的解释，是非常重要的事情。在儒教的形成和发展过程中，作为儒教的天子，历代统治者都自觉地整理儒教经典，如唐代命孔颖达等作《五经正义》、宋代纂《太平御览》、明代修《五经大全》等。到了清代，儒教经典的编纂具有更大的规模，也具有更高的自觉性，在康熙年间编定了《古今图书集成》，这是一部关于儒教的百科全书。该书共分六大汇编，依次是：历象，讲天；方舆，讲地；明伦，讲人；博物，讲物；理学，讲学；经济，讲政。前四大汇编，既向新的统治者讲述了天地人物的知识，又体现了儒教敬天地重人伦的思想，于是由乾隆皇帝命名，定为《四库全书》。全书基本不含佛、道典籍。《四库全书》之经，只是儒经，所收九流百家，也是对儒经的补充，所以《四库全书》基本上就是儒经全书。

清朝初期是我国历史上的强盛期之一,儒教也随着国家的强大而得到进一步的发展,反过来说,儒教对我国封建社会的发展以及封建国家的统一和强大也有促进作用。如果没有西方列强的入侵,没有西方文明的冲击,可能没有人怀疑儒学的儒教性质。在中国传统中,向来就有儒释道三教并称的说法,外国人一般也认为儒学就是儒教。但是,到了近代,在西方文明的入侵以及西方枪炮的打击下,儒教开始走向衰落,甚至开始怀疑儒学的宗教性质,由此开始了“儒教到底是否是宗教”的争论。这一争论延续到近代:“儒教非教说”受西方科学主义影响,因非教而否教,欲代之以科学理性、美育等,走向了否定传统儒教的极端;“儒教是教说”则受西学东渐、新派否定传统文化的刺激,欲通过定性儒教为教,复兴孔教,定孔教为国教,走向了片面肯定传统儒教的极端。

1912 年 1 月 1 日,“中华民国”在南京成立。以孙中山为临时大总统的新政权,不认为自己是受天命而产生的政权,所以这个政权成立时不再举行告天礼仪,对天的祭祀从这个政权中被排除了。对于有数千年文明史的中国,这是一件破天荒的大事,它意味着中华民族的历史发生了一次根本性的转折,儒教也从此失去了它的物质载体。2 月 12 日,在北京的清朝政府下了退位诏书。退位的皇帝仅仅祭祀自己的宗庙,也没有得到祭天的权利。至于社稷、日月及百神,不仅“中华民国”不再祭祀,退位的皇帝也不再祭祀了。中国的国家政权,从此摆脱了对儒教的依赖。只有一般民众,还以个人的身份祭祀着这些神灵,向它们祈福,求它们免灾。近世的人们看到这些,于是认为中国民众信奉多神教,并把这种分散而没有系统的信仰和祭祀叫做民间信仰。人们已经忘记了,民间的这些信仰,原来多是被国家列入祀典的真正的官方信仰。

随着天地、社稷祭祀被解除,为天地社稷祭祀提供理论基础的儒经也失去了其意义。1912 年小学废止读经,实际上否定了六经对于政治和社会生活的指导意义,这就结束了儒教近 2 000 年对中国的思想统治。从汉代独尊儒术开始,儒经就成为人们思想行为的最高原则。制定政策,决定大事,都要从儒经中找到根据,提出建议,说明理由,必须把儒经作为出发点;一切疑难问题,都由儒经提供答案;一切新的学说,也都认为不过是对儒经的解释和发挥,是儒经道理的阐述和引申。人们假若没把事情办好,只能怪自己没有按儒经的教导去做,而不能认为也不会认为是儒经出了什么问题。废除了读经,也废除了这样一种思想方式,人们今后的言行需要去寻找新的准则。

儒教是个政教一体的宗教,君主制的国家组织同时也就是它的宗教组织。以往的政权更迭，虽然换了皇帝，却不改变君主制的性质，所以某一姓氏的王朝虽然一个接着一个地有兴有亡，但儒教却能继续存在，并把它的精神贯彻于任何新的王朝的国家组织之中。这君主制的国家组织就像儒教的肉体，而儒教就是君主制国家的灵魂。肉体被摧毁了，灵魂成了游魂。

丧失了物质载体的儒教注定要成为历史的游魂，游存于民间，但是这种游魂式的儒教最终还是要遭到进一步的否定。近代以来，由于在对外关系上数十年的屡遭屈辱，促使中国人向西方寻求救国之道。仁人志士们首先看到了西方的船坚炮利，后来又发现了使船坚炮利的科学和技术，再后来，他们从西方的科学技术中不仅看到了那些成果的先进，而且深刻感受到了得到这些成果的方法的优越。走到这一步，对中学的否定，就不仅是否定它的某些结论，而是要否定它所走过的路和将要走的路。一切思想以是否科学来评定优劣，一切判断以是否合乎科学来定其是非。从此，儒教对中国社会 2 000 年的统治真正结束了。

1949 年，中华人民共和国成立后，儒教文化传统遭到了激烈的否定，尤其是在“十年动乱”时期。虽然在“十年动乱”前的各种版本的《中国哲学史》《中国文学史》等著作中写到儒家孔子，但都以孔子为反动奴隶主阶级的思想代表，或地主阶级的思想代表。在“十年动乱”中全国掀起“批林（彪）批孔”运动，孔子成为保守、反动、卖国的代表。

20 世纪的后 25 年，儒教文化传统在中国内地得到了部分恢复。20 世纪 80 年代初成立了中国孔子基金会、中华孔子学会，出版了《孔子研究》杂志，以推进儒教

天坛的祭天活动

的研究。后来,又由多国和地区发起,成立了“国际儒学联合会”,以光大孔子的儒学思想,并且还出版了一大批关于孔子生平和学术思想的专著和有关儒家、儒教学者的著作。特别是多卷本《中国儒学史》《中国儒学思想史》《中国儒教史》的出版,全面而系统地梳理了儒教发展的脉络,为人们体会和把握中国儒教的各种问题提供了方便,推动了儒教适应时代的发展。2002 年,原来一直是古代帝王祭天的北京天坛组织了一次祭天活动,这是祭天活动在中国内地绝迹 87 年后的首次祭天活动,从中我们或许可以看出一些儒教文化传统的未来。

第三节　儒教教义

儒教历史悠久而又具有顽强的生命力,这其中必定有深刻而又广泛的思想理论基础,或者说有其深刻的教义,否则的话,儒教传统不可能走到今天。尽管在几千年的历史发展中儒教教义有不断的延伸和演化,但是最基本的和最特质的并没有改变。儒教思想主要是从孔子开始就形成并由后继者逐渐完善的,具有心性的、社会的和超越的三个理论层面,甚为周延的理论体系。而孔子思想中三个最重要的范畴天、礼、仁就是这种思想理论的三个层面。“仁”是个体心性道德修养,“礼”是社会伦理纲常,“天”是超越于个人和社会之上的某种外在客观必然性。全部儒教教义就是在孔子奠定的这三个理论层面上发展的。①

一、天论

儒教可以说是多神教,它不只是崇拜自然之天,同时还崇拜山川之类的自然物。中国历代封建帝王都有祭祀诸如泰山之类名山的习俗,这便是受了儒教以及道教的以多神崇拜为特征的宗教意识的影响。不过,儒教的多神崇拜是以“天”为主要崇拜对象的。天是中国传统文化中最普及的一个概念和范畴,这可能跟儒教长期占据国教地位有重大关系。“天”的范畴也是中国历史最早出现的思想范畴,自从一提出,就一直成为思想家们探讨的对象:早在 2 000 多年前,屈原和荀子就分别写下《天问》和《天论》;到了 20 世纪初,我国近代大思想家章炳麟仍然在撰写《天论》。

可以说,有关“天”与“天人关系”的理论已渗透到中国传统文化的方方面面。

① 崔大华:《儒学引论》,人民出版社,2001 年版,第 815 页。

祈年殿内上帝牌位

从宗教方面来看,古代皇帝要祭天,年年都要祭祀,而且斋戒沐浴,毕恭毕敬,以期得到"上天"的佑护。从政治方面来看,"逆天"一直是各种政治檄文中的常用术语,用以指责讨伐对象的罪恶,甚至农民起义也离不开"苍天已死,黄天当立"或"替天行道"的舆论。从自然科学方面来看,中国古代最发达的几门学科都与"天"论密切相关,农学离不开"天时"观念;医学也总是注意天人关系,中国医学现存的第一部经典著作《黄帝内经》,就大量地讨论了天人关系问题。从民俗上来看,在旧时婚礼中,"拜天地"是必不可少的程序,这反映着"敬天"的思想观念。从文学艺术方面来看,"天"论特别是与佛教的因果报应学说相结合的天人感应理论,贯穿在中国封建社会后期几乎每一部大型文艺作品之中,著名的《窦娥冤》对天人关系大发议论,而《三国演义》《水浒传》《西游记》《聊斋志异》以至于《红楼梦》这几部最著名的古典小说,也都不同程度地受到了天人感应理论的影响。

与基督教的"上帝"相对,儒教中的"天"不是一种外于世界和超于世界的存在者,而是世界之中的一种客观存在。在孔孟那里,"天"实际上是指与"百物""四时"同在的上苍、苍天。董仲舒所谓"天"的所指范围较宽,除了上苍,还包括四时、昼夜、五行、山川等等在内的自然物和自然现象,但其基本意思还是和孔孟宗教意识中的"天"相一致的。董仲舒说,"天"是"百神之大君"。这种多神崇拜的宗教意识,使儒教徒并不排斥而是可以容忍、接受"天"之外的神灵。一神教的宗教本性排斥异教神灵,对于异教有一种不容忍的态度。儒教多神崇拜的特点,使长期受其教化的中国人具有较多的宽容精神。

宋明时期,理学兴起,一方面继承了传统儒教学说,一方面吸收了佛教与道家的哲学理论。在理学的哲学体系中，“天”成为中心范畴，并且把有关天地生成和本体的理论同关于人的性命的学说结合起来，强调宇宙本体与自我之心的相互关系，建立起一种天人合一的空前圆满和严整的儒家天论，使主宰之天、自然之天、本性之天、命运之天以及人所追求的最高理想境界融为一体。

宋明儒学的天论是中国儒家天论和整个中国古代哲学天论的最高峰。例如，朱熹将自然之天人格化，把它视为天下万物的祖宗，把它当做具有意志品格或道德品格并具有超人间力量的至高无上的宇宙主宰来加以崇拜，这是儒教的本质特征之一。祭天，是天神崇拜最为显著的标志，而配之以祭祖的祭天，则是儒教把天神当做祖宗神来加以崇拜的有力证明。这种把自然崇拜和祖先崇拜结合起来的崇拜形式，反映了儒教作为一种特殊形式的宗教，具有一种类似于自然宗教（原始宗教）意识的品性。① 因此，诚信“天”的儒家君子（儒教徒），绝无基督徒那样的超世之想，恰恰相反，他们是内在地需要世界的，他们愈是使自己跟“天”联结在一起，就愈是跟世界关系紧密，所以儒教也更加注重在现实世界的“仁”和“礼”。

二、仁论

“仁”是儒教的核心概念之一。孔子最重仁德，把仁看做是理想人格首要的和基本的要素。“仁者爱人”这句话集中说明了仁的人道主义性质。“仁”就是人类的同类之爱，一种普遍的同情心。孔子首先对仁做了全面、深入的阐述，建立了以仁为核心的思想体系，故孔子的学说，后来又被称为“仁学”。对《论语》的综合分析可以得出两个内容：一是对内的克己，一个是对外的爱人。对内的克己，就是克服个人的私，使自己一尘不染，完成自我修养，即通过道德上的自我反省，觉悟固有的德性，完成哲学上、宗教上的内圣境地。对外的爱人，是指对他人的，对父母的孝、兄弟间的友爱、尊老爱幼，进一步爱世间所有的人以至于物，达到物我一体，实现治国平天下的道德政治的外王境地。②

孟子正是沿着孔子仁者爱人和能近取譬的思想向前推进仁学的。孟子说：“亲亲而仁民，仁民而爱物。”意思是说，父母是值得尊敬的，百姓是值得同情的，万物是值得爱惜的。这种爱人类、爱万物的宗教感情，使儒家君子在政治上把自己同国家联系在一起，爱君主如爱父母，愿意把自身奉献给国家，奉献给君主，这就是所谓的

① 周可真：《儒教之“天”与基督教之“上帝”》，《哲学研究》2003 年第 12 期，第 48 页。

② 赵骏河：《儒学的价值观——以仁的价值观为主》，《开封大学学报》1997 年第 1 期，第 55 页。

“忠君报国”。

朱熹和王守仁是儒教思想之集大成者。朱子论仁，认为仁是生，仁是心，仁是心之德，仁是体，爱是用，理是根，爱是苗等等。王守仁也重视仁，他将仁义礼智都归纳在自己的心学理论之下，他的这种仁也有人的良知的意思，所以他竭力倡导“致良知”。

近代儒教人物康有为、梁启超、孙中山等人吸收西学，综合诸家，形成近代仁学的新特点。康有为认为，孔子的“推己及人”是孔子立教之本。在他看来，人类历史的发展就是仁不断呈现的过程，也是仁不断实现的过程，大同之世就是仁充分实现之世，到了那个时候人人平等，人人自立，仁完全得以实现。梁启超将爱他与利己统一起来，肯定合理的利己主义。孙中山把仁爱扩大为博爱，认为为大众谋幸福就是博爱。

从以上儒教关于“仁”的思想的基本脉络来看，“仁”首先表现为人的一种向善的本性，要克己复礼，即克制自身与道德相违背的一切私念和私欲，完善个人的道德人格。这就要求首先须正己，使自己的思想品质符合道德、符合仁爱。成仁然后可以行仁、爱人。

其次，“仁”表现为一种亲族之爱，起着凝聚家庭、亲族以至民族的作用。人一出生就处于家庭之中，逐渐产生对家庭亲人的爱和依恋，这种家庭中的亲爱，是人最早形成的爱心。一个人只有首先爱自己的亲人，才会去爱他人。仁者爱人最深厚的根源即是家庭血缘的亲情之爱，离开了亲情之爱，仁者爱人就成为无本之木。亲情之爱孕育了对他人的爱心，爱人就是爱亲之心的外展与扩充，即所谓“老吾老以及人之老，幼吾幼以及人之幼”。由于中国的宗法传统非常牢固，仁爱原则也就逐渐成了伦理道德的最高准则。

再次，“仁”表现为泛爱和博爱。仁是一种博大的爱心，它要求关心他人的疾苦，促进他人的幸福，尊重他人的意愿，把他人的疾苦看做是自己的疾苦，把他人的幸福视为自己的幸福，时时事事处处首先为他人着想，而不是为自己着想，与人为善，助人为乐，其最高境界就是范仲淹的“先天下之忧而忧，后天下之乐而乐”。儒教的这种爱的精神，在处理个人同亲属群体之间的关系上是有积极意义的，对于打破狭隘的、排他性的家庭和宗族观念，起过有益的作用。这种精神在现代社会仍然有一定的意义。①

① 刘蔚华：《儒学与未来》，齐鲁书社，2002 年版，第 264 页。

三、礼论

“礼”也是儒教文化传统的重要内容之一，儒教给予“礼”以非常高的重视，经过历代学者的阐释、论证、发展，越来越丰富，成为儒教思想的重要组成部分。在古代，“礼”原本是指祭祀之事，后逐渐演变为祭祀之仪式，再后来又演变为标志人们身份的等级制度。这种身份与等级制度规范着人们的行为举止，因而礼便有了行为规范的含义。礼仪、礼制、礼则，就是礼在儒家学说中的基本内涵；而在伦理道德思想方面，又主要是指人们的行为规范，并被规定为“五常”之一。

孔子非常重视“礼”，他不仅以“礼”来教化人，而且把礼作为国家的基本制度和根本大法，提出以礼治国的方略，从而建立一个“君君、臣臣、父父、子子”的礼治社会。从孔子的“礼”学出发，以后的儒教信徒们都对“礼”进行了阐发和讨论。汉代对“礼”的理解基本上与孔子对“礼”的理解相同，它是一种社会等级制度、一种社会行为习惯和行为规则，但是汉代对“礼”的理解更加宽泛。朱熹对“礼”也非常重视，还甚至认为“礼即理”，而且还认为有些“礼”是不可变的。总之，儒教对“礼”做了全面深入的探讨，构建了一个庞大、完善的“礼”的体系。

从个人方面来看，“礼”是立人之本。孔子说：“不学礼，无以立。”“礼”之所以成为立人的根据，就在于用它调节、制约人们的行为。在一个等级社会中，“礼”就是表明每个人身份的行为规范，也是一个人的最高道德准则。

从人与人之间的关系看，礼也是处理人与人之间关系的基本行为准则。孔子要求人们的一言一行、一举一动都要纳入“礼”的规范，要“非礼勿视，非礼勿听，非礼勿言，非礼勿动”，都要“约之以礼”。只有人人遵循“礼”的行为模式，安心、忠实地尽自己的本分，才能够建立有序安定的社会秩序，形成融洽的人际关系。

从国家和社会的角度来看，礼起着“经国家、定社稷、序人民、利后嗣”的重大作用。管子曾说“礼义廉耻”是“国之四维”，而“礼”则处于这四维之首，可见礼对国家、对社会的重要性。

儒教文化是中国传统文化的主流。儒教教义表明，儒教文化传统是一种以伦理性为特色的文化传统。儒教文化传统构建了一套严整的价值体系，这种体系以伦理德性为核心，既不仰仗于狂热宗教的感召力，也不求助于冷静思辨的说服力，呈现在世人面前的是一种世俗的伦理精神。这一价值体系包括了理论观念、道德规范、思维模式、行为标准、社会心理与风俗习惯各个层次，渗透到整个社会的方方面面，其影响的深度与广度是其他道德学说无法比拟的。伏尔泰曾经盛赞儒风披靡的中国是全世界最聪明最讲礼貌的一个民族。在世界各大文化系统中，儒教作为一种亚细亚思想方式，代表着中华文化传统走向了世界，其影响超越了国界，在东亚形成了覆盖数十亿人口的儒教文化圈。

第四节 儒教仪式与礼仪

作为一种宗教，肯定有一定的仪式。在儒教的形成和发展过程中，儒教的仪式也得到了发展，而且由于儒教一直是占据意识形态的统治地位，所以儒教仪式在官方那里发展得非常完备，在民间，大大小小的祭仪更是数不胜数。在所有这些仪式中，最重要的有祭天、祭孔和祭祖。

一、祭天

儒教教义已经表明天在儒教中的重要地位和作用，而历代皇帝又自称天子，意为是天的儿子，这就可以想象祭天在儒教中的重要作用。祭天就是向天报告，行告祭礼，如同子女逢大事必向父母报告一样。如果天子不祭天就等于不尽子道、不孝，而这是万万不可以的。董仲舒认为，即使国有大丧，可以中止宗庙的祭祀，也不能中止对天的祭祀，这是因为不敢以父母之丧废祭天地之礼，由此可见祭天的重要和必要。

祭天最早可以追溯到我国古代的西周。在西周时代以后，则尊“天”为“皇天”“皇天上帝”等，奉为最高神，因而有历代祭天的开始。以后历代皇帝每年都有祭天的仪式，而且都有规定的程序和制度。在过去皇帝祭天的地点——天坛，我们就可以窥测祭天的规模和等级了。

祭天仪式中，最盛大的要算孟冬祭天了。每年冬至日，皇帝都要来圜丘坛举行告祀礼，禀告上天五谷业已丰登，主祭昊天上帝，配祭皇帝列祖列宗及日、月、云、雨、风、雷诸神，这就是祭天大礼。

祭天仪式从冬至日拂晓开始，因为从冬至这天夜里阳气开始逐渐增强，而阳气使万物滋生繁衍。祭天大典分为迎神、奠玉帛、进俎、行初献礼、行亚献礼、行终献礼、撤豆、送神、望燎九项程序，直到祭品焚烧完才算结束。祭祀过程中，皇帝要率领文武百官不断跪拜行礼。赞礼官如同现在的司仪一般，高声唱和，人们随之做相应的动作，其中皇帝要单独行跪拜礼。各种程序和礼仪非常之复杂繁琐。整个祭祀过程中，会根据祭天仪式的不同阶段演奏不同的乐曲，还要大声读诵祝文。祭天的传统在中国2 000余年的皇权时代中几乎从没有中断，只是到了1911年清帝退位，这个祭天仪式才告中止。从15世纪以后，这个由皇帝亲自主持的祭天仪式一直在北京的天坛举行。祭天是封建皇帝重农观念的体现，自天坛建成至今，曾有23位皇帝在此举行过682次祭祀大礼，最后一次祭天大典是在1914年举行的。

以上是规格最高、规模最大的祭天仪式。除此之外，各个民族由于具体的生活环境和历史不同也有自己的祭天仪式。在云南纳西族中，就有祭天的仪式。祭天，纳西语叫“孟本”，是丽江等地纳西族古老而又最隆重的节庆。祭天有春祭和秋祭：其中春祭又称为大祭，在春节期间进行，是春节活动的主要内容；秋祭在七月中旬举行，因而也叫七月祭天。

纳西族的祭天一般都在自己搭建的祭天场举行。祭天场一般都在离村不远风景优美的地方，用石头围砌成方形或长方形的场地，内有祭台。

纳西族的祭天也有一套复杂的程序，尤其忌讳“秽气”，所有成员和用于祭祀的物品都必须通过严格的“除秽仪式”。祭天的一切器物，都要求洁净和专用。为了保持祭天族群的纯洁性和神圣性，祭天场内只能使用纳西族的语言，禁止外人进入祭天场。凡是新增加的成员，包括新出生的婴儿、新嫁来的媳妇和新上门的女婿，都必须向所有的成员赠送礼品后，才被容纳为本祭天族群的正式成员。

纳西族的祭天活动还伴随有其他一些民间活动以活跃气氛，比如射箭打靶比赛、跳牦牛舞、狮子舞、白鹤舞和麒麟舞等，因而热闹非凡。

二、祭孔

孔子作为儒教的初创人，历代帝王只要尊儒，就肯定会有相应的祭祀活动，并形成定制。最早的祭孔大约是在周敬王四十二年（公元前478年），那时鲁哀公开始在山东曲阜孔子故居阙里设立孔庙以祭孔。以后历代崇儒的皇帝，一般都会封给孔子以各种名号和头衔。祭孔大典在古代被称做“国之大典”。自唐玄宗于公元739年封孔子为“文宣王”后，祭祀孔子的活动开始升格，宋代后祭祀制度扶摇直上，明代已达到帝王规格。至清代，祭祀孔子更是隆重盛大，达到了顶峰。顺治二年（公元1645年）谥孔子为“大成至圣文宣先师”，十四年改谥“至圣先师孔子”，而州、县遍建孔庙，祀典沿袭不衰。祭孔的仪式被称为“释奠”。目前，祭孔仪式在我国的台湾地区保存得较好，并在祭孔礼仪、服装、祭器、乐舞四个方面都形成了定制。

北京孔庙大成殿孔子神主牌(清代)

孔子是世界十大文化名人之一,他的思想学说对中国社会的形成、发展起到了重大而又积极的推动作用,影响了中国 2 000 多年的历史进程。孔子思想已成为中华文化和中华民族精神的重要组成部分,而且得到了国际社会越来越广泛的认可和接受。2004 年是孔子诞辰 2 555 周年,山东曲阜的官方首次举办了一次祭孔活动。在这次祭孔仪式上,300 多名身着古装的表演者向现场观众和前来祭孔的游客再现了清朝乾隆年间祭奠孔子的盛大场面,非常引人注目。

孔子诞辰 2 555 周年的祭祀仪式上,山东省曲阜市孔庙的祭拜者身穿古代服饰按古代礼仪向孔子致礼。

三、祭祖

儒教、道教和佛教都接受祭祖的信仰,所以祭祖在我国非常流行,不仅是国人宗教生活的重要组成部分,也是我国民间习俗的重要部分。虽然儒释道三教都接受祭祖的信仰,但是祭祖信仰的形成主要还是受儒教文化传统的影响。儒教思想历来就有“敬天法祖”的思想,提倡“孝道”伦理,要懂得饮水思源、慎终追远,祭祖就是这些思想的具体体现。在儒教看来,“天”是人类的远根源,父母是人的近根源,正如《史记》所说:夫天者,人之始也;父母者,人之本也。所以敬父如敬天,事父如事天。为了报答父母的养育之恩,不仅在父母生前要尽孝,而且在父母死后也要尽孝道,也就是说父母去世并不意味着孝道的结束,继续孝道的方法就是祭亲,《礼记》中说:“祭者,所以追养继孝也。”所以,儒教的祭祖具有“报本”“思恩”“续孝”的意义。

前已述及儒教是多神崇拜,其中祖宗也被视为神灵,能庇佑福荫子孙,以至将祖先视为保护神,虔加敬奉,这也是祭祖在儒教文化圈中广泛流行的重要原因,它使祭祖成为民间最普遍、最重要的习俗活动之一。在华人中,祭祖可分为家祭、墓祭和祠祭。举行祭祖的时间按有关节日定期举行,或在做醮或修谱时举行。

所谓家祭,就是以家庭为单位组织的祭祖仪式。这是一种最为普及也是最为简易的祭祖仪式,一般都是在传统节日期间进行,比如传统节日春节、中秋节等等,这时候就要家里烧香点烛,对着祖先的牌位或画像跪拜,以期获得祖先的保佑。

所谓的墓祭就是每年清明节去扫墓以祭祀祖先。华人中多有在清明节祭祖或者扫墓的习俗,这样的祭祖活动有的以家庭为单位,有的以家族为单位,各家各户带上香、酒、纸钱、糕点、猪肉或鸡肉等供品到祖坟前,焚香祭奠,有的还要为坟墓培上新土,折几枝嫩绿的新枝插在坟上。

所谓的祠祭就是在祠堂合族祭祀祖先。祠堂祭又称庙祭。过去,大户人家和富裕人家都有大小不等的祠堂来供奉本族的祖先,清明的时候或者大型传统节日的时候一般都合族祭祖。一般一年一祭,礼仪隆重、热烈。祭日前一天,要整扫祠堂、陈设器皿、洗涤用具、备办牲礼供品。祭典正式开始后,有各种程序,有的还要跳祭祖舞。祠祭完毕后,有的还举行隆重的迎祖游行,出游的目的是祈求祖先神灵赐福全族,五谷丰登,人丁兴旺。最后,参祭者聚宴一堂,祭祖仪式才告终止。

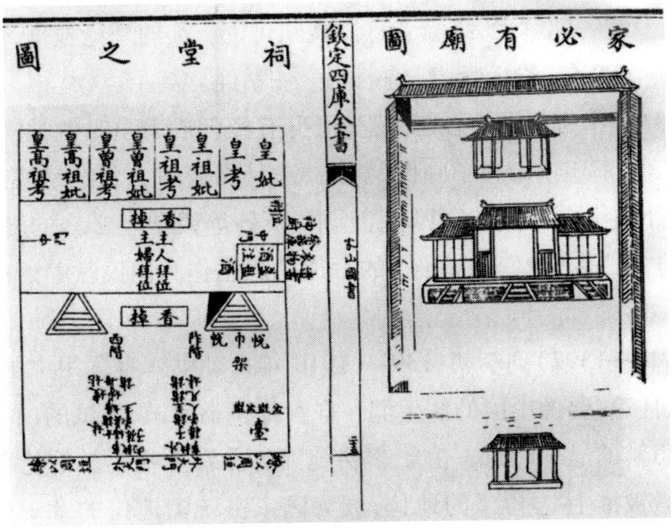

家庙、祠堂图

第五节　儒教在亚洲

尽管有过北方外族入侵的历史，但我国自秦始皇以来始终是一个强大的中央集权的国家，儒教也一直是封建统治者进行统治的精神支柱。伴随着历史的发展，儒教向四周传播，尤其是在亚洲地区，形成了以中国内地为核心的儒教文化圈。

一、儒教在朝鲜半岛

儒教传入韩国的确切时间没有定论，但一般都认为儒教传入朝鲜半岛是在公元前后。首先传入的是汉字，随着汉字的传入，当地人学到了汉字中所包含的儒教思想。例如，学习“孝”字，获得儿子事亲之道；学习“忠”字，而知臣事君当忠之理；学习“信”字，而知朋友间应守之义。这样，就学到了家庭伦理、国家伦理和社会伦理。尤其是中国兴起孔孟之学后传入的忠孝思想，在三国时代被视为卫国保家的伦理，曾产生过极大影响。

三国时代，儒教得到广泛传播。372 年，高句丽在中央建立专门研究儒教的太学堂，地方上设扁堂，引进并效法中国的学制和法制，将儒教思想应用于政治思想、教育思想等社会思想的各个方面，把忠孝精神和临战无退的忠道思想，分别恰如其分地应用到了国民伦理和兵役伦理中,甚至连土地改革制度和改革精神也都是仿效中国的。新罗统一朝鲜后,统治者急需找到可资统治的理论根据,因此儒教教育得到大力推广。682 年,设太学堂,将《论语》《孝经》《毛诗》《礼记》《周易》《春秋左氏传》《尚书》等作为太学的必修课程,可见五经已成为当时做学问的首要课程。不仅如此,太学堂里还供奉孔子画像,祭孔规模十分隆重。五经是博士和助教施教的主要内容,而《论语》和《孝经》则是上、中、下各等级学生必修的教养科目,可见当时《论语》的"仁"和"忠"及《孝经》的孝道思想是作为国民教养的内容而受到重视的。

自高丽(918—1392)到李朝(1392—1910 年),朝鲜一直援用中国的科举制度,儒士们要进入仕途,要像中国的儒生们一样参加科举考试,考试的内容同样具有崇尚哲理、长于思辨的显著特点。由于李朝统治者非常重视儒教的伦理观念和节烈精神,因此儒教被推上"国教"的地位,成为国家占统治地位的意识形态。李朝对儒教推崇的程度几近狂热,从而使儒教在李朝 500 年的统治过程中成为普遍的社会心理与风俗习惯,并渗入到全体国民的思想之中。

1910 年日本吞并韩国之后,儒教政治体制几乎突然消失,继而出现的是日本殖民主义者所宣扬的皇道儒学。1945 年光复后不久,韩国儒生立即召开全国儒道会,恢复成均馆。成均馆是于高丽忠烈王三十年(1304)由国子监改名而来,朝鲜太祖七年(1398)在汉城创建一所新成均馆。成均馆既是儒教教育中心,也是一所孔庙的所在地,其内设明伦堂和文庙,在明伦堂由鸿儒硕学为四品以下儒士讲习五经四书,在文庙举行谒圣礼、释奠礼等儒教祭仪,庄严祭奠孔子圣像,这个制度一直延续到朝鲜王朝的灭亡。现在,成均馆仍在每年春秋两季举行奠孔大典。以儒学教育为建校精神的成均馆大学,每年培养 100 多名专门人才。以成均馆为中心,全国各地设有 330 多处乡校和 100 多座书院,开展儒学教育及祭祀活动。与此相配合,各地青年儒道会、女性儒道会、儒教学生会等组织开展各种各样的儒教活动。今天,韩国比中国、日本都更积极地为振兴儒家文化而努力。

总之,韩国继承了朝鲜历史上尊崇儒教的传统,其社会生活、家庭组织和学校教育等诸多方面浸透着儒教的影响。儒家礼教在现代韩国伦理道德观念中仍然在起重要的作用,如儒教的三纲五常、孝悌忠信、礼义廉耻、慎独、克己复礼、勿自欺,对教育和知识的重视,以礼待人、讲求信用、尊重别人,促进人际关系的协调等,都已经变成韩国人自己的传统美德。而且韩国人非常重视家庭人际关系,强调家庭的和睦性,注重孝道。孝是韩国人最重视的民族道德精神之一,也是个人道德的根源,是个人修养的根本。韩国人从小就培养在家庭中相互友爱、相互尊敬的习惯,然后推广到友人、前辈、他人、老年人,进而对国家抱以爱心。① 尽管今天的韩国受美国等西方国家的生活方式与价值观念的影响较深,但其社会中的伦常观念并未发生重大变化,对儒教研究的重视程度也远胜于世界任何一个国家。

二、儒教在日本

日本也属于儒教文化圈内,但与韩国比较起来,它并不是一个典型的儒教国家。虽然如此,但自公元5世纪初儒教传入起,到19世纪60年代明治维新止的千余年时间里,儒教对日本社会的政治、文化、哲学、文学、法律和艺术等产生了广泛而深刻的影响。

尽管儒教传入日本时间较早,但是开始的时候并没有产生多大影响,只是到圣德太子时才逐渐进入信仰领域。公元603年,他制定了以儒教德目(德、仁、礼、信、义、智)命名的《冠位十二阶》,次年又公布了以儒家思想为基调的《宪法十七条》。这些条目强调和谐、礼仪、忠诚、仁慈和正直等美德,可称做一部真正的儒教法律。② 8世纪,日本颁布《大宝律令》和《养老律令》,将儒教经典作为大学或国学的教科书,在京师设专事教育的大学寮,地方设国学,国家通过立法来推行儒教。尽管日本未曾采用中国式的科举制度,但其学校课程和考试内容却是以儒教经典为中心的。

德川时代,日本儒教大盛,朱子学说被异常推崇,成为占统治地位的官方思想,它的一套伦理原则被广泛应用到政治统治、等级秩序、社会礼仪和道德规范领域。但是日本儒教的发展并没有照搬中国儒教的内容,而是根据日本的实际,逐渐发展为"忠"绝对优于"孝"的观念,进而成为主导幕藩国家伦理方向的思想,这也是为什么"忠"成为日本武士道精神的主要原因。在德川时代,儒教已发生很大变化,由原来以仁为中心的五种传统美德发展成为以忠诚为中心的礼仪、勇敢、节俭、信义和武士道精神。③

明治维新时期,日本开始努力学习西方科学技术,使日本走上资本主义发展道

---

① 李顺连:《孔子的人生哲学及其在韩国的影响》,《华中师范大学学报》(人文社会科学版),2003年第3期,第74页。

② 关松林:《吸收与改造:儒学在日本的传播与发展》,《辽宁大学学报》(哲学社会科学版),2004年3月,第64页。

③ 潘畅和:《对日本儒教特征的再诠释》,《东疆学刊》2004年第1期,第10页。

路。但是,日本人在努力向西方学习的同时,并没有完全抛弃儒教文化传统,而是提出必须要吸取儒教和西洋哲学之精华,弃其糟粕,要把两者的精华都吸收进来,从而重树一种崭新的"国民道德"。为此,日本政府在坚持博采众长的原则下,提出了"以儒教伦理为核心,忠君爱国为最高标准,吸收西洋合理因素为具体内容"的伦理准则,同时还列出了培养国民道德的具体细目,如孝行、忠节、和顺、勤学、诚实、俭素、忍耐等。

在企业生产活动中,儒教伦理以道德手段强调对企业、对国家的责任感与牺牲精神,最能说明问题的是日本企业内实行的年功序列制和终身雇用制,它把企业经济效益与工人利益结合起来,工人愿意为其尽职尽责。日本人不仅把儒教伦理贯彻于生产活动中,而且还把儒家思想与西方近代商业意识、经营思想结合起来,创造出了一套完备的、具有"东方特色"的经营观念和经营管理制度。

由此可见,儒教伦理强调"忠诚""和睦""义利""礼让"等道德原则不仅是日本人的道德行为准则,也是他们生产经营的理论基础,有力地促进了日本经济的发展。关于这一点,西方一些学者也给以充分的肯定。研究日本德川时代宗教的罗伯特·贝拉说:"存在于德川时期的中心价值系统在现代依然起着决定作用,也许是以更加强化的、理性化的形式而存在。将作为各个阶级的身份伦理而起作用的中心价值系统应用于现代,证明是十分有利于处理每个阶级所承担的新的经济责任。"①

三、儒教在东南亚

中国的儒教还影响到越南、泰国、新加坡、印度尼西亚、菲律宾等东南亚国家。当今东南亚诸国受儒教影响最深的首推新加坡。

与儒教传播到东亚的时间相比,儒教传播到新加坡较短,距今还不到200年的时间。据史料记载,1819年,由于大批华人移民新加坡才带来了儒教文化。此后,有两件事对儒教文化在新加坡的传播有重大作用:第一件事是1881年,当时的清政府第一次向新加坡派遣领事,第一任领事为左秉隆,他到任后首先兴办学校,传扬儒教文化,他把儒教经典写成通俗读物,有时还亲自任教。他在任10年,开启了新加坡华人儒家文化的自觉意识。

第二件事是新加坡第一份华人日报——《叻报》的创办。《叻报》1881年由薛

① 罗伯特·贝拉:《德川宗教:现代日本的文化渊源》,三联书店与牛津大学出版社,1998年版,第228页。

有礼创办，主笔为“南洋第一报人”叶季允，叶氏儒学根底深厚，主笔《叻报》41 年，以宣扬中国传统文化和儒家价值观为己任。

1959 年，新加坡摆脱了英国的殖民统治而独立，独立后，新加坡政府大力发展经济，到 20 世纪 70 年代的时候，新加坡的经济已经获得了巨大发展，人们的生活富裕了，但是却出现了一系列的社会问题，社会价值观也出现了严重的西化倾向。在这种情况下，新加坡政府决心要保持和弘扬儒教文化传统价值观。于是，新加坡政府在学校教育特别是小学教育中普及儒教伦理教育，从儿童起就抓儒教文化传统的教育。

1991 年 1 月 4 日，新加坡政府正式发布《共同价值观白皮书》。新加坡公布的“共同价值观”是五条：①国家至上，社会为先；②家庭为根，社会为本；③社会关怀，尊重个人；④求同存异，避免冲突；⑤种族和谐，宗教宽容。

从新加坡倡导的共同价值观内容可以看出，新加坡政府已经把儒教价值观作为国家意识来倡导。近年来，新加坡经济取得了举世公认的成就，这其中儒教精神的作用不可抹杀。新加坡政府成功地把儒教传统伦理和西方民主法制融合在一起，取得了国家建设的巨大成功，这为儒教传统的复兴提供了一些借鉴意义。

阅读材料

寒食节的由来

清明原来是我国二十四节气中的一个，自古以来人们在清明节留下了很多习俗，寒食节就是其一。传说春秋战国时期，晋献公的儿子重耳被迫逃离晋国，到处流亡。有一次，几天几夜没吃上东西，重耳饿得头昏眼花，无法站立。随行的大臣介子推割腿肉让其食用，并告诫重耳将来一定要做一个清明的国君。19 年后，流亡的重耳回到晋国做了国君，他把流亡时期跟随他的人都封赏了，唯独忘了介子推。等到他想起介子推并派人去请他的时候，介子推不仅不来，而且还背着老母进了绵山（今山西境内）。在搜山找不到的情况下，重耳命令三面烧山，希望介子推能从没有着火的那一面山走出来。可是等大火烧完以后也不见介子推的踪影，进山寻找，才发现介子推背着老母依偎在一棵大柳树下死去了。介子推的脊梁堵着大柳树洞，洞内藏着他留下的一块衣襟，上面用鲜血写着几行字：

割肉奉君尽丹心,但愿主公常自明。

柳下做鬼终不见,强似伴君做谏臣。

倘若主公心有我,忆我之时常自省。

臣在九泉心无愧,勤政清明复清明。

重耳看后十分感动,将介子推和他母亲安葬于烧焦的柳树下。为了纪念介子推,重耳下令把绵山改为“介山”,在山上建立祠堂,并把放火烧山的这一天定为寒食节,晓谕全国,每年这天禁忌烟火,只吃寒食。走时,他伐了一段烧焦的柳木,到宫中做了双木屐,每天望着它叹道:“悲哉足下。”“足下”是古人下级对上级或同辈之间相互尊敬的称呼,据说就是来源于此。

第二年,重耳领着群臣登山祭奠,结果发现那棵老柳树死树复活,绿枝千条,随风飘舞。望着复活的老柳树,重耳敬重地掐下一枝,编了一个圈儿戴在头上。祭扫后,他把复活的老柳树赐名为“清明柳”,又把这天定为清明节。

此后,寒食、清明成了全国百姓的隆重节日。每逢寒食,人们即不生火做饭,只吃冷食。在北方,老百姓只吃事先做好的冷食如枣饼、麦糕等;在南方,则多为青团和糯米糖藕。每届清明,人们把柳条编成圈儿戴在头上,把柳条枝插在房前屋后,以示怀念。以后慢慢演变成对祖先的祭拜,遂成定制。唐代诗人白居易的《寒食野望吟》一诗中写道:“丘墟郭门外,寒食谁家哭,风吹旷野纸钱飞,古墓累累春草绿”,就是描写郊野扫墓情景的。今天,清明节不仅成为人们祭拜祖先、怀念亲人的日子,而且也成为人们缅怀英烈的节日。

思考与练习

1. 儒学是如何逐渐发展成儒教的?
2. 儒教的教义是什么?儒教的祭仪主要有哪些?
3. 儒教在世界的传播状况如何?
4. 你认为儒学是一种宗教吗?为什么?

第三章

佛　教

本章要点

- 佛教诞生于公元前6世纪的古印度，由古印度迦毗罗卫国（今尼泊尔南部）净饭王的儿子释迦牟尼创立。在释迦牟尼创立佛教和他逝世后100年间，佛教主要在古印度恒河中游一带流传，到公元前3世纪的时候，佛教开始向印度周边国家传播，使佛教逐渐成为世界性的宗教。佛教在传播的过程中，形成两大主流：一大主流传播于东南亚一带，在锡兰（斯里兰卡）、缅甸、泰国等东南亚国家和我国云南边境地区盛行，被称做南传佛教；另一主流，经中亚向北沿丝绸之路传到中国汉地，后来传到韩国、日本、越南，属于北传大乘佛教。据史书记载，汉语系佛教大约在公元前2年传到中国中原地区，是为汉传佛教；藏语系佛教从8世纪，沿着喜马拉雅山脉传到我国西藏地区，后来又传到蒙古，又称为藏传佛教。
- 佛教的教义有所谓的四圣谛、四法印和八正道之说。四圣谛指的是：世间的苦（称做苦谛）、苦的原因（称做因谛或集谛）、说苦的消灭（称做灭谛）、灭苦的方法（称做道谛）。“谛”是真理的意思。四圣谛所依据的根本原理是缘起说，佛教的所有教义，都从缘起说而来。四法印是“诸行无常、诸法无我、有漏皆苦、涅槃寂静”。
- 佛教何时传入中国，历史上说法不一，一般以我国西汉哀帝元寿元年为传入的时间。在长达2 000多年的历史中，由于传入时间、路线、民族等不同因素，中国佛教形成了“上座部佛教、汉传佛教、藏传佛教”三大教派俱全的独特格局。上座部佛教早在7世纪就从缅甸传入我国云南边境地区。汉传佛教始于西汉，到我国唐朝时期达到鼎盛。藏传佛教俗称喇嘛教，主要流行于我国西藏、青海、云南、四川、甘肃、内蒙古、新疆等省区以及尼泊尔、蒙古、哈萨克斯坦、印度等国家。

- 佛教的经典非常之多，按体例的不同，分为“经”“律”“论”三藏；按语言的不同，分为巴利语佛经、藏语佛经和汉语佛经。三藏经典并不是释迦牟尼佛本人所写，而是由他的弟子们根据他生前讲的法记诵出来的。
- 佛教信仰者离开家庭独身修道要经过一定的程序，是有条件的。佛教对出家的佛教徒在服饰方面有着统一的严格要求，对于在家的居士则没有特殊规定。佛教重大的节日有佛诞节等，重大的法事有水陆法会等。

第一节　佛教的创立与发展

佛教诞生于公元前6世纪的古印度，由古印度迦毗罗卫国（今尼泊尔南部）净饭王的儿子释迦牟尼创立。佛教诞生的时代是一个民族矛盾和阶级矛盾十分尖锐、社会动荡不安、新旧思想交替和宗教生活盛行的时代。

公元前2000年到前1000年间，原先居住在中亚地区的“雅利安人”向东进入印度恒河流域定居，对原来的土著居民实行压迫和剥削，土著居民绝大多数沦为种族奴隶。到了公元前6世纪，印度奴隶制经济急剧发展，手工业从农业中分化，商品经济发展，出现了较大的城市，据佛典记载，当时从恒河流域的上游到下游还建立了以城市为中心的16个国家，其中最强大的是恒河南岸的摩揭陀国和西北边的桥萨罗国。迦毗罗卫国是居于东北方的一个小国，由于国与国之间经常发生攻伐与兼并，到了释迦牟尼晚年，该国被桥萨罗国琉璃王吞并。

当时印度各国通行种姓制度。“种姓”是梵文Varna（瓦尔纳）的意译，也译做“族姓”。“瓦尔纳”的原意是颜色、肤色。雅利安人肤色白，土著居民肤色黑。雅利安人从种族上把自己和被征服的土著居民区别为“雅利阿”和“达萨”两个瓦尔纳（种姓）。在社会和政治生活中，雅利阿种姓占统治地位，而达萨种姓则居于被统治的地位。这两个瓦尔纳是职业世袭、内部通婚、不准外人参与的社会等级集团。后来，随着阶级分化和社会分工的发展，雅利阿内部又派生出婆罗门、刹帝利和吠舍三个种姓，加上达萨，即第四级种姓“首陀罗”，共为四级“种姓”，也就是社会四个等级。第一级婆罗门，即僧侣。他们自认为是创造宇宙的主宰“梵天”（天神）的代表，地位最高贵、最显要。当时的印度，凡决定国家大事乃至家庭生活，都要举行一定的宗教仪式，这些仪式必须由婆罗门来主持，否则就不合法。婆罗门掌握神权，主持祭祖，是人民精神生活的统治者。第二级刹帝利，即武士。他们担任国王和文武官职，掌握政治和军事实权，是古印度国家的世俗统治者。僧侣是祭司贵族，武士是军事贵族，这两级都是不事生产的贵族奴隶主阶级。第三级吠舍，是农民、手工业者和商人，负有缴纳租税和服徭役的义务。第四级首陀罗，是奴隶、杂工和仆役，他们要替主人耕牧、从事家务劳动，没有任何权利，备受压迫和剥削，社会地位极低。以上四个种姓的界限分明，壁垒森严，其社会地位、权利义务、职责、生活方式和风俗习惯都不相同，而且是世代相承的。

在释迦牟尼的时代，随着国家机器的加强，刹帝利在政治和军事上的地位越来越高，他们对婆罗门的特权日益表示不满，要求扩大自己的权利，支持各种非婆罗门思潮。工商业主随着手工业的发达、商业的繁荣以及财富积累的增加，希望提高自己的社会地位，对政治权力也产生了强烈的要求。当时奴隶们也通过逃亡、破坏水利工程和谋杀奴隶主等种种方式，与奴隶主进行斗争。这些社会力量的形成、发展削弱了婆罗门势力在政治、文化、宗教、思想各方面的控制。这种错综复杂的政治斗争反映到思想领域，推动了代表各个阶级利益的思潮的产生、流行。当时对于社会和人生问题，出现了数以百计的不同见解。据佛典记载，当时佛教以外的思想体系或宗教派别，即所谓“外道”就有 96 种。归结起来，主要是两大对抗思潮，即婆罗门的守旧思潮和沙门（修道人）的革新思潮。

婆罗门教是当时居于统治地位的宗教。它以《吠陀》为天书，奉之为神圣的经典。它尊奉梵天、毗湿奴和湿婆为三大主神，这三大主神分别代表宇宙的“创造”“护持”“毁灭”。它提出吠陀天启、祭祖万能和婆罗门至上的三大纲领。婆罗门教宣扬整个宇宙是一个统一体，主观与客观、自我与世界、个人的灵魂与宇宙的灵魂，都结合在这个统一体中。人们所认识的世界并没有内在的实体，内在的实体属于“神我”——大梵，这是永恒不变的无始无终的真实存在，人的灵魂是这个存在的一部分。婆罗门教宣称社会上四大种姓都是“梵”生出来的：“梵”从口里生婆罗门，从肩上生出刹帝利，从脐处生出吠舍，从脚下生出首陀罗，因此社会上的人也就理所当然的有高低贵贱的等级差别。它还宣扬因果报应、生死轮回的观念，认为人的灵魂不灭，而转世的形态又取决于此生是否按婆罗门教教义行事。

当时反对婆罗门教的教派，著名的有耆那教、顺世论、直观主义学派等。耆那教是信奉业报轮回、灵魂解脱、苦行主义和清净与染污的伦理学说。此教认为，人的现世命运是由前世的“业”（思想、言论、行为）决定的，为此就要通过宗教的修持，使灵魂获得解脱。灵魂的解脱，也就是道德的清净。道德上的染污是由不洁净的微细物质从皮肤毛孔中进入灵魂内部所引起的，而要获得道德上的清净，就必须堵塞进入不净物质的孔道，以使灵魂最后证得“涅槃”，获得解脱。为此，耆那教反对祭祀，而主张严守戒律。顺世论是古代印度著名的唯物论学派，它反对梵天的存在，认为构成世界万物的独立长存的元素是地、水、火、风（“四大”），人和世界都由四大合成，否定灵魂的存在。它认为人生的幸福不在天堂，也不在下世，而在今生，强调人生的目的在于满足肉体的各种欲望，即以求得快乐为满足。它主张种姓平等，反对轮回、业报、祭扫、苦行。这种学说是对婆罗门教最激烈的批判和反对。直观主义学派对一切问题都持相对主义立场，都不做决定说。例如，对于有无来世，有无果报，他们认为，说有就有，说无就无，也可说亦有亦无，还可说非有非无，由此人们称之为“难以捉摸的如泥鳅”的学说。以上这些学说的具体观点虽然各不相同，但是在反对婆罗门教的政治、思想统治方面则是一致的。这就是释迦牟尼创立佛教时的社会、政治、思想、宗教的背景和环境。

关于佛教创始人释迦牟尼的生卒年代有不同的说法，一般认为生于公元前624年，卒于公元前544年，享年80岁。他所处的时代正当我国春秋时代，与孔子同时。他当时是迦毗罗卫国国王的长子，父亲名净饭王，母亲名摩耶。根据当时印度的风俗，摩耶夫人生产前回到母家去，路过蓝毗尼花园，在树下休息的时候，产下了悉达多王子。

摩耶夫人产后七天便去世了，悉达多王子由他的姨母养育。他自小从婆罗门学者们那里学习文学、哲学、算学等社会科学和自然科学知识，学识广博，又从武士们那里学习武术，是一个骑射击剑的能手。他父亲净饭王因为他天资聪明，相貌奇伟，对他期望很大，希望他继承王位后，建功立业，成为一个“转轮圣王”，即统一天下的君主。

悉达多太子幼年就有沉思的习惯，世间许多现象，都会引起他的感触和深思：饥、渴、困、乏，弱肉强食，人会生、老、病、死，促使他思索如何解脱世界上的这类痛苦。他感到从他当时读过的书上找不到答案，他未来的王位和权力也不能解决这类问题，于是他就有了出家修道的念头。他的父亲净饭王早就发现了儿子的心思，曾经用各种办法阻止他，企图通过生活上的享受来打消其出家的念头。于是在他16岁时便为他娶了邻国的公主耶输陀罗为妃，生有一子。但是这一切并没有能够阻止他。在29岁时，悉达多太子感到人生无常，在一天夜深人静的时候，他偷偷地离开皇宫，换去王子的衣服出了家。他的父亲曾力劝他回来却最终无效，就在亲族中选派五个人随从他。他先后寻访三个有名的宗教家学道，仍不能满足他的解救人类痛苦的要求,便离开了他们,来到尼连禅河岸边的树林里,和那里的苦行人在一起。为了寻求解脱,他尝尽了艰苦辛酸,坚持不懈,经历六年苦行,但都没有获得所期望的结果,方悟到苦行是无益的。他于是放弃以前的做法,便一个人来到菩提伽耶的一棵菩提树下坐禅,并发誓说:“我如果不得到无上大觉,宁可让此身粉碎,终不起此座。”经七天七夜,他终于战胜了烦恼魔障,获得了彻底觉悟,成了有大智慧的人,时年 35 岁。此后 45 年内,佛陀把自己觉悟的内容向社会各阶层宣说,拥有越来越多的信徒。他最初找到离开他的五位侍者,为他们说法,从而组织教团,形成佛教。佛教把佛陀第一次说法的活动,称做“初转法轮”。

转法轮的概念是从印度传过来的。“轮”是印度古代战争中使用的一种不战而胜的武器,它的形状像个轮子。印度古代有一种说法,即征服四方的大王叫“转轮圣王”。释迦牟尼出生时,传说空中出现此轮,预示他的前途无敌。释迦牟尼创立佛教,是无上乘的教法,因此人们就把战争用的“轮”,即不战而胜的武器比喻佛所说的教法,名曰“法轮”。佛教的理论出现于世,使一切不正确的见解和说法都破碎无余,所以佛教把佛法的弘扬称为“法轮常转”。后来传到中国,法轮成为佛教的标志和象征。因此,有的寺院房子上建有法轮,僧人的香袋上也绣有法轮,表示佛教徒对佛教的无上乘教法的信仰和崇拜。世界佛教徒联合会将“法轮”的图案作为佛教的教徽。

佛陀最后在毗舍离城生了病,度过雨季后,偕弟子们向西北走,最后到了拘尸那伽一条河,洗了澡,在一处四方各有两棵娑罗树的中间安置着的绳床上侧卧着安详逝世。佛陀逝世后,遗体举行火化,摩揭陀国和释迦族等八国将佛陀的舍利分为八份送到各地建塔安奉。其中摩揭陀国安奉在菩提伽耶的那一份舍利,到公元前 3 世纪被阿育王取出,分成许多份送到各地建塔。

在释迦牟尼创立佛教和他逝世后 100 年间,佛教主要在古印度恒河中游一带流传,佛教教团比较统一,都奉行释迦的教法,信徒持戒严谨,基本上以乞食为生。历史上通称这一期间的佛教为“原始佛教”,也称“早期佛教”“初期佛教”。

佛教的创立是东方文明史上的重大事件,它不仅影响了印度宗教和思想的各个部门,影响了后来印度历史的发展,而且由于它的向外传播,也影响了亚洲许多国家的宗教、伦理、哲学、艺术、民俗的变化和发展。约在佛灭后 100 ~ 200 年,佛教迅速发展,特别是阿育王(公元前 286—公元前 232)在位时,广建佛塔,支持布教,尊佛教为国教,并派传教师到周边国家传教,使佛教逐渐成为世界性的宗教。由于弟子们对佛陀的教义和戒律理解不同,佛教分为上座部、大众部两大派,其后又分成十八部或二十部,从此原始佛教发展到部派佛教。部派佛教在印度佛教史上很重要,是通向大乘佛教的桥梁。

公历纪元前后,有一部分佛教徒根据《大般若经》《维摩经》《法华经》《解深密经》等阐述大乘思想和实践的经典进行修行和传教,形成了大乘佛教中观派和瑜伽行派,而将早期佛教称为小乘(声闻乘)。其后大乘(菩萨乘)佛教经过龙树、世亲等人的宣扬,得到较大发展。

7 世纪以后,西印度产生了密教。它以《大日经》《金刚顶经》为基本经典,吸收了中观和唯识学派的观点,又吸收印度民间的宗教信仰,以持诵咒为主要修行方法。9 世纪初,密教发展很快,相继形成金刚乘、俱生乘、时轮乘等系统。13 世纪时,伊斯兰教的势力扩散到古印度各地,佛教在南亚次大陆的印度本土几乎销声匿迹了。

佛教在印度沉寂了 600 年之后,于 19 世纪末掀起了"复兴运动"。1891 年,斯里兰卡贵族达摩波罗居士在科伦坡创办摩诃菩提会,次年总部迁至印度加尔各答,上座部佛教又从斯里兰卡北传印度,影响颇大。

佛教创建以后,迅速地向周边国家和地区传播。一大主流传播于东南亚一带,在锡兰(斯里兰卡)、缅甸、泰国等东南亚国家和我国云南边境地区盛行,被称做南传佛教。另一主流,经中亚向北沿丝绸之路传到中国汉地,后来传到韩国、日本、越南,属于北传大乘佛教。据史书记载,汉语系佛教大约在公元前 2 年传到中国中原地区,是为汉传佛教;藏语系佛教从 8 世纪,沿着喜马拉雅山脉传到我国西藏地区,后来又传到蒙古,又称为藏传佛教。

上述两大主流最大不同之处在于:南传佛教三藏经典用巴利文书写,佛教徒重实践;北传佛教之三藏经典用梵文书写,佛教徒重义理的发挥。按其传播地区的语言划分,分为巴利语系佛教、汉语系佛教和藏语系佛教。巴利语系佛教即南传佛教,又称上座部佛教,俗称小乘佛教。汉语系佛教即北传佛教,又称大乘佛教。

第二节　佛教的基本教义

广义的佛教包括它的经典、仪式、习惯、教团的组织等等。狭义的佛教仅指佛陀的教言,亦即佛教徒所说的佛法,包括四圣谛、四法印、八正道等教义,解释人生和世界的问题。

一、四圣谛

四圣谛指的是：世间的苦（称做苦谛）、苦的原因（称做因谛或集谛）、说苦的消灭（称做灭谛）、灭苦的方法（称做道谛）。“谛”是真理的意思。佛教经典非常多，其实都没有超出这四圣谛，而四圣谛所依据的根本原理是缘起法，佛教的所有教义都从缘起法而来。

缘起即“诸法由因缘而起”。意思是说，世间一切事物或现象，都是相待相持的互存关系和条件，离开关系和条件，就不能生成任何事物和现象。佛曾给“缘起”下了这样的定义：“若此有则彼有，若此生则彼生；若此无则彼无，若此灭则彼灭。”例如，没有树木就没有森林，而树木则是由树的种子发芽后长出来的，因此没有种子，就没有树木。树木是要靠土壤、阳光、空气、水分才能成长的，因此，没有土壤、阳光、空气、水分等一切条件，就没有树的种子的生长。所以，森林、树木、土壤、空气、阳光、水分是相待相持的互存关系和条件，离开了它们，就没有树木，没有树木也就没有森林。

互存关系也就是因果关系，如种子是因，芽是果；树木是因，森林是果等。实际上没有绝对的因，也没有绝对的果，在前一因果关系中，种子是因芽是果，在后一因果关系中，芽是因，树是果，在再后一个因果关系中，树是因森林是果。世界就是这样由时间上无数的异时连续不断的因果关系组成的无限的网络构成的。所以，佛教常说的一个偈语是：“诸法因缘生，诸法因缘灭，吾师大沙门，常作如是说。”

缘起说被视为佛教的根本思想，被认为是普遍的客观真理。以佛教的法语表示，即是“见缘起者即见法，见法者即见缘起”，又说：“见缘起者见法，见法者见佛”。这就是说，若能真正理解了缘起法，也就真正理解了佛教。

二、四法印

四法印是佛教教义的另一重要内容。印是印玺，盖有国王印玺的文件有通行无阻的作用，法印就是“佛教的标记”。“诸行无常、诸法无我、有漏皆苦、涅槃寂静”是佛教的最基本义理，可以用来印证各种说法是否正确，故称四法印。印定其说，即是佛说，否则即是魔说。四法印是判定佛教真伪的标志，掌握了它，便能对一切佛法通达无碍。理解了四法印，也就理解了佛教根本的思想。

四法印之一是“诸行无常”。这里的“诸”是指一切事物和一切现象，指宇宙中的万事万物。“行”是迁流变动的意思，一切现象都是迁流变动的，所以叫做“行”。

“无常”是指没有恒常的存在,没有一成不变的事物和现象。“诸行无常”的意思是:宇宙的一切事物和一切现象都是此生彼生、此灭彼灭、相待相持的相互关系,没有恒常不变的存在。所以,任何现象的性质都是无常的,表现为刹那生灭的。“生灭”二字,实际上包括“生、住、异、灭”四个字。这里每一个字表示着一种状况:一个现象的产生、发生叫做“生”;当它存在着,发生作用的时候叫做“住”;在它存在或者发生作用的过程中,同时也在发生变化,如动植物的成长和老化等等,叫做“异”;通过变化一种现象消失了,叫做“灭”。“刹那”是个极短的时间单位,佛经中说弹指一下的时间就有60刹那,一个刹那具有“生、住、异、灭”的过程。佛教把人从生到死为一期，在这一期有“生、住、异、灭”也即是“生、老、病、死”，但从各个组成部分来说，则是刹那的“生住异灭”。一个物体的生住异灭，一个世界的生住异灭，实际上都是刹那生灭相续地存在，佛教认为，没有什么事物不是刹那生灭的。

九龙吐水浴太子身

见山西太原崇善寺藏《释迦世尊应化示迹图》。

四法印之二是“诸法无我”。它的意思是说,世界上一切事物和一切现象并无本体论的所谓我的存在。“无我”的意思是无固定性,亦即无自性。佛教认为,世上一切人和一切有情感的生物都叫做有情。所谓有情，无非是各种物质要素和精神要素的集合。比如，人的身体组织是由地、水、火、风、空、识六大要素构成的，地为骨肉，水为血液，火为身体温度，风为呼吸，空为种种空隙，识为种种精神活动。有情的组织分为色、受、想、行、识五蕴：色是指世界上的各种物质，包括人的眼、耳、鼻、舌、身等五根（人的五个感觉器官）以及这些感官的感觉对象；受是感受（感到苦、乐、不苦不乐等）；想是印象（事物的相貌、颜色、大小、长短、方圆等）；行是推动身心活动的力量；识是对所认识的对象进行判断和推理。世上的一切是种种要素的集合，而各种要素又是刹那间依缘而生灭，找不到一个固定的、独立的情在支配着身心，也就是找不到"我" 的存在。所以佛教说的空，不是平常说的没有，而是说世界上没有一个永恒不变的"我"存在，没有一个自性本体的法存在，没有一个常恒不变的主宰体存在。

四法印之三是"有漏皆苦"。"漏"是烦恼的意思。佛教认为众生不明白一切法"缘生缘灭""无常无我"的道理，而在无常的法上贪爱追求，在无我的法上执著为"我"，或为"我所有"，这叫惑。惑使人烦恼。烦恼种类极多。贪（贪欲）、愤（仇恨）、痴（不知无常无我之理叫做痴）是三毒，加上慢（傲慢）、疑（犹疑）、恶见（不正确的见解），合在一起为六大根本烦恼。世间有无量的苦，这苦不是孤立的、偶然地自己生起来的，也不是造物主给予的，而是有因缘的。困惑所造的烦恼就是业，因业而有生死苦，就是"有漏皆苦"。

四法印之四是"涅槃寂静"。涅槃（梵文 Nirvana）这个词的原意是"熄灭"，意译"圆寂"，它是佛教全部修习所要达到的最高理想，一般指熄灭生死轮回后的一种精神境界。佛教认为，人生有着重重烦恼和痛苦，涅槃即是对"生死"诸苦及其根源"烦恼"的最彻底的断灭。

三、八正道

人生痛苦的根源在于烦恼，那么如何使人摆脱这个痛苦的根源，达到理想境界呢？佛教在这方面的论述很多，其中最主要的是所谓"八正道"，意谓通向涅槃解脱的正确方法或途径。八正道的具体内容是：①正见，对佛教真理"四谛"等的正确见解；②正思，对四谛等佛教教义的正确思维；③正语，纯净语言，说合乎佛法的言论，不妄语、不慢语、不恶语、不谤语、不统语、不暴语、远离一切戏语；④正业，从事清净之身业，不杀生、不偷盗、不邪淫、不做一切恶事；⑤正命，过符合佛教规定的正当生活，远离一切不正当的职业；⑥正精进，勤修涅槃之道法；⑦正念，铭记"四谛”等佛教真理；⑧正定，修习佛教禅定，心专注于一境，观察“四谛”之理。佛教认为，按此修行可由凡入圣，从迷界此岸达到悟界的彼岸。

第三节　佛教的主要礼仪

一、佛教及佛教徒的日常礼仪

佛教徒尊奉佛教创始人释迦牟尼为本师，而自称为释迦牟尼的弟子。佛教徒有四类，称为四众弟子，就是出家男女二众、在家男女二众。出家男女又有四类，即比丘、比丘尼、沙弥、沙弥尼四众。出家的男众为比丘，比丘是梵文音译，意思是乞食，指僧人托钵乞食，也含有怖魔、破恶、净命等意思，比丘就是出家后受过具足戒的男僧。出家女众名为比丘尼，“尼”在梵语中指出家后受过具足戒的女僧。俗称比丘尼为尼姑，尼是比丘尼的略称，姑是汉语。比丘又俗称为“僧人”，僧是梵语“僧伽”的略称，意思是众。凡三个或三个以上的比丘在一起即为僧伽。

古代印度各教派都提倡人到一定年龄以后，要出家修持。出家者被称“沙门”，意思是止息一切恶行。由于印度其他教派没有传入中国，这样沙门也就成为出家佛教徒的专称了。世俗还称比丘为“和尚”，和尚是印度俗语，梵文的音译为“邬波驮耶”，意译是“亲教师”，即师傅，在中国一般是对佛教师长的尊称，后又成为僧人的通称。上述称呼在书面上多用比丘、沙门，在口语上多用僧人、和尚。对那些佛教界的上层人物，有佛理素养又善于讲解经文的，人们尊称为“法师”，有时为了对一般僧人表示尊敬也称之为法师。在中国蒙藏地区，人们称僧人为“喇嘛”。喇嘛为藏语的音译，意思是“上师”，是藏传佛教对有学问的高僧的一种尊称，相当于汉族地区所称的和尚，同样是师傅的意思。汉族人则常把蒙藏僧人统称为“喇嘛”。

在家信教的男众，称为“优婆塞”，在家信教的女众，称为“优婆夷”。“优婆塞”是梵语，意思是清信士、近事男、近善男，即亲近奉事佛、法、僧“三宝”者。“优婆夷”也是梵语，意思是清信、近善女，也是指亲近奉事佛、法、僧“三宝”者。俗称在家的佛教徒为“居士”，“居士”是梵语“避罗越”的意译，原指居积财富的人士，后来转为居家修道人士的专称。

佛教信仰者离开家庭独身修道要经过一定的程序，是有条件的。一般的程序是按照佛教戒律的规定，先到寺院找一位比丘，请求他作为自己的“依止师”。这位比丘再向全寺院的僧侣说明情由，广泛征求意见，取得一致同意后，方可收其为弟子，然后再为他剃除须发，授沙弥戒，此后这人便成沙弥了。出家人至少 7 岁才能受沙弥戒，沙弥至 20 岁时，寺院住持、依止师经过僧侣的同意，召集 10 位大德长老，共同为他授比丘戒，才成为比丘。受比丘戒满 5 年后，才可以离开依止师，自己单独修行，云游各地，居住各寺院中。至于女人出家，也同样要先依止一位比丘尼，受沙弥尼戒。年满 18 岁时，受式叉摩那戒，成为“式叉摩那尼”（学戒女）。到 20 岁时先从比丘尼、后从比丘受比亚尼戒。这样经过几度受戒后才能成为比丘尼。

佛教这套出家程序，在不同地区、不同时代的具体做法也有所不同。在中国汉族地区，唐宋时比较严格，元代以后就比较宽松了。大约自元代开始，受戒者还要在头顶上燃香，作为终身誓愿的标志，近年来佛教界已在汉族地区废除了这种陈规。

佛教对出家的佛教徒在服饰方面有着统一的严格要求，对于在家的居士则没有特殊规定。佛教最早规定，比丘穿的衣服只有三衣：一是五衣，即由五条布缝制而成的内衣，日常作业和就寝时穿用；二是七衣，是由七条布缝制而成的上衣，礼诵、听讲时穿用；三是大衣，由九条布以至二十五条布做成，遇有礼仪或外出时穿用。比丘衣服的每一条布，分别由布块连缀而成。这种式样叫做“田相”，状似田地畦垄，纵横交错，表示众僧可以为众生的福田，故也称“福田衣”，也就是袈裟。在中国寒冷地区穿这三衣难以御寒，所以又增穿一种圆领方袍的俗服，后来一般人废弃了这种衣服的式样，而僧人却一直保持着，这样，久而久之，圆领方袍便成为僧人专有的服装了。

佛教各派有着非常复杂的礼仪。在原始佛教时期，除了出外乞食，僧众均每日各自修行。修行的方法：一是闻佛说法，或互相讨论；二是修习禅定。佛教初传入中国，弟子随师修行，也没有统一规范日常行事。在东晋时代，道安法师创立僧尼规范：一是行香、定座、上经、上讲之法，即为讲经仪规；二是常日六时行道、饮食唱时之法，即为课诵临斋仪规；三是布萨、差使、悔过等法，即为忏悔仪规。当时天下寺院普遍遵行。宋明以来又在此基础上形成了寺院普遍奉行的朝暮课诵，逐渐统一为每日“五堂功课”“两遍殿”，并且有钟、鼓、盘、木鱼等法器伴奏。早晚殿课诵成为汉传佛教寺院修行的重要宗教活动之一。

佛教修行者为在短期内求得较佳的修行成果，常做限期之修行，通常多以七日为期，称为打七，又称结七。比如在七日中专修念佛法门，愿求往生西方极乐世界，称为“打佛七”；专修禅宗法门，直接参究心性的本原，称为“打禅七”，略称“禅七”。

打七活动时间有一七(一个七日)乃至十七(十个七日)的不同。每一禅七的开始与结束,称为“起七”“解七”,各有其规定仪式。

二、佛教的节日与法会

佛诞节也称“浴佛节”,是纪念释迦牟尼佛的重大节日。据说悉达多太子诞生之日,有九条龙口吐香水洗浴佛身,因此佛教于每年四月初八举行法会,在大殿里供奉太子像(释迦牟尼佛诞生像),全寺僧人和信徒用香汤为佛像沐浴,作为佛诞生纪念。关于佛诞节的日子,东南亚各国的佛教徒以四月初八为佛诞节,也称佛成道日、佛涅槃日,中国的藏传佛教地区也是如此。汉传佛教习惯以农历四月初八为佛诞日,十二月初八为佛成道日,二月十五为佛的涅槃日。元代《敕修百丈清规》规定四月初八为释迦如来诞辰,此后南北均以四月初八为浴佛节,举行浴佛法会,至今相沿不变。1991年,根据赵朴初会长提议,中国佛教协会决定:汉传佛教将阳历五月的月圆日作为佛吉祥日,每年举行纪念活动,其他传统的佛教节日仍按原来的习惯进行。

盂兰盆会是汉语系佛教地区的佛教徒根据《盂兰盆经》而于每年农历七月十五举行超度宗亲的法会。据《盂兰盆经》所载,佛弟子目连为了拯救他的母亲,向佛陀请求解救之法。佛陀指示目连在七月十五众僧自恣时(印度雨季期间,僧众结夏安居三个月,此日乃安居结束之日),以百味饮食供养置于盂兰盆中以供养三宝,以这样的功德使七世父母和现生父母在厄难中者脱离饿鬼道,生人世或天界受乐。

水陆法会的全称是“法界圣凡水陆普度大斋胜会”,也称“水陆道场”“水陆大会”“水陆会”“水陆斋”“水陆斋仪”“悲济会”等,是中国佛教规模最大、最隆重的一种经忏佛事。法会特意标出“水陆”“普度”,是指一切众生都能因经法会之缘而得救度。“大斋胜会”指此法会是以食施、法施为主而令众生得到解脱的法会。举行水陆法会的时间较长,最少7天,多则可达49天。参加法事的僧人有几十甚至上百,法会上设内坛和外坛,以各种饮食为供品,供养圣凡水陆一切众生。法会上设立法华坛、华严坛、楞严坛、净土坛等等坛口,诵经设斋,礼佛拜忏。由于这种法会规模较大,故富者可独力营办,称“独姓法会”,贫者只能共财修设,称“众姓水陆”。

焰口即“放焰口”,又称“焰口施食仪”,是密教中举行的一种仪式,来自《救拔焰口陀罗尼经》。“焰口”有时又译为“面燃”,是佛教经典中所说的鬼王之名。据

《焰口施食仪》说，人生饿鬼中，苦难异常，佛陀为了使饿鬼得度而施食的方法，体现了佛陀度人苦厄、普度众生的愿力。此后，这一施饿鬼食法便成密教修持者每日必行的仪规。中国唐朝末年密教失传后，施食仪规也失传了。直到元代，由于藏族喇嘛进入汉地，密教随之复兴，焰口施食之法也得以复传。

诵戒，又称布萨，梵文音译为优波婆素陀、布萨婆沙，意译为长净、增长、净住、说戒。同住的比丘每半月集会一处，或齐集说戒堂，请精熟律法的比丘读诵戒本，以反省过去半月内的行为是否合乎戒条，如果有犯戒的，则应该在大众面前忏悔，使比丘都能长住于净戒中，长养善法，增长功德。

第四节　佛教在中国的传播及其经典

一、佛教在中国的传播

佛教何时传入中国，历史上说法不一。近年来，中国佛教协会确定以西汉哀帝元寿元年（公元前 2 年）大月氏使臣尹存口授《浮屠经》给博士弟子景卢为佛教传入中国中原地区的标志。自那时起，在长达 2 000 多年的历史中，由于传入时间、路线、民族等不同因素，中国佛教形成了“上座部佛教、汉传佛教、藏传佛教”三大教派俱全的独特格局。

（一）上座部佛教

公元前 3 世纪中叶，阿育王之子摩晒长老前往锡兰（斯里兰卡）传教，佛教在锡兰（斯里兰卡）迅速发展，巴利文三藏佛经正式记录成册。到了 5 世纪，觉音法师注释巴利文三藏，奠定了南传佛教的基础。大约到 14 世纪，缅甸、泰国、老挝等国已经完全变成以锡兰（斯里兰卡）为传承之上座部佛教。

上座部佛教早在 7 世纪就从缅甸传入我国云南边境地区，后来情况不明。11 世纪后期，缅甸蒲甘王朝重兴佛教，上座部佛教再次从缅甸传入云南边境地区，此后不断发展，1277 年开始有傣文的贝叶经出现。我国云南省有傣族、布朗族、景颇族、佤族、德昂族、阿昌族等 6 个民族全民或者部分信仰上座部佛教，所用经典系巴利语三藏的傣语音译本，重要部分有傣语翻译。此外，傣语和布朗语的佛教注疏和著述也不少。

（二）汉传佛教

汉传佛教始于西汉。公元前 2 年，大月氏国派了一个名叫尹存的使者出使中国,向博士弟子景卢传授佛经《浮屠经》。这部佛经由于年代久远,战乱频繁,现已失传。东汉明帝于永平十年(公元67年)派人赴印度求法,请回摄摩腾、竺法兰二位印度僧人到洛阳白马寺宣扬佛教,并翻译出第一部汉文佛典《四十二章经》,这是现存最早的经文。东汉以后,印度大小乘佛经不断传入中国,译成汉语。

魏晋时期盛行老庄玄学,佛教大乘般若学说在思辨方法上与玄学相似,所以很快风行社会。南北朝时期,除了官方支持佛教的因素外,同时教内出现佛图澄、道安、鸠摩罗什、慧远等高僧大德,讲经说法,著书立说,翻译经典,影响很大。当时出现了许多以研究一部或几部佛典为中心的佛教学派,如涅槃学派、成实学派、地论学派等等,它们为后来中国佛教宗派的成立奠定了基础。南北朝虽然发生了北魏太武帝和北周武帝两次灭佛事件,但从总体来看,佛教已经普及到社会各个阶层之中。

佛教经南北朝时期的普及发展,为隋唐时期佛教中国化提供了基本条件。隋唐是中国封建社会的盛世,也是佛教在中国发展的一个兴盛时期。这个时期出现了一大批高僧大德,例如鉴真和尚、一行禅师等等。玄奘法师更是一位杰出人物,他置生死于度外,从印度取回了大量的经卷,进行翻译,是著名的佛学家和翻译家。经过长期与中国文化和社会习俗的融通、结合,中国佛教形成了一些具有民族特色的宗派,主要有天台宗、净土宗、华严宗、禅宗、律宗、唯识宗、三论宗、密宗等八宗。

唐朝是中国汉地佛教的鼎盛时期。自唐武宗灭佛后,佛教开始衰退,唐朝以后中国佛教没有突破性的发展,宋以后,佛教各大宗派逐步走向融合,直至今日各派很少有门户之见。元朝时期藏传佛教兴盛。晚清则出现居士佛教。

(三)藏传佛教

藏传佛教俗称喇嘛教,主要流行于我国西藏、青海、云南、四川、甘肃、内蒙古、新疆等省区以及尼泊尔、蒙古、哈萨克斯坦、印度等国家。公元7世纪,佛教从中国汉地和印度传入藏族地区。佛教传入后与当地宗教发生激烈冲突,而两教在相互斗争中也互相吸收,此后不断发展。11、12世纪,形成带有藏族地区特色的藏传佛教。它把以释迦名义编述的大小乘佛法统称为显教,以法身佛大日如来所说的教法称为密教,所据经典有《大日经》《金刚顶经》《现观庄严论》等显密经典。藏传佛教也有不同的宗派,主要有:宁玛派、噶丹派、萨迦派、噶举派、格鲁派。它们虽然各有特点,但在教义上基本是把显、密二教结合起来,提倡显、密兼学兼修。藏传佛教由于莲花生大师、阿底峡尊者、八思巴帝师、宗喀巴大师等人的努力,发展迅速,影响深远,成为藏族人民灿烂民族文化的组成部分。

“布达拉”是普陀罗(普陀)的译音,意即菩萨住的宫殿。相传公元7世纪时,吐蕃赞普松赞干布与唐联姻,为迎娶文成公主而建成此宫,今尚存法王修法洞和观音佛堂两处早期建筑。现有建筑群为17世纪中叶五世达赖受清朝册封后开始兴建,并经过历代达赖不断扩建而成。布达拉宫由红山南麓奠基,缘山而上,依势迭砌,从平地直达山顶。站在红山脚下,可以看到布达拉宫的整体布局,由下到上分别是“雪”、白宫和红宫,充分体现了藏传佛教中“欲界”“色界”“无色界”的“三界说”,通过建筑布局艺术的对比、夸张和渲染,表现了佛法的神威。整个宫城占地41公顷,其中:红宫为历代达赖的灵塔殿和各类佛堂,位于整个建筑的中心和顶点,也是须弥佛土和宇宙中心的象征;白宫合抱于红宫外侧,是历代达赖的宫殿,达赖的寝宫位于白宫最高处,又称日光殿。布达拉宫殿宇巍峨、金碧辉煌,共有佛堂、经堂、灵塔殿、习经室15 000多间,室内陈设有几十万个用金、银、铜、玉和檀香木等雕铸的大小佛像。

总之,中国是北传佛教的中心,朝鲜半岛、日本、越南等地方的佛教均以中国佛教为祖庭。中国是唯一具有世界三大语系佛教的国家,佛教成为中国优秀传统文化的一个重要组成部分。

二、佛教的经典

佛教的经典非常之多,按体例的不同,分为“经”“律”“论”三藏;按语言的不同,分为巴利语佛经、藏语佛经和汉语佛经。

三藏经典并不是释迦牟尼佛本人所写,而是由他的弟子们根据他生前讲的法记诵出来的。在佛逝世的那一年,佛的弟子们500多人进行第一次集结,将佛一生所说的言教集结(含有编辑的意思)起来,以传后世。佛逝世110年后,由长老耶舍召集700位学德兼优的僧众进行第二次集结。在佛逝世235年后,阿育王时代,有很多外道混入佛教,扰乱了教义,以国师目键连子、帝须为首的1 000比丘诵出三藏,清除外道,这是第三次集结。佛逝世400年后,在大月氏国统治西印度时代,以世友菩萨为首的500比丘造论解释“六足发智论”，共30万颂，900多万言，这是第四次集结。20世纪初，缅甸国王邀集众多比丘校勘巴利文大藏经，并将三藏全文和校勘记刻在石碑上，称为第五次集结。1954—1956年，缅甸联邦政府为了纪念释迦牟尼逝世2 500年，发起第六次集结，邀请缅甸、柬埔寨、斯里兰卡、印度、老挝、尼泊尔、巴基斯坦、泰国等国的比丘2 500人参加，他们进行了两年工作，根据各国的版本和第五次集结的校勘记录对巴利文三藏进行严格的校勘，印成了最完善的巴利文三藏。

在佛经第一次集结时，侍从释迦牟尼时间最长的弟子阿难背诵了释迦牟尼对佛教教义的许多论述，整理确定下来后被称为“经”。持律最精的优波离背诵了释迦牟尼有关戒律的教导，整理确定后被称为“律”。在第一次集结除了诵出“经”与“律”外，还由弟子迦叶诵出了不少佛学弟子们发挥佛教教义的论述，被称做“论”。

佛经三藏有几种语言：①巴利文经典。巴利语是古代印度的一种语言，是佛陀时代摩揭陀国一带的大众语。据说佛就是用这种语言说法的，所以佛的弟子们也用这种语言记诵佛所说的经教。除巴利文三藏外，还有梵文三藏。传到南方去的用巴利文，是上座部佛教。传到北方去的用的是梵文，多数是大乘佛教的经典。巴利文经藏分五部，即长部、中部、相应部、增支部、小部。巴利文律藏分三部：分别部、度部、附篇。巴利文论藏有七部：法聚论、分别论、界论、双论、发趣论、人施设论、论事。②藏文经典。藏文经典主要是从梵文翻译的，汇集为藏文大藏经。藏文大藏经主要分两部分：一是正藏即“佛语部”（含经部、律部），名叫“甘珠尔”，共1 108部；二是副藏即“论疏部”，名为“丹珠尔”，共3 461部。③汉文藏经。传到我国最早的佛经是《浮屠经》，经过战乱失传了。汉明帝派人求法，请回来最早的佛经叫《四十二章经》。随着佛经不断大量翻译传入，佛经越来越多，到了宋代，集中刻印成大藏经，为971年（宋开宝四年）刻本。历代大藏经先后有二十余个刻本，清代雍正、乾隆年间刻的大藏经通称龙藏，共有1 692部6 241卷。

阅读材料

佛陀的含义

佛教创始人释迦牟尼姓“乔答摩”，名“悉达多”，人们尊称他为“释迦牟尼”

(Sakyamuni)。释迦是他的族名,“牟尼”的意思是明珠,喻为圣人,因此释迦牟尼的意思就是释迦族的圣人。佛教徒则称之为“佛”或“佛陀”。据说在他创立佛教教义以后,许多人到他那里询问他是什么。人们想问的不是他的名字、出身和家世,而是“你是什么?”他们问他“你是神吗?”“不是”。“你是圣人吗?”“不是。”“那么你是什么呢?”他回答说:“我醒悟了。”他的这个回答成了他的头衔,因为这就是佛的意思。佛陀是 Budhha 的音译,这个梵文词的词根 budh 含有醒来和知道双重意思。佛的意思就是“启悟了的人”,或者“醒悟了的人”。当世界上其他的人都处在沉睡中,处于自以为清醒的人生而其实仍在梦境的状态时,他们之中的一个把自己叫醒了。佛陀一词是印度早就有的,佛教给它加了三种含义:一是正觉,即对一切法的性质相状,无增无减地、如实地觉了;二是等觉或者遍觉,即不仅自己觉悟,而且能平等普遍地觉他,使别人觉悟;三是圆觉或无上觉,即自觉觉他的智慧和功行都已经达到最高的、最圆满的境界。所以佛陀的意义即圆满觉悟的人。

思考与练习

1.“佛”或“佛陀”是什么意思?
2.“四圣谛”指的是什么?
3.如何理解佛教的基本教义?
4.佛教传入中国对中国文化的发展起了什么样的作用?

第四章

道 教

本章要点

- 道教是世界上最古老的宗教之一，也是中国土生土长的宗教，它是一种综合性的宗教，是由各种教派组合而成的。一般认为，道派组织出现在汉代。道教思想最早可以追溯到春秋战国时期的道家，道教把老子尊称为太上老君。
- 道教以"道"名教，以老子为崇高的天神和祖师，以老子所著的《道德经》为圣典，以《道德经》中所提出的"道"与"德"为最根本的信仰，其教义就是以"道"为核心，认为道是宇宙的本源与主宰者，它无所不包、无所不在、无时不存，是宇宙一切的开始与万事万物的演化者。"道"是天地"物的本源"，又是"宇宙的原动力"，也是"大自然的规律"。道教是一种多神教，沿袭了中国古代对于日月、星辰、河海山岳以及祖先亡灵奉拜的信仰习惯，形成了一个包括天神、地祇和人鬼的复杂的神灵系统。道教中有三十六天说，意为级别不同的神仙生活在不同的天界里，除了天之外，道教还有洞天福地之说，意为神仙生活的仙境。
- 道教戒律种类很多，律条有简有繁，制约有松有紧，总的来说，有上品戒、中品戒、下品戒之分，这就是道教所谓的三品戒之说。道教科仪也复杂繁多，无论事生度死、宅舍建造，还是安镇乡里，道教科仪几乎全部涉及。道教重大科仪有所谓"三箓七品"之说。道教所从事和宣扬的道术很多，如占卜、符箓、祈禳、内丹、外丹、导引、方药、服气、存思等等。
- 道教不仅关爱人，也关爱大自然，主张天人合一、道法自然、贵生戒杀，十分重视人与自然的和谐相处。道教中的生态智慧是丰富而深刻的，对当代世界的生态问题有着非常的意义和价值。当代著名人文主义物理学家 F. 卡普拉对道教传统做了这样的评价:“在伟大的诸传统中,据我看,道家提供了最深刻并且是最完美的生态智慧,它强调在自然的循环过程中,个人和社会的一切现象和潜在两者的基本一致。”

第一节　道教的形成与发展

一、道教的形成

道教是中国土生土长的古老宗教,它是一种综合性的宗教,是由各种教派组合而成的。一般认为,道派组织出现在汉代。在东汉时代,最大的道派组织为太平道和五斗米道。此后的1 800余年间,道派繁衍,愈来愈多。道派形成最具历史影响的有两大时期:一是在东晋南北朝时期,形成了上清、灵宝、楼观等派别;另一个重要时期是南宋与金对峙的时期,北方形成了全真道、真大道、太一道等新道派,南方则形成了清微派、东华派、净明道等新道派。不同时期产生的不同道派具有不同的历史文化条件,因此而丰富了道教文化的内涵。

道教思想最早可以追溯到春秋战国时期的道家,道教也把老子尊称为太上老君。道教的正式创立是在我国东汉末年。东汉末年,由于宫廷外戚和宦官专权,政治非常黑暗,群雄纷起,再加上自然灾害频繁发生,人民生活悲惨,流离失所,整个社会处于动荡之中,人们强烈渴望过上稳定的生活。在这种情况下,一些精通道术的方士和儒士们纷纷建立带有宗教色彩的组织,来填补动荡世界中的信仰真空,解决人们对归属依靠的渴望。同时,农民也开始了大规模的武装反抗,起义的组织者也利用宗教信仰来组织人民,发动起义,东汉末年的黄巾起义就是这样的典型。

张角是黄巾农民起义的领袖。张角带领他的兄弟在华北创立太平道,他自称大贤良师,事奉黄老道,以善道教化天下,并以符水咒语为百姓治病,深受百姓的爱戴。十余年间吸收信徒数十万之众。公元184年,张角发动黄巾起义。起义军头带黄巾,高呼“苍天已死,黄天当立,岁在甲子,天下大吉”的口号,开始了大规模的武装起义。但不久起义失败,起义军遭到残酷镇压,太平道也受到沉重打击,大批骨干和道徒惨遭杀戮,从此无法公开活动,趋于销声匿迹状态。但是太平道的教义和影响并没有消失,它们改头换面流传了下来,汇入了道教的总洪流中。

与太平道同时创立的还有五斗米道。五斗米道的创立者是张道陵。关于为什么用五斗米来命名教派,说法不一,有人认为是因为要求信道者必须交纳五斗米,故有此名，还有人认为此名与崇拜五方星斗有关。①

张道陵，原名张陵，字辅汉，祖籍沛国丰县（今江苏丰县），于东汉建武十年（公元34年）正月十五日生于浙江天目山，汉留侯张良九世玄孙。关于张陵的降生也充满神奇色彩。传说他的母亲梦中梦见北斗星将至，于是梦中穿秀衣受之，不久就怀孕了，张陵出生的时候房间突然充满了黄云，光亮如日照一般。传说张道陵少年聪慧，7岁就能读道德经，读10多遍就能完全明白其中的道理。东汉明帝永平二年（公元59年），他26岁，任巴郡江州令（在今四川重庆），但他素喜黄老清静养身之道，认为当官无益于自己的生命，于是弃官隐修长生之道。以后汉朝皇帝屡有征他为官的想法，但是每次他都不应召。57岁时，他携弟子入云锦山炼神丹，丹成而龙虎见，山因此而得名。关于他在龙虎山炼丹也有传奇性的记载，传说龙虎丹炼成之后，他60岁的人看起来就像30多岁。今天的龙虎山仍有他炼丹学道的遗址"炼丹池""濯鼎池""习升台""天师草堂"等存在。由于张道陵开始炼丹修道于龙虎山，于是龙虎山可称为中国道教第一山。张道陵是中国道教创始人，是道教祖天师，又称第一代天师。

关于张道陵创立道教的过程，《道藏》多处记载。葛洪在其所著《神仙传》中

龙虎山上清宫

上清宫始建于东汉，为祖天师张道陵修道之所。整个建筑布局呈"八卦"形，重檐丹槛，彤壁朱扉，显示出道教宫观建筑的独特风格。院内豫樟成林，古树参天，绿树红墙，交相辉映。还有古钟、古碑等众多文物，尤其有千年罗汉松，青翠欲滴，世所罕见。

① 朱越利、陈敏着：《道教学》，当代世界出版社，2000年版，第75页。

说:“……闻蜀人多纯厚,易可教化,且多名山。乃与弟子入蜀,住鹤鸣山,著作道书二十四篇,乃精思炼志。忽有天人下降,千乘马骑,金车羽盖,骖龙驾虎,不可胜数。或自称柱下史,或称东海小童,乃授陵以新出正一盟威之道。陵受之,能治病,于是百姓翕然,奉事之以为师。弟子户至数万,即立祭酒,分领其户,有如长官……”总之,五斗米道是由张道陵创立并由其子孙世袭相传,以老子为教主,道为最高信仰,符录斋醮为手段,以追求长生不死和成仙为最高境界的一种宗教组织。

二、道教的发展

黄巾起义失败后,由于统治阶级的残酷镇压,道教受到了很大的打击,但是道教并没有消亡,而是隐没在民众之中,进行秘密传教,道教内部也发生分化,出现了很多教派。随着道教的分化,一些封建士大夫开始参加到道教之中,为了获得封建统治阶级的支持,他们对原来道教的内容进行改造,对战国以来的神仙思想进行系统的总结,使道教的神仙信仰理论化、系统化,也使道教获得了当时统治阶级的支持,为道教的发展创造了良好的条件。这些人中,葛洪、寇谦之、陆修静、陶弘景就是其中著名的代表。

葛洪,字稚川,号抱朴子,丹阳句容(今属江苏)人,他是道教历史上承前启后的人物。葛洪 13 岁丧父,家境贫寒,自幼好学,砍柴买笔,博览经史百家近万卷,20 余岁决心立一家之言。他弃官求道,遁迹山林,后入罗浮山,采药行医,开始著作《抱朴子内外篇》。内篇为道教论著,以道为宇宙本体,阐述道教的宇宙观,反复论证神仙的存在,说明人可以成仙。内篇中的《金丹》是我国最早提到“金丹”一词的书籍,详细记载了炼制金丹的方法,提到了许多炼制丹药的物品,集东晋前炼丹术之大成。与内篇专门论述神仙信仰不同的是,外篇则专门论述人事,有的内容评议时政,提出治民之法,建议封建统治者要举贤任能,爱民节欲,有的内容主张人要修身、忠君,这实际上也使道教更加符合统治阶级的需要,更多地得到统治阶级的支持,从而得到更大的发展。外篇的内容多与儒家的思想有关联。《抱朴子内外篇》是道教史上一部具有完整理论体系和多种方术的巨著,为道教理论的系统化做出了贡献。葛洪可谓是我国卓越的道教理论家、伟大的医学家和炼丹术家。

继葛洪之后,北魏的寇谦之、南朝的陆修静以及梁朝的陶弘景等都对道教的发展做出了贡献,其中以陶弘景的贡献为最。陶弘景(456—536 年),江苏南京人,是一位博学多才的士族文人,是南朝道教改革的集大成者。道教上清派教义与方术的发展成熟,茅山上清道团的成立,都与他有着密切关系。史载梁武帝邀弘景出山参政，结果他画二头牛给予答复，一头散放于水草之间，另一头戴金笼头，被人用绳子牵着，用鞭子赶着。武帝知其不愿下山，于是朝中大事，无不派人入山咨询，故有“山中宰相”之称。

陶弘景所撰《真灵位业图》将神仙分为七级，每级都有一位主神位于中央，将元始天尊作为最高尊神，并广泛吸收各教派尊奉的神仙，组成一个庞大完善的体系，表明他主张儒释道三教合流，也表明他是按照统治阶级的需要改造道教的，这促进了道教理论的统一和系统化。

陶弘景在科学和艺术方面也做出了卓越贡献。他撰写了《本草经集注》，在古代中医学理论方面有重大突破。他重视自然地理和经济地理，留下了许多炼刀、铸剑、炼丹的著作。他的书画别具一格，卓然成家。他对于军事兵法和天文学也有研究。

在葛、寇、陆、陶对民间原始道教进行整顿改造、官方道教日渐兴盛的同时，龙虎山中的天师道也提出了“忠孝和佐国佑民”的宗旨，主张“诚、敬、忠、孝”才能成为一名真正的教徒，从而获得了历代帝王的封赐并世袭下来。

唐宋时期，道教获得了更大的发展和繁荣，特别是在唐朝时期，道教始终得到封建统治者尊崇和扶植，道教的地位也处于儒教和佛教之上，居三教之首。宋代是道教发展的又一个高峰期，也是道教发展的重大转折期。宋代的道教，在北宋和南宋之间有着很明显的区别。北宋的统治者如宋徽宗等全力尊奉道教，道教基本上沿袭唐朝的旧传统，以道法为主。南宋以后，旧道教有所衰落，以炼养为主的全真道和南宗等新道派相继产生，使道教的发展出现了丰富多彩的局面。全真教的基本教义融合了儒释道三教的内容：根据《道德经》则尊道，主张无心妄言，柔弱清静；根据儒家六经则明理，主张正心诚意，少思寡欲，在儒家道德中，特别推崇孝德；根据佛经则识心，主张明心见性，无心无虑。[①] 元代以后，活跃于北方的全真教走向全盛。公元 1269 年，元世祖忽必烈追封全真教的前辈王玄甫等五人“真君”，王重阳的七大弟子马丹阳等“真人”，是为五祖、七真，也称“北五祖”，而活跃于南方的张伯端等人则被称为“南五祖”。后来南北二派逐渐合并，而全真教被称为“北宗”，南宗的传人为“南宗”。有人说，南宗和北宗的出现标志着道教宗派的形成。

如果说唐宋时期是道教的繁荣时期，那么明清时期则是道教的衰落时期。明朝统治阶级从强化封建统治的角度出发，对宗教采取了严格限制的政策。清朝皇室尊崇藏传佛教，所以对道教也采取了更加严格的限制政策。失去了官方支持的

① 朱越利，陈敏着：《道教学》，当代世界出版社，2000 年版，第 103 页。

道教只能在民间存在,所以明清时期的道教在民间较为活跃,有的教派成为农民反抗封建专制的工具,比如白莲教等农民起义。

在近代,民国后,由于连年战火,道教受到冲击,宫观多被毁,其势渐微。道教界人士为维护本教成立过一些道教徒的群众组织,但是都没有成功。在革命战争中,广大道教信徒投入到其中,维护了国家和民族的尊严。著名的义和团运动和辛亥革命,都有道教徒参加。包括在抗日战争和解放战争中,道教徒们也曾积极参与。

1949 年以后,中国内地在北京白云观成立道教徒的群众组织"中国道教协会","十年动乱"中受到冲击,终止活动。1980 年,"中国道教协会"重新开始活动,各地道教宫观逐步恢复。目前,推动和开展道教工作,被列为中国道教协会的重要工作之一。近年来,道教"天人合一"的思想、宇宙观日益受到重视,引起了欧美人士的广泛兴趣。

第二节　道教的教义和教规

一、道教的"道"与"德"

道教以"道"名教,以老子为崇高的天神和祖师,以老子所著的《道德经》为圣典,以《道德经》中所提出的"道"与"德"为最根本的信仰。其教义就是以"道"为核心,认为天地万物都由"道"而派生,即所谓"一生二,二生三,三生万物",社会人生都应法"道"而行,最后回归自然。

道教的一切经典,无不称其根本信仰为"道",认为道是宇宙的本源与主宰者,它无所不包,无所不在,无时不存,是宇宙一切的开始与万事万物的演化者。有了道才生成宇宙,宇宙生元气,元气演化而构成天地、阴阳、四时、五行,由此而化生万物。《道德经》第 25 章说:"有物混成,先天地生,寂兮寥兮,独立而不改,周行而不殆,可以为天下母,吾不知其名,字之曰道。"从这里可以看出,老子所谓的"道",就是他的宇宙观,他认为"道"是天地"物的本源",又是"宇宙的原动力",也是"大自然的规律"。

道教经书中对于"道"的解释很多,大体上都是围绕老子的"道"来展开,意思不外乎就是上面三个方面的内容延伸和演化。比如唐代吴筠认为"道"是造化之根,神明之本,天地之元。其大无外,其微无内。浩瀚无端,杳杳无际。混漠无形,寂寥无声。万象以之生,五行以之成。又如《太上老君说常清静经》说:大道无形,生育天地,大道无情,运行日月,大道无名,长养万物。

总之,不论把"道"解释为生育天地之本源,还是把"道"解释为规律等,归根究底,"道"指的是灵而有性的神异之物,就是神灵。宇宙的一切皆由"道"所创造和主宰,这便是道教最根本的信仰。

道教中还有一个重要的概念,即"德"。在各种道书中,除了"道"之外,"德"的运用也十分广泛。那么何为"德"?各种道教经典都对"德"进行了解释。在早期道教经典《太平经》中,认为"道"与"德"约制,驾驭宇宙的一切,天、地、人三个范畴都离不开道德的维系。如唐代吴筠《玄纲论》中说:德者何也,天地所禀,阴阳所资,经以五行,纬以四时,牧之以君,为训之以师。幽明动植,咸畅其宜,泽流天穷,群生不知谢其功,惠加无极,百姓不知赖其力,此之谓德也。又如《抱朴子》中说:非积善阴德,不足以感神明;乐人之吉,愍人之苦,周人之急,救人之穷,手不伤生,口不动祸,不自贵,不自誉,不嫉妒,不佞谄,如此乃谓有德,受福于天。这些都是老子所谓"下德不失德",也就是社会上做人的优点。

从以上对"道"与"德"的解释中可以看出,道教中的"道"和"德"是一个事物的两个方面,两者是整体和局部、一般和特殊的关系。在道经中"德"字,有时做"道的本体"讲,有时做"道的特性"讲,有时作"道的总体表现"讲。在道教中,"道"与"德"常因所谈问题的范畴、性质不同,解释也不同。如谈自然界时,"道"为天,"德"为地,"道"为阴阳,"德"为五行,"道"主生,"德"主养等;如谈哲理、方技,则"道"与"德"又为真理、方法、技艺;如谈社会问题,则"道德"又为社会风尚。不管有多少解释,都排斥不了"道"是宇宙的本源,是天、地、人的主宰者这一主旨。而这种宇宙本源,凝聚起来便是最高天神。

二、道教的神仙信仰

(一)道教的神仙信仰系统

神仙信仰是道教贯彻始终的最原始、最具特色的教义,这其中既有对神仙的虔诚崇拜,也有对神仙幸福境地的向往以及对神仙惩罚的恐惧。从道教的神仙信仰来看,道教是一种多神教,沿袭了中国古代对于日月、星辰、河海山岳以及祖先亡灵奉拜的信仰习惯,形成了一个包括天神、地祇和人鬼的复杂的神灵系统。当然,道教中的神仙是有不同等级的,仙界如同现实世界一样,有不同的等级秩序,级别不同的神仙生活在不同的"天界"里。

在道教中,最高的为至尊之神。至尊之神统称为三清,次于三清至尊之神的是三天君和五老君,再以下等级的就是大大小小的诸神了,甚至还包括民间的神仙信仰以及祖先崇拜等。这些神的最基本特征就是长生不死,各自有不同的神通。

所谓三清,即玉清境清微天元始天尊、上清境禹余天灵宝天尊、太清境大赤天道德天尊之统称。道教的三清大殿一般都供奉着这三位尊神。三清是道家哲学"三一"学说的象征。元始天尊是"三清"中地位最高的,根据道经的描述,元始天尊禀自然之气,存在于宇宙万物之前。"三清"中,位置仅次于元始天尊的灵宝天尊,也称为"太上道君"。第三就是道德天尊,即太上老君,他就是被神化了的中国古代哲学家——老子。老子被神化,始于东汉,东汉的张陵创设天师道,为了和佛教抗衡,便抬出老子为祖师,并尊为太上老君。其后道教典籍将老子极度神化,比如有关于老子出生的故事,说他是其母吃了五色珠而怀孕,怀孕 80 多载后割左腋而生,而且老子生下来就是满头白发等等。以后关于老子的神化传说更是不计其数。

三清尊神之道德天尊

总之,老子经道教徒长时间、多方面地塑造增饰,遂成为先天地而生、无世不存的宇宙至尊之神。而且老子还是世界的创造者,就像基督教中的上帝创造世界一样。太上老君不仅是天地万物的创造者、宇宙的主宰者,而且还常分身降世,无世不存。

道教崇拜的神仙繁多,除了信奉天神外,还信奉许多神,天上、地上乃至人身中莫不有神，一切自然物乃至时间、气候、方位莫不人格化为神，也莫不有神控制。比如，四时为兵马之神，随四时气衰盛以拱邪；五行为五德之神，使人好善；东西南北中央为五方之神，又被认为是五行五帝之神，东方之神行属木，南方之神行属火，西方之神行属金，北方之神行属水，中央方之神行属土；天上的星辰也都是神，天上二十八宿更值，察视人间之善恶，使善者命长，恶者自亡；人体内有五脏之神，说神生于内，五脏皆有神，为善神自知之，恶亦神自知之，非为他神，乃身中神也。总之，自然及自然界之一切，莫不有神。

（二）道教在民间的神仙崇拜

道教的神仙崇拜习俗在民间则更加繁多，从灶君、门神、财神以及瘟疫神等等，数不胜数。还有属于人鬼一类的神，如各姓的祖先、历史上被誉为圣哲贤才和忠孝节义之士，亦建祠奉祀。妈祖信仰就是道教神仙崇拜在民间的典型。妈祖信仰起于福建沿海，至今已有 1 000 多年。妈祖，又称天后，是起源于福建省莆田海边的女神。据其庙记载，说神姓林，是福建莆田人氏，生前便有种种神异，化去后乡民在莆田圣堆为她立祠。北宋宣和年间，朝廷赐以庙额，从夫人封起，累进到妃。她的主要灵迹是在海洋中保佑船舶，也兼管民众的疾苦。从宋历元，至于明，海运对于国计民生的影响越来越大，所以历代朝廷都对她很重视。

妈祖塑像

妈祖信仰实际上起于民间，尽管朝廷有各种封号，但民间仍然以自己的理解和情感去崇拜她。福建人仍称她为“妈祖”。据说，妈祖是对没出嫁的（上辈）姑娘的称呼，从这当中，透出对她的亲切感。民间传说，当大难临头时，呼“妈祖”，她能立即来救；如果呼她的封号，因为她要梳妆打扮穿上朝服，反而会耽误时间。如今妈祖信仰已经超越国境，被带到世界上有华人的诸多地区。

总之，道教为多神教。即所谓道生神，道无所不在，故道教衍生出神亦无所不在。道教信道、神、仙、鬼，也相信有邪魔妖怪，世俗世界及彼岸世界都充满和活跃着各种各样的神仙和鬼怪。所以说，道教的神仙信仰带有浓厚的万物有灵论和泛神论的色彩。

三、道教的彼岸世界

道教徒的终身目标就是要修炼成神仙，以至长生不老，其目的就是要生活在仙界里，这种仙界就是道教的彼岸世界。

（一）三十六天说

道教中有三十六天说，三十六天是修仙由低向高的阶梯，初级的神仙居住在最低处，高级的神仙居住在高处，所以最上边的几天是道教主神居住的地方。三十六天共分成四个不同的层次，称为“界”。

第一界为欲界，生活在欲界的神仙都是初级神仙，有凡间的形体，有欲望，阴阳交合，胎生。欲界有六天，分别是：太皇曾天、太明玉宝天、清明何童天、玄胎平育天、元明文举天、七曜摩夷天。

第二界为色界，色界的神仙有凡间的形体，无欲望，阴阳不交合，化生。色界有十八天，分别是：虚无越衡天、太及蒙翳天、赤明和阳天、玄明恭华天等等。

第三界为无色界，无色界的神没有凡间的形体，没有欲望，但仍有形，不自觉，但真人能看见。无色界有四天，分别为：皓庭霄度天、渊通元洞天、翰宠妙成天、秀乐禁上天。

以上三界的神尚属初级的神仙，可以随意享用无穷无尽的衣食，自由飞行，逍遥欢乐，能长寿但不能不死。

三界 28 天之上为四梵天，分别是常融天、玉隆天、梵度天和贾奕天。四梵天之上是圣境四天，分别是太清境大赤天、上清境禹余天、玉清境清微天、大罗天。大罗天最高，在玉清境玄都玉京之上。只有到了四梵天，才能够长生不死，成为真正的高级的神仙。三清天和大罗天则是元始天尊、太上老君等尊神及诸仙官居住之地。

（二）洞天福地

除了天之外，洞天福地是道教中的另一种彼岸世界，即名山中的仙境。因神仙往往居住在洞府之中，故称洞天，福地就是仙境乐园之意。南北朝后，洞天福地逐步确定为“十大洞天”，“三十六小洞天”和“七十二福地”。

十大洞天是：王屋山洞、委羽山洞、西城山洞、西玄山洞、青城山洞、赤城山洞、罗浮山洞、句曲山洞、林屋山洞、括苍山洞。

三十六小洞天是：霍桐山洞、东岳泰山洞、南岳衡山洞、西岳华山洞、北岳常山洞、中岳嵩山洞、峨眉山洞、庐山洞、四明山洞、武夷山洞等等。

七十二福地实际上是道教崇拜的名山，山上修建有许多宫观。在这些山中，突出的首推五岳。

泰山，也称岱宗、岱岳，为五岳中的东岳，位于山东中部，突起于平原，故给人以非常高大的感觉。泰山自古是帝王封禅之地，遗迹众多，不仅如此，泰山的神仙及道教故事也为数不少。泰山很早即成为道教活动的著名场所，宫观遍山，最著名的是供奉东岳大帝的庙宇，宋以后，碧霞元君祠逐渐兴盛。

东岳碧霞祠

俗话说：“济南府的人多，泰安府的神多”。泰山孕育产生了众多的神祇，其中以东岳大帝、碧霞元君和泰山石敢当最负盛名。东岳大帝即泰山神，是封禅活动的直接产物，从先秦到唐宋达到它的鼎盛时期，既主朝代更替、护国安民，又主人的生死福祸，可谓法力无边。宋代以后碧霞元君逐步取代了泰山神的霸主地位，高居山顶的碧霞祠，从主人子嗣逐步发展到主人的贫贱福祸、为人去病消灾、有求必应的万能女神，赢得了四方善男信女不远万里前来进香朝拜。

衡山，五岳中的南岳，位于湖南中部，山势雄伟。传说两晋南北朝陈兴明、施存、尹道全、徐灵期、陈惠度、张昙要、张始轸、王灵舆、邓郁之在此修道，后人合称九真人。此山历史上曾建有许多道观，今存南岳大庙，规模宏大，供南岳真君。又有黄庭观，供魏华存，相传她在此山静修，得《黄庭经》。

华山，五岳中的西岳，位于陕西省南部，山势险峻。传说吕洞宾、王处一、谭处端、郝大通等曾在此修道，尤以五代陈抟最为著名，另有郝大通创全真华山派。现在著名宫观有西岳庙、云台观、玉泉院等。

恒山，又名元岳、常山，五岳中的北岳，位于山西省北部。相传西汉茅盈、唐代张果在此山修炼。

嵩山，五岳中的中岳，位于河南省中部。

除这五岳外，道教的名山还有终南山、武当山、崂山、庐山等。

四、道教的戒律和清规

道教作为一种宗教，有自己的教规对信徒的言行进行约束，防止道教徒违反教义教理。道教教义认为，人的罪福、生死、贵贱等，都是行愿所得，非道非天非地非人所为，学道之人，必须积善、定念、修德、理身，有所禁戒而不恶行，精进为善，积德累功，以求正果；否则，学道不受戒则登仙无缘。因此，戒律是教徒必须遵守的行为，违背了要获罪受遣。

道教的教规很多，一般可以分为三类：一是戒，即约束道教徒的规定，禁止修道的人去做。奉戒的目的是克制“恶心邪欲”。二是律，即约束道教徒规定的条文，律主要规定犯戒后给予何种处罚，使人有所畏惧。戒律的作用在于坚定信徒的宗教信仰，提高信徒的道德水平，维护教团内部的秩序。三是仅仅适用于宫观中道士的清规。

道教戒律的律条有简有繁，制约有松有紧，总而言之，有上品戒、中品戒、下品戒之分，这就是道教所谓的三品戒之说。所谓三品戒是为不同品级的人制定不同品的戒。其意说，上品人不会犯过失，可以不持戒。中品人有的方面品行好，有的方面差，而且容易受客观环境影响，所以要受十戒或五戒，预防犯过失。下品人分两种，一种愿意受戒，可以受三百戒等，一种无可救药。所谓三品戒是一种因人制宜的戒律思想，属早期道教。

道教戒律的种类很多，最基本的有五戒、八戒、初真十戒、元始天尊二十七戒等。此外还有六十戒、一百二十九戒、三百戒及多至一千戒者。这里介绍道教最基本的三戒、五戒、八戒和十戒。

所谓三戒，就是道教所谓的皈依戒，内容是：

一为皈身戒，皈身于太上无极大道；

二为皈神戒，信奉三十六部尊经；

三为皈命戒，听从玄中大法师。

所谓五戒，就是道教的积功归根五戒，内容是：

一不得杀生；

二不得茹荤酒；

三不得口是心非；

四不得偷盗；

五不得邪淫。

所谓八戒是：

一不得杀生以自活；

二不得淫欲以为悦；

三不得盗他物以自供给；

四不得妄语以为能；

五不得醉酒以恣意；

六不得杂卧高广大床；

七不得普习香油以为华饰；

八不得耽着歌舞以作娼妓。

所谓十戒即《玉清经》所说的中品之戒，内容是：

一不得违戾父母师长，反逆不孝；

二不得杀生屠害，割截物命；

三不得叛逆君王，谋害家国；

四不得淫乱骨肉姑姨姊妹及他妇女；

五不得诽谤道法，轻泄经文；

六不得污漫静坛，单衣裸露；

七不得欺凌孤贫，夺人财物；

八不得裸露三光，厌弃老病；

九不得耽酒任性，两舌恐口；

十不得凶豪自任，自作威利。

此外，还有元始天尊二十七戒，说是一切众生都应当奉行的戒律。

除了戒律之外，对道士进行约束的还有宫观清规。如果说戒律是防止信徒犯罪的警示性条文的话，那么宫观清规则是对违反道教戒律的住观道士进行处罚的规定，旨在维持正常宗教活动和生活秩序，约束道士做到心清意静，循规蹈矩。宫观清规规定了对本宫观住观道士违犯戒律而进行惩处的手段、方法和轻重程度。如清咸丰六年北京白云观《清规榜》规定共 23 条：

开静贪睡不起者，跪香。

早晚功课不随班者，跪香。

早午二斋不随众过堂者，跪香。

朔望云集祝寿天尊不到者，跪香。

止静后不熄灯安单者，跪香。

三五成群，交头结党者，迁单。

失误自己执事，错乱钳捶者，跪香。

奸猾慵懒，出坡不随众者，跪香。

上殿诵经礼斗，不恭敬者，跪香。

本堂喧哗惊众，两相争者，跪香。

出门不告假，或私造饮食者，跪香。

毁坏常住物件，照数包补者，仍跪香。

越职管事，倚上倚下，横行凶恶者，跪香。

厨房抛撇五谷，作践物料饮食者，跪香。

公报私仇，假传命令，重责迁单。

毁谤大众，怨骂斗殴，杖责逐出。

无故生端，自造非言，挑弄是非，使众不睦者，逐出。

违令公务，霸占执事者，逐出。

茹荤饮酒，不顾道体者，逐出。

赌博引诱少年者，逐出。

偷盗常住物件及他人财物者，逐出。

犯清规不受罚者，杖责革出，永不复入，逐出。

违犯国法，奸盗邪淫，坏教败宗，顶清规，火化示众。

这其中的“跪香”即罚跪，燃完一炷香为止；“迁单”即降职；“逐出”即下催单，逐出丛林。除了这些，道教的清规还有其他各种处罚。

第三节　道教科仪和道术

一、科仪

道教崇敬神仙，这意味着必然注重祭祀祈祷，各种科仪也肯定繁多，无论事生度死、宅舍建造，还是安镇乡里，道教科仪几乎全部涉及。民间的崇道习俗如烧香与拜神、还愿、迎财神、求签等更是多如牛毛。《道门科范大全集》中集录有生日本命仪、忏禳疾病仪、消灾星曜仪、消灾道场仪、灵宝太一祈雨醮仪、祈求雨雪道场仪、文昌注禄拜章道场仪、祈嗣拜章大醮伐、誓火禳灾说戒仪、安宅解犯仪、解禳星运仪、南北二斗同坛延生醮仪、北斗延生清醮仪、北斗延生捍厄仪、北斗延生忏灯仪、北斗延生醮说戒仪、北斗延生道场仪、真武灵应大醮仪、道士修真谢罪仪、上清升化仙度迁神道场仪、东岳济度拜章大醮仪、灵宝崇神大醮仪等等。

（一）修斋之仪

在传统上，道教重大科仪有所谓“三箓七品”之说。三箓指金箓斋、玉箓斋、黄箓斋，七品指三皇斋、自然斋、上清斋、指教斋、涂炭斋、明真斋和三元斋。斋，是道教对其崇拜仪礼的传统称呼。修斋的主观愿望，不外是积德解愆、和神保寿、内外清虚、身与道合等。道教认为，凡要仰仗神力的事，如祈福、禳灾、谢罪、求仙、延寿、超度亡人等等，都要修斋，所以诵经、礼忏、祭炼、建醮并一切道场法事，都把修斋视为应当首务之事。早期道教有自己的祭祀天地水三官的仪礼，相对较为简单。魏晋南北朝时期，逐渐繁冗，并且创立了各种仪礼的名目。三箓斋名就是对不同使用范围和不同功能科仪的传统分类。

金箓斋，这是道教大型的斋醮科仪之一，它的服务对象是帝王一级的人物，因其规格最高，故以“金”标之，以示贵重，其宗旨是为帝王祈祷风调雨顺、国泰民安。

玉箓斋，这也是大型道教斋醮科仪之一，其服务对象是帝王眷属、大臣将相。根据阴阳运化理论，道教认为，天地阴阳失序发生灾难时应该举行相应的科仪。

黄箓斋是专为超度亡灵而起建的度亡道场，这是一种度亡禳解科仪。从功能上看，黄箓斋的侧重点是用以超度亡灵，所以俗称“度亡道场”。这种科仪之所以有“黄箓”之称，是因为“黄”乃地之本色，地为众阴之首，孤魂亡魄入于阴地，故以“黄”为象征。

七品斋分别是:

三皇斋:辅助帝王,保安国界。

自然斋:救渡一切存亡,自然之中,修行时节。

上清斋:求仙念真,练形隐景。

指教斋:请福谢罪,禳灾救疾。

涂炭斋:拔罪谢殃,请福度命。

明真斋:学士自拔亿曾万祖长夜之魂。

三元斋:学士己身悔罪。

道教修斋,首重虔诚整肃,启圣祈真必须焚香燃灯。燃灯有灯仪,比如立春、春分燃九灯,立夏、夏至燃八灯等。其他修斋之仪还有很多,如叩齿、叩头、服饰、法器等等。

(二)醮仪

道教科仪中,除了斋之外,还有一种祈祷活动是"醮"。斋是指祭祷中必须整洁身心,醮是指祭祷活动,故斋醮往往连称。由于斋和醮关系密切,又由于道教建醮(做法事)要设坛,经师们在道坛上如仪进行,故建坛又称坛醮。道教徒往往把祭祀祈祷活动简称坛醮。由于种种坛醮的名称不同、内容不同,道书对其仪式程序、宣词上章之文书表章格式,都有规定。也就是说,道教所谓法事如式之仪,简称为醮仪。

坛醮的程序,一般为设坛、上供、烧香、升坛、鸣鼓、发炉、降神、迎驾、奏乐、献茶、散花、步虚、赞诵、宣词、复炉、唱礼、祝神、送神等等。

道教坛醮,是教徒宗教活动的主要部分。但对有些道士来说,也是他们的谋生之道,即以从事坛醮为职业,向请他们做法事的人索取一定的报酬。明代以后,各种坛醮更是名目繁多,内容复杂。道教坛醮是道教活动中最为庞杂的部分,其传统的坛醮仪式,大都载于明《正统道藏》中,其中有大量赞颂词章。坛醮音乐的内容也相当丰富,既流传有古乐,也含有各地方曲调之特色,对于研究我国古乐、地方乐、宗教音乐亦颇有价值。

二、道术

我国原始时代,生产力不发达,人们备受自然界的各种威胁,于是崇拜自然、信仰鬼神,为求避祸求福,沟通天人之间、神鬼之间的信息,开始出现了巫师、巫祝。巫,为人们占卜吉凶祸福。祝,取悦于神,以沟通天人之间的信息。人们依靠巫祝,来表达自己的愿望和祈求，改变现状，以求安居乐业。远古时代人们这种对自然崇拜所逐渐产生的活动方式，逐渐被道教所吸收和演化，产生了道教的道术。道教所从事和宣扬的道术很多，如占卜、符箓、祈禳、内丹、外丹、导引、方药、服气、存思等等，在这些道术中，重要的有占卜、符箓、炼丹等。

（一）占卜

占卜就是求神预示吉凶，后世道教演变为卜卦、抽签、测字等等。古人用龟壳、蓍草以卜筮吉凶，认为是天神所表示的意旨。道教承袭了这种古巫觋之风，以占卜为沟通神意之术。道教的占卜之术主要有六乙和六壬等。六乙也称为“泰一”，是根据《周易》中的相关占巫演化而来。太乙盘是由圆盘和方盘组合而成，圆盘为天，方盘为地，正所谓天圆地方，中间有轴心相连接，可以自由旋转，盘子的四周有数字，具有特定的符号意义。该占卜之法被道士主要用来推测人事之凶吉，以达到避难、驱邪的目的。六壬也是用来预测人事之凶吉的。堪舆实际上就是风水术，用来选择所谓的阳宅和阴宅。

（二）符箓

符箓是道士使用的一种文字或符号。道士认为它们具有神力，能遣神镇鬼、治病求福，大多写在纸、绢或建筑物上，大部分文字似字非字，图形也千奇百怪，均难以辨认。符箓种类非常之多，数不胜数。符和箓尚有细微区别，符的内容主要是祈禳之词，箓的内容主要是鬼神名字。

道符源于早期的灵物崇拜，是诸灵物中的一种。符原为古代调动军队、代表一定权位的信物。汉代巫师、方士已经可以模拟符信，而托之神仙所颁，施之于鬼神世界，说用它可以召劾鬼神，镇压精怪。两汉时期由于帝王将符与天命结合在一起制造出符命，大大提高了符的社会地位和影响。东汉中后期道教人物接过这种崇拜形式，并将其至少发展为六种类型，形成道符的第一发展阶段。魏晋南北朝时期，道符的形式逐步统一，使长条类型道符成为最基本的符制，形成道符的第二个发展阶段。自隋唐时期开始至明清，由于道教的复兴，道符也进入鼎盛状态，在长条类型道符为主的情况下，创造出灵宝天文、符印等新品种，并且在其他一些物品上出现，以至于越过大海传入到日本等国家，形成道符的第三个发展阶段。

目前见到最早的这类符大约出现于东汉阳嘉二年。早期道教教团即继承神符，并加以发展，创出有系统的符书，其后又不断加以造做，遂使符的种类十分繁多。依所托尊神或传授祖师命名，有老君符、壶公符、天师符等；依施用对象分，有治病符，镇妖符，杀鬼符，护身符，召风、致雨、起雷、祈晴、驱蝗符等；依道法科范而言，凡立坛、召将、投简、树幡、上香、进表等诸环节，都各有专符。道教内部习惯上将在炼度、九幽等超度亡灵的法事中使用的符称为阴符，将在延寿、祈嗣一类为活人举行的法事中使用的符称为阳符。在理论上，符被认为是能代表玉帝、神仙权力和神通的信物。魏晋以后的道书又将符与精气学说结合起来，称符原本为天上云气自然结成，由天真摹写，始传于世，故有召劾鬼神、安镇五方诸灵之效验，故在书符时强调以自己精炁施于其上，而不徒做依样描画。各道派都有自己的符，常与箓一起在教内密授，称为符箓。

箓是一种道教符书，箓即记录之意。一种箓是指戒录，即道教所谓登真箓，即奉道人的名册；另一种是指记录天神的名册，通常上列有神吏名号及相应的符，有的还绘上神像，它的功能在于能召役鬼神，或护卫身形，或施行道法。符、箓并用，统称符箓，意即依照天神所授信符，按诸神名册所定之职责，命令某神去执行。故掌握了符箓，便有了代天神役使三界官属的权威。

歘火大神符

符的右侧是敕令焚鬼灭灾的檄文，左侧是火神的形。

道教有所谓三山符箓，指魏晋南北朝以后，龙虎山、合皂山、茅山分传之天师、灵宝、上清三宗符箓。明以后统称正一符箓。道教符箓还有其他诸多体系。在坛醮祈禳等宗教活动中，常与符箓并用的还有禁咒。

综上所述，道教宣称占卜是表达神的旨意，预示吉凶的；符箓是天神的旨令与众神之名录，可以役使鬼神，排除邪魔和成仙；祈禳是对神有所请求的仪式和方法，可以祈恩禳灾；禁咒是神严厉的语言，可以驱使幽冥之功曹。这些所谓的术，来源于古之巫祝,尔后演变而为道教的主要教术,也是很多道士的主要谋生之术。道士以占卜决吉凶,以符箓驱鬼避邪,斋醮祈禳以祛灾求福,念咒以去灾、退鬼、避猛兽。这些道术,在道教属符箓派,主要为正一派道士所操持。

(三)炼丹

道教的炼丹术有外丹和内丹之分。外丹指用炉鼎烧炼丹砂等矿石药物而成的,能使人服之长生不死的丹药。道教经书中,记载有许多炼丹法。概言之,即将铅汞及其他药物配制后,放在炉火中烧炼,其成品分点化与服食两种:初步炼成的叫丹头,只能作为点化之用,是不能服食的,丹书中也说有剧毒;再进一步烧炼便成为可服食之丹药,即道教所谓之仙丹。其实,古人不知道金银等金属物质以及其他矿物质所含成分,有些对人有剧毒,误食可致死亡。历史上不少人幻想服仙丹以求成仙,但往往是死神夺走其生命,甚至包括一些皇帝在内都因要长生不老而误入丹石丧命。

内丹指以身体为炉灶,修炼精、气、神,而在体内结丹,丹成则人可成仙。因为道教认为心神相通,心神合一,人体本身也是个小天地,是大天地的缩影。人体内也有君和四时五行诸神,而且与天神是相类相通的。由于外丹炼制丹药常常致人丧命,所以很多炼丹士转向了内丹,采取了养性、行气、守一、胎息、内视诸术,修炼身心,以保长生不老及至修炼成仙。

道教道术非常庞杂,也有神秘的意味,但也有某些可取之处,其中也包含着传统的天文知识以及传统的科学知识,如黄白烧炼、服饵方药、气法静功、武术动功、吐故纳新、斋醮音乐等,在客观上对冶炼学、医药卫生学、音乐艺术等方面的发展,确曾有一定的积极影响。古代的罗盘技术就是在道教堪舆的基础上发展起来的,对古代的航海事业做出了重要贡献。当然,道教的道术也有不科学的成分,有的当属于宗教迷信,社会上也有不法之徒,披着宗教外衣,以此诈骗钱财,甚而危及生命,故对所谓道术宜慎辨之、慎行之,以免受害。

第四节　道教中的生态智慧

道教作为中国土生土长的宗教,曾为中国传统文化的发展做出过巨大贡献,在中国文化中占有重要的地位。道教所主张的天人合一、自然无为、兼容并包等思想有着丰富的生态智慧,越来越引起世界更多的关注。

一、天人合一

"天人合一"是中国传统哲学的一个命题,也是中国古代哲人的一种终极理想。在道教看来,"天人合一"是指人与自然的融会贯通,尤其指人与天地精神相往来的一种崇高境界,它反映了人与自然的关系。《道德经》对此阐述说:"道生一,一生二,二生三,三生万物",这说明在道教看来,"道"为宇宙万物之本原,"一"为道所产生之元气,"二"为元气所产生之阴阳,"三"为阴阳所产生之天地人三才,人与天地共同生养万物。由此可见,这个"道",既是万物之宗,又是万物之始,更是万象之源,它把天、地、人等宇宙万物都连贯成为一个整体,这就突破了古代哲学以政治伦理为轴心的局限,把思考的范围扩展到整个宇宙,树立了朴素的整体观念,并由此出发来审视人世间的各种事物和各种问题。

按照这种观点来看人,人是自然的一部分。自然不仅是人类的物质家园,也是人类的精神家园。人与自然应该保持和谐的关系,各具其性。但是,当代人在主客二分的思维模式和人类中心主义价值观的指导下,在市场化机制与利益驱动下,以科技为工具,要征服自然,要做自然的主人。人类和自然正在走向对立,而不是像道教"天人合一"那样和谐。

二、道法自然

《道德经》第 25 章:"人法地,地法天,天法道,道法自然。"意思是说人类要以地为法则,重视立身安命的地球;地要以天为法则,尊重宇宙的变化;天以道为法则,遵循客观规律;道的法则就是维护世界生长变化过程的自然本性,维护宇宙整体的和谐与平衡。道教尊崇自然的根据,是认为世界处在一个永恒的循环往复运动之中,万物以及包括人在内的所有生命,都是在道的循环演化过程中产生出来的,它们也必须在这种周期性的动态平衡的节律中维持其生存。因此,人类的活动也必须与大自然的循环过程保持和谐一致,必须顺应自然而不是违背自然。要做到这一点,首先就必须"无为"。

所谓"无为",并不是消极地不行动,什么事也不做,而是依自然而为,依循事物的内在本性和发展规律,根据客观条件采取适宜的行动。首先要对大自然的运行规律有明确的认识。其次,要顺应万物的物性。道教认为,万物各有其性,应该顺应物性,因材而用,率性而行。《太平经》说:"天地之性,万物各自有宜。当任其所长,所能为。所不能为者,而不可强也。"为了在对自然物采取的各种行为中正确地贯彻“自然无为”的原则，道教主张以“道”观物，反对以“我”观物。

以“道”观物，实际上就是从宇宙整体的角度来审视万物，这样就能清楚地看到不同物种在生态系统中所处的序列、所起的作用，从而能够根据自然本身的价值，从生命物种的保存、进化和生态系统的完整、稳定、完美出发，采取符合生态规律的行动。以“我”观物，则往往会从自身利益或主观主义出发，导致干预自然的行为。现代科学已经证明，自然界是按照自身的本性运转的，为了取得自然平衡，总是通过相辅相成进行调节，形成一个有秩序有规律的统一整体。既然自然是一个统一整体，如果把人为的因素强加到自然中，就必然使自然失去平衡，引起各种不良现象出现。例如，澳大利亚于1788年引进兔子后，兔子大量繁殖，而唯一能抑制其繁殖的动物是当地食肉的一种野狗。这种野狗，一直是以类似鸵鸟的鸸鹋为食。自从野狗袭击新引进的绵羊以后，农场主和饲养绵羊的主人就开始捕杀这种野狗。兔子由于没有了唯一的天敌——野狗，便无限制地繁殖起来，有把草原啃光的趋势。这个事实说明，人类对自然的干预，往往会诱发连锁反应，有时以想不到的形式破坏了生态环境的平衡。道教提倡的道法自然、清静无为的原则，主张对自然进行最小的干涉，这种思想是很深刻的。

风景秀丽、生态良好的道教第11洞天——太白山

药王孙思邈曾三上太白山隐居，从事中草药、养生学研究，并为民治病，留下了药王殿、药王坪、药王庙等多处遗迹，至今在民间还流传着“药王捉人参”“药王布银针”等故事。

三、爱物寡欲

在道教那里，道是人和自然的本源，人要得道，就必须进行修炼，这就要求尊重自然、效法自然，必须像自然之道体现在万物之中一样去拥抱万物、进入万物，与万物融合为一个共同的生命体。所以道教徒在修炼时候强调要“慈物”和“寡欲”，认为这是自然之道在人生命力中的体现。儒教也强调仁慈，但是更多的是强调人与人之间的仁慈，而道教则把这种慈扩大了物之上，强调物具有与人的平等性。所以，在道教看来，人欲积德累功，修道求仙，不独爱人，也当爱物。道教不仅慈爱万物，还善于向它们学习，从万物中悟出生命长生的道理。

从“慈心于物”的思想出发，道教进一步提出了“寡欲”的要求，反对过度的贪欲。这就是老子《道德经》中的“少私寡欲”。只有崇俭抑奢，才能做到“寡欲”，进而做到“慈物”。因为欲望过多，必然带来对自然资源的索取和掠夺；同时欲望过多，也必然会引起人体生命中的阴阳失调。所以养生之要，在于节制自己的贪欲，始终保持一种自然、淡泊的心境，否则就会伤身害物。

人类为了维持人的生命存在，为了促进社会的发展，合理的欲望是需要的。然而，人的欲海难填，放纵欲望会产生人们之间的对立抗争，导致生命与自然的破坏。人类之所以在今日的全球性生态困境中越陷越深而不能自拔，其根本原因就在于过度的贪欲，不知满足地追求物质财富和感官享受。现代的一些人追逐金钱、地位、名利，追逐极端的感官快乐，金钱成了衡量人的一切的尺度，享受快乐成了人的终极目标。人们高喊着、实践着“金钱至上”“我消费，所以我存在”的口号，心中却是空虚、荒芜、寂寞、无聊。人们空荡荡的心灵无以填补，孤零零四处游荡的精神找不到栖居的家园。

1992 年联合国环境与发展大会通过的《21 世纪议程》指出：地球所面临的最严重问题之一就是不适当的消费和生产模式，导致环境恶化、贫困加剧和各国的发展失衡。现在，有一些人非常向往美国人的消费水平。可是，为了使占世界人口 6% 的美国居民维持他们使人羡慕的消费水平，就需要耗费大约 1/3 的世界矿物资源产量。假定世界上 80% 的人一无所有，目前的能源量至多可使 18% 的世界人口享受到美国的消费水平。可见，人类欲望的恶性膨胀，已对有限的自然资源、脆弱的生态环境、世界的经济和政治局势，以及我们子孙后代的生存带来了毁灭性的威胁。正如汤因比所告诫人们的那样：“在所谓发达国家的生活方式中，贪欲是作为美德受到赞美的，但是我认为，在允许贪欲肆虐的社会里，前途是没有希望的。没有自制的贪婪将导致自灭。”为了维护个人与社会的和谐、人与自然的和谐，以使人类社会能够持续发展下去，我们必须把自己的欲望控制在合理的范围之内，不能让它过度泛滥。在这方面，道教关于“少私寡欲”的主张，值得现代人借鉴。

四、贵生戒杀

道教重视生命。早期道教的主要经典《太平经》说：“要当重生，生为第一。”需要注意的是，由于天地万物与人一样，都是由“道”的生命本体化生而来，所以，道教所讲的现世的生命并不仅仅局限于人的生命，还扩展到动植物的生命以及天地的生命。在道教看来，自然界的一切都是由“道”的生命本体化生而来，而且都含有“道”的生命本体，因而都是一种生命；各种生命虽然形式并不相同，但对生命本体而言，是一致的；各种形式的生命都是“道”的生命本体的体现。因此，一切生命都是平等的，不仅人与人之间的生命是平等的，而且人与动植物的生命以及天地的生命，也都是平等的。

从这里可以看出，道教不仅在宇宙论上讲天地万物与人的同源、同根性，而且，还在这一基础上，进一步从本体论上讲天地万物与人皆有道性。实际上这就赋予了自然万物的神性，自然万物应该获得与人一样的尊重。

由于道教所讲的“生命”并不局限于人的生命，也包括动植物的生命，甚至天地的自然存在，所以道教的行善，不仅是对人而言的，而且也包括对待动植物和天地，这就是要“好生戒杀”，善待一切生命。道教中的许多戒律类著作也都包含戒杀动植物的条文。如“道教五戒”的第一戒就是不得杀生。“八戒”和“十戒”中的第一戒也不得杀生。道教戒律不仅把不得杀生作为戒条，而且大部分都作为第一戒，由此可见道教对生命的尊重和重视程度。

可贵的是，道教不只是泛泛地谈禁止杀生，而是有具体的规定。比如《老君说一百八十戒》规定：“不得冬天发掘地中蛰藏虫物”“不得妄上树探巢破卵”“不得笼罩鸟兽”，有的戒条甚至规定不得惊吓和虐待动物。①

总之，道教中的生态智慧是丰富而深刻的，对当代世界的生态问题有着非常的意义和价值。道教不仅关爱人，也关爱大自然，十分重视人与自然的和谐相处。道教认为：人与万物共同禀“道”而来，“天地与我并生而万物与我为一”，而且野外一切飞禽走兽等都有生命，如果无故张弓射之、捕网取之，是于无罪处寻罪、无孽处造

---

① 尹志华：《道教生态智慧管窥》，《世界宗教研究》2000 年第 1 期，第 93 ~96 页。

孽,将来定有奇祸也。今天的生态危机已经让人类尝到了"奇祸"之大。反省当前人类所处之恶劣环境,究其主要原因,都离不开人为的因素:要么是根本上还"不知常"即不认识其中的规律;要么是为了某种"急功近利"的目的根本不尊重规律。一句话,都是由于"妄作"或"应之以乱"所造成的。所以西方著名神学家指出,当前人类面临的这场危机不仅仅是一场生态危机,而是一场生态灾难。

但是,在这场生态灾难面前,人类并没有彻底醒悟,破坏环境、污染环境的行为还在加剧。据有关人士统计,人类如果按照目前的速度继续消耗地球资源,那么,所有资源将会在 2075 年耗尽。为此,协调人与自然的关系,使人类"诗意地栖居",使子孙后代也能有生存和发展的环境,已经成为当今世界不可回避的重大课题。

与黄沙抗争的人们

今天,只要正视一下人类所处自然环境的现状,就会看到以主张天人合一、道法自然、贵生戒杀为内容的道教生态智慧的价值。当代著名的人文主义物理学家弗·卡普拉对于以老子为始祖的道教传统做了这样的评价:"在伟大的诸传统中,据我看,道家提供了最深刻并且是最完美的生态智慧,它强调在自然的循环过程中,个人和社会的一切现象和潜在两者的基本一致。"①自然科学的事实表明,有生命的和一切具有持续发展能力的事物,都是处于循环往复的动态平衡之中的。人类本身就生活在地 球的岩石圈、水圈、大气圈之间的生物圈中,人体作为一个开放

① （美）弗·卡普拉等:《绿色的政治:全球的希望》,石音译,东方出版社,1988 年版,第 36 页。

系统，其生命就在于同外界环境不断地进行物质和能量循环。其中，任何一种循环和平衡遭到破坏，都会直接间接地危及人类自身的生存。因此，人类应当在反省现实生态环境问题的基础上，重新尊重自然，重新回归自然，返璞归真，这正是道教所大力倡导的。

阅读材料

老子传奇

传说老子为春秋时期宋国战将的遗腹子，老子降生时，体弱而头大，眉宽而耳阔，目如深渊珠清澈，鼻含双梁中如辙。因其双耳长大，故起名为“聃”，其出生于庚寅虎年（公元前571），亲邻们又呼之曰小狸儿，即“小老虎”之意，因江淮间人们把“猫”唤做“狸儿”，音同“李耳”，于是老聃的名字慢慢就成为“李耳”，由于他学问渊博，人们又尊称他为“老子”。传说孔子曾经请教过老子，回来后，孔子的众学生问他见到的老子是什么样子，孔子道：“鸟，吾知它能飞；鱼，吾知它能游；兽，吾知它能走。走者可用网缚之，游者可用钩钓之，飞者可用箭取之，至于龙，吾不知其何以？龙乘风云而上九天也！吾所见老子也，其犹龙乎？学识渊深而莫测，志趣高邈而难知；如蛇之随时屈伸，如龙之应时变化。老聃，真吾师！”由此可见当时的孔子对老子有着极高的评价和赞誉。

在道教中，还有关于老子到西方化胡的传说。传说老子在周幽王时化现人间，欲师导幽王，但是发现幽王不可教，将会亡国，于是就乘薄板车西行出关，去教化西方各国。相传老子在教化胡人的过程中还著有经书，这就是所谓的《老子化胡经》。

思考与练习

1. 道教的形成有什么样的特点？在道教的发展过程中，有哪些人物做出了重要贡献？

2. 道教的基本教义是什么？

3. 道教的教规有哪些？

4. 道教的科仪和法术有哪些？

5. 道教的生态智慧对于我们应对当今世界的生态危机有哪些启示？

第五章

基督教

本章要点

- 基督教的创始人是耶稣。基督教的起源可以追溯到犹太教。初时,基督教作为犹太教的一个异端派别出现,在穷苦的犹太人中传播。约在1世纪中期,由于保罗等人的努力,将这种信奉耶稣为基督(救主)的信仰传到东地中海沿岸各地的非犹太人中,并最终与犹太教彻底分离,成为一个独立的新宗教。公元392年,罗马帝国最终将基督教定为国教。基督教在后来的传播中,逐渐分裂为天主教、东正教和基督教新教。
- 基督教各派都以圣经为其经典。圣经也称《新旧约全书》,由《旧约全书》和《新约全书》两大部分组成。
- 基督教各派有不少共同的信仰。例如,都信奉"三位一体"的上帝,即相信上帝是唯一的真神,而它有三个位格——圣父、圣子和圣灵,这三个位格互不混淆,但其本质相同、本体相通、神性相通,由此联结成一体,世界万物都由这一上帝所创造和主宰;都相信人类始祖亚当和夏娃因偷食"禁果"而犯了罪,这种罪世代相传,被称为"原罪"。基督教各派教义神学基本内容都大体相似,包括上帝论、基督论、圣灵论、人论、教会论、圣事论、终极论等。而对这些的解释基督教各派则不尽相同,各有所侧重,有时甚至完全相左。
- 基督教各派在礼仪方面有不同之处,新教只有洗礼和圣餐两件,而天主教和东正教除了这两件外,还有其他圣礼。在教会建制方面也有很大不同。
- 历史上,基督教先后有四次大规模传入中国。第一次是在唐贞观九年(公元635年),称为景教。第二次是公元13世纪末至14世纪中叶的元代,称为"十字教"或"也里可温教",但随着元代在中国的衰亡基督教也消失了。第三次是以利玛窦为代表的一批天主教会内的耶稣会传教士来华传教。

第四次是鸦片战争之后，基督教凭借不平等条约在华传教，引发了大量的教案和20世纪20年代的“非基运动”。

基督教是一种世界性的大宗教。“基督教”一词在英语中称 Christianity，是指信奉耶稣为救世主的所有教派，即包括罗马公教、正教、新教三大派及其他一些小教派。它与佛教、伊斯兰教并称世界三大宗教，但较之佛教和伊斯兰教，它在世界各地分布更广、占人口比例更高、影响也更大。

“基督教”这一称谓在中国的使用比较混乱，往往有广义和狭义之分。广义的基督教，也就是英语中的 Christianity 之意；狭义的基督教则是指其中的新教，即英语中的 Potestas。这种状况是由历史原因造成的，因为长期以来华人都习惯把新教称为基督教。大陆的新教教会也从不称自己为新教，只称基督教或耶稣教，而将罗马公教称为天主教，正教称为东正教。港、台华人为解决这一混乱状况，把广义基督教称为“基督宗教”，以与专指新教的狭义基督教相区分，这一用法现已渐被一些大陆学者所采用。本书所用基督教一词专指广义基督教，而狭义基督教则称之为新教。

第一节　基督教的诞生与发展

一、基督教诞生的背景

（一）罗马帝国的文化发展

基督教的兴起几乎与罗马帝国的发展同步，它起源于犹太教，在一个短暂的时期内仅仅是犹太人信仰的一个流派或支派。

罗马帝国发端于拉丁姆平原上的小城罗马。按照罗马建城的传说，该城是由它的第一位国王罗莫洛于公元前753年建立的。在漫长的岁月里，它逐渐发展起来，起初扩张到整个意大利半岛，进而统治了环绕地中海的广大地区，乃至极远之地。罗马帝国的真正历史始于第一位“奥古斯都”屋大维。

罗马是帝国的首都，罗马城的名字也就成为帝国的名称。历史学家通常把罗马陷落(476年)以前的帝国历史分为两个时期：帝政时期和帝国晚期。

帝政时期的罗马帝国不断地扩张它的疆域。它的边界东起幼发拉底河，南至撒哈拉大沙漠，西滨大西洋，北至莱茵河、多瑙河。后来它扩展得更远，把不列颠、米索不达米亚、欧洲东部都置于它的统治之下。它的领土跨越欧、非、亚三大洲。它把那个区域所有开化的民族都联系在一起,有6 000多万人生活在这个帝国中,其中有凯尔特人、贝伯人、意大利人、希腊人、叙利亚人、埃及人、阿拉伯人、色雷斯人等等。无数的风俗、语言、传统构成了帝国文化的大拼盘,被征服的各民族在整个帝国时期相互融合,但也保持着自己一定的文化特色。政治上的统一是帝政时期的一个最明显的特征。奥古斯都统一全国,给这个世界带来了和平,而在过去,它长期被小国间的纷争、派别间的争夺、领导人的野心、层出不穷的叛乱所困扰。在帝国的统治下,这个巨大的区域享有了长达两个世纪之久的内部和平,而这种和平的程度过去没有,以后也不多见。

罗马帝国早期的文化繁荣,主要是引进希腊的教育制度并积极吸收希腊文化的结果。公元前4世纪末马其顿的统治崩溃之后,希腊城邦和古典文化走到了尽头。希腊人经受了一场苦难,于公元前146年为罗马所灭,罗马人成了地中海世界的主人。然而,与希腊人相比,罗马人在文化上是落后的,精神上是不充实的。罗马人拥有武力却没有成熟的哲学,它征服了希腊却又为希腊人高雅的文学、艺术、戏剧所慑服。罗马民族有自己的民族语言拉丁语,在日常生活中,罗马人使用的是拉丁语,但是有许多领导人都是由希腊奴隶和家庭教师教育的,他们都认为希腊语更优美、表达力更强。帝国建立以后,希腊人的建筑艺术、雕塑和绘画、圆形露天剧场在罗马迅速蔓延,那些军事上发迹的贵族发现自己的舌头同已有的身份太不相称了,于是希腊人的修辞学特别走运。总之,文化饥渴、精神贫乏的罗马人将希腊的好东西糅合成一个混杂的体系,为己所用。

在宗教方面,罗马人的信仰也是希腊式的拟人化的多神,二者有相通之处,许多拉丁神都可找到相应的希腊神。不过有一点值得注意,希腊人不用武力维持自己的宗教和信仰,如前所述它同城邦政治一直保持距离。罗马却不一样,它靠武力征服世界,建立跨越欧亚非的大帝国,可是这时的罗马还没有与之相适应的世界性的宗教。官方虽然组织了对罗马神的祭祀活动,但得不到民众的普遍支持。帝国内各民族有自己的宗教,许多宗教仍然在发展。为了维护它的统治,它只好尊重无法用武力解决的各民族的信仰,将各民族各地区的神都请进万神殿。万神殿成了罗马世界神化了的缩影,维护各民族各地方的神就是维护罗马世界的稳定,维护罗马的统治。

在哲学方面,希腊古典时期和希腊化时期涌现的各种哲学流派都在延续,其中最重要的就是新柏拉图主义和斯多亚学派。前者以柏拉图哲学为基石,吸取赫拉克利特等哲学成分建立了希腊史上最为完备的哲学神学理论。后者是希腊人经历

古罗马帝国大竞技场遗址

一番苦难后人生体验的总结，是早期基督教神学伦理学的重要来源。

（二）基督教的兴起

犹太人自古以来就自命为上帝的“选民”，然而，他们除大卫和所罗门统治的几十年的兴盛外，备尝民族压迫与亡国之痛。犹太人的被掳和数百年来历次反抗都被残酷镇压的命运使得对弥赛亚（救世主）的期望成为犹太人共同的理想；希腊文共同语为这个广阔世界中不同思想的传播提供了一种共同语言；罗马大道使各民族的交通成为可能；施洗约翰及其悔改运动为一种充满生命力的宗教运动预备了道路。

按传统的说法，基督教的创始人耶稣出自犹太教。耶稣的直接门徒是犹太人，最早的基督教徒被当做犹太教的一个支派。[①] 然而，基督教是一种新的创造，它具有一个世界性大宗教的道德禀赋。在短短不到一代人的时间里，基督教离开了犹太教的母腹，作为争先恐后向新建立的罗马帝国效忠的许多宗教之一，出现在这个古代大帝国中。凭借它的犹太人的遗产、它的远见卓识和有进取心的成员、它的创始人的“牺牲与复活”、它的早期领导人的非凡经历和坚定信念，基督教在三个半世纪内已经在力量上超过了它的所有竞争者，乃至胜利地挫败了帝国官方要剪除它的企图，清楚地表明它是胜利者。在五个世纪内，基督教成了帝国的官方信仰，也是希腊罗马世界几乎无可争议的宗教之主。

① 参阅圣经《使徒行传》第28章第22节。

一种宗教在一个文化变迁、思想混乱的历史时期赢得大量信众是常有的事，而这种迅速发展的宗教又往往与具有社会影响力或政治影响力的一整套观念联系在一起。公元180年以前，基督教的社团相对比较弱小，不太为外人所知，它只是来自古代东方，在帝国大城市的居民中觅得栖身之所的众多祭仪之一。而后，从罗马皇帝马可·奥勒留逝世到康士坦丁大帝支持基督教的这120多年里，基督教获得了长足的进步，教徒数量有了惊人的增长。而此刻的罗马帝国受到内乱的困扰，苦难和动荡取代了在前两个世纪那些强有力的皇帝的统治下取得的繁荣，惊恐不安的人们向宗教寻求避难所。在这种情况下，传播新的信仰变得相对容易起来，各种秘密祭仪到处流传，新柏拉图主义的体系成形并流传开来。得益于这些外在条件，基督教迅速地发展起来。随着信众的增加，基督教的成分也发生了变化。以前的基督教几乎全部由贫苦阶层组成，绝大多数基督徒都是农民、匠人、妇女、儿童、乞丐、奴隶。到了3世纪初，越来越多有文化教养的人士进入教会，其中包括一些著名的学者，如克莱门特、亚历山大里亚的奥利金、特尔图良等等。政府官吏也有许多加入了基督教，有些还是行省总督一类的高级官僚。

基督教向异邦人的世界扩展的时候，它的皈依者主要是讲希腊语、有希腊文化背景的民众。希腊语多年来都是唯一的教会用语。但这种状况没能一直延续下去，公元2世纪下半叶，基督教已经在讲拉丁语的帝国西部站住了脚。随后，基督教的信仰与占主导地位的拉丁文化在罗马结合起来，罗马教会逐步拉丁化了。

在我们分别讲述了罗马帝国文化的成形和基督教的兴起的一般情况以后，读者就可以明白我们为什么要说这两者是同一个问题的两个方面了。在罗马帝国建立之初，基督教及其所代表的文化可以说是无足轻重的，它只是帝国初期数百种宗教之一，丝毫也看不到有成为宗教之主的希望。然而，罗马帝国文化的成形期也就是基督教的上升期。帝政时期结束，罗马帝国文化由盛而衰，基督教成为帝国晚期文化发展的主流。原先处于以希腊、罗马两大传统为主的多民族文化共生状态的罗马帝国文化进入了新的融合阶段，此时的帝国文化经过长期的量变而质变为基督教文化，长期以来一直进行着的东西方文化融合此时真正整合为一个有机的整体。基督教成为罗马帝国晚期以来的西方文化的代表。

二、基督教的发展

基督教的创始人是耶稣。历史资料对耶稣的记载是有限的，而且历史上的耶稣也并不等于信仰中的基督。历史资料对耶稣记载的真实性与可靠性，并不因《福音书》中记载的重复性与宗教性而削弱。从《福音书》中我们可以知道一些耶稣的情况:马利亚由圣灵感孕怀耶稣,罗马政府的人口普查使耶稣得以降生在伯利恒,为躲避希律王的迫害,他的父亲带他逃亡埃及直到希律王死后才返回。我们对耶稣童年的认识现在还无法超越《福音书》中的记载,历史资料对耶稣的关注不在于他的出生,而在于他的传道和死亡。耶稣受洗表明他已成为基督,是上帝的儿子,为要拯救世人而执行上帝赋予他的使命。《福音书》中记载的有关耶稣基督的言语行为甚至他的神奇故事都是围绕着他的这个使命。耶稣的影响力并没有因为他的受死而消失,他的门徒反而将福音"传到地极"。

公元1世纪中叶,当时基督教还是犹太教内部的一个小社团。使徒们把"福音"的内容集中为报告耶稣的言行、受难及复活的信息,"福音"一词遂成为专有名词。《福音书》中的耶稣没有提出当时有教养的犹太人所不熟悉的教义,也没有形成全新而完整的宗教理论和道德学说,但他针对当时的现实问题所发表的各种议论与犹太教正统派有着明显差异。犹太人认为,犹太教的神是最完美的神,耶路撒冷城是上帝在地上的居所,圣殿是上帝的圣殿,因此,世人当"归"上帝之圣城——耶路撒冷。基督教则认为,上帝的救恩已来临,上帝就在信徒心中,信徒当去万国万邦传福音、做见证。是否承认耶稣是"弥赛亚"成为基督教与犹太教的重要区别之一。

耶稣在传教的过程中拣选了12门徒,曾称彼得为"矶法"(Cephas,阿拉米语的译音,意为磐石),为众门徒之首。但当耶稣受难的时候,门徒由于软弱而部分地离开了。事后,他们发现罗马当局无意株连他人,按照耶稣在世时的教训,门徒们又重新聚集,并增补马提亚为门徒,以替代卖主的犹大,并同耶稣的母亲和弟兄及一些妇女聚会,这些人成为初期教会的核心。

初时基督教作为犹太教的一个异端派别出现,在穷苦的犹太人中传播,约在1世纪中期由于保罗等人的努力,将这种信奉耶稣为基督(救主)的信仰传到东地中海沿岸各地的非犹太人中,并最终与犹太教彻底分离,走向世界,成为一个独立的新宗教。初时,基督教主要成员是穷苦的贫民和奴隶,曾引起罗马统治者的怀疑和敌视,但随着一批知识分子和富裕阶级人士的加入,基督教在罗马帝国的影响逐渐扩大,一些明智的统治者开始注重对它的利用。公元4世纪,罗马皇帝君士坦丁大帝大力扶植基督教,使其得到更为迅速的发展,公元392年,罗马帝国最终将基督教定为国教。

基督教从创立起,就存在着东西方两种文化的分歧:东部教会以希腊文化为基础,神秘主义色彩浓重;西部教会以拉丁文化为基础,注重律法。这种分歧也体现在对教义神学的理解上。330 年，君士坦丁大帝将帝国的首都从罗马迁往君士坦丁堡，从此更加深了东西部教会争夺教会首席权的斗争。由于罗马远离君士坦丁堡，皇帝难以控制，尤其是 476 年西罗马帝国灭亡之后，罗马主教在西部教会的地位更为突出，最终发展为天主教传统的教皇制。而东部教会则始终依附皇权，发展为以君士坦丁堡牧首为首席地位的正教传统。1054 年，东西两部分教会终因权力之争和神学分歧而导致彻底分裂，罗马教皇与君士坦丁堡牧首都将对方开除教籍，从此西部教会正式称为罗马公教，东部教会则称为正教，又称东正教。其后，随着东罗马帝国的衰亡，东正教按民族和地区分化为 15 个相互独立的教会，而君士坦丁堡牧首保持名誉上的首席称谓，即“普世牧首”。

中世纪天主教在西欧是封建制度的支柱。在 1096—1291 年的近 200 年中，教会以收复耶路撒冷圣地为名进行了 8 次十字军东征，给东西方人民都带来了巨大灾难，但它在客观上促进了东西文化的交流，东方灿烂的文化使当时落后的西方人耳目一新，大大开阔了他们的眼界，为日后西欧文艺复兴运动的产生奠定了基础。

14 世纪起欧洲兴起了文艺复兴运动，对罗马教会神本主义思想进行了冲击，人文主义抬头，与此同时，新兴市民阶层的力量逐渐壮大，这些都为 16 世纪宗教改革运动创造了条件。1517 年，德国的马丁·路德首先拉开了宗教改革的帷幕，他高举圣经的绝对权威反对教皇和神职人员的特权，从此新教从罗马天主教会内脱颖而出。于是，基督教由原来的两派变为三大派：东正教、天主教和新教。随着时代的变化，新教形成了愈来愈多各不相同的教派。

自 1496 年哥伦布发现新大陆，随着欧洲殖民主义势力向海外扩张，基督教各

德国 1983 年发行的印有马丁·路德头像的邮票

派,尤其是天主教和新教各派加强了传教工作,天主教成为拉丁美洲人民的主要信仰,新教在北美洲取得主导地位。19、20 世纪以来,基督教各派又在亚非等非基督教传统国家进行了大量的传教活动,并在有些国家取得迅速发展。

20 世纪,由新教首先发起的世界基督教合一运动有所进展,在此基础上于 1948 年在阿姆斯特丹正式成立了世界基督教联合会(又称世界基督教协进会),新教主流派和一些东正教教会参加了这一组织,罗马大主教会虽没有参加,但在其后与之有一定的联系。该组织只是联谊性的,对任何参加的教会组织都无行政上的制约作用。

1962—1965 年,罗马天主教会为适应现代社会的发展,召开了举世闻名的第二次梵蒂冈大公会议,进行全面改革,积极开展与其他教派以及不同意识形态组织间的对话等活动,使天主教以新面貌出现,扩大了天主教在现代社会的影响。

基督教的发展历史可以分为古代、中世纪、近代和现代四个时期:①古代基督教,从公元元年至公元 590 年,即从基督降生到大格里高利(Gregory the Great);②中世纪基督教,从公元 590 年至 1517 年,即从大格里高利到宗教改革;③近代基督教,从公元 1517 年至 1878 年,即从宗教改革到现代主义兴起;④现代基督教,从 1878 年教皇利奥十三世(Leo XIII)即位至今。

第二节 基督教的经典

基督教各派都以圣经为其经典,圣经也称新旧约全书,由《旧约全书》和《新约全书》两大部分组成。

《旧约全书》所包括的经卷是基督教从犹太教经典继承而来的,犹太教视这些经卷为其圣书,但不承认基督教创立之初所产生的《新约全书》为其圣典。犹太人认为《旧约全书》记载了上帝与世人所立的“契约”,并把本民族视为“上帝的选民”。他们声称上帝最早与义人挪亚及其后裔以“虹”立约,后来又与犹太先祖亚伯拉罕立约,订立“割礼”,最后则与犹太民族英雄摩西订立“十诫”律法,让犹太人永守其“约”。犹太教的“立约”之说对基督教产生着深远的影响,基督教依此而认为其主耶稣基督降世意味着上帝与人重新立约。由于有了这一“新约”,过去上帝与犹太人订立的律法之约则称为“旧约”。这就是《旧约全书》和《新约全书》名称的来历与含义。

除新旧约全书外,基督教还有圣经后典(外典、次经和旁经)。“圣经后典”一词的原文是 Apocrypha 或 Deuterocanonical,它共 15 卷,约 182 章,但其卷数在历史上说法不同,而且各卷的排列次序也不完全相同。天主教圣经中的《旧约全书》一般包括《后典》的大部分经卷,但宗教改革家马丁·路德不承认这些《后典》经卷是"神圣的经典",而仅视其为"有益的读物"。这样,新教圣经一般不包括《后典》各卷。直至现代基督教普世运动和对话运动开展以来,人们才对《后典》采取了重视和承认的态度,将之收入新版圣经之中,作为单独部分排列在《旧约全书》与《新约全书》之间。

西文"圣经"(Biblia,英文的 Bible,法文的 la Bible,德文的 die Bibel)一词与古代腓尼基人的商业贸易有着渊源关系。"腓尼基"(Phoenicia)在希腊文中意指"紫红之国",原为地中海东岸(今叙利亚、黎巴嫩沿海地带)一盛产纺织品和染料的古国,因其善于从一种海生介壳动物中提取出紫红色的染料,故被古希腊人称为"腓尼基"。古腓尼基有一个名为"毕布勒"(Byblos)的城邦当时曾以从事埃及出产的纸莎草纸贸易而远近闻名,这样,"毕布勒"一词常被古希腊人用做"书"的同义词。后来,Byblos 就衍化为希腊文中性复数词 ta biblia,意为"诸书"。当犹太教的经典被大量译为希腊文本后,希腊人遂用 ta biblia 来专指这类经典。在拉丁文中,该词又衍化为阴性单数词 Biblia,遂有"唯一之书"的含义。到公元 5 世纪初,君士坦丁堡主教克利索斯顿将 Biblia 用做基督宗教正式经典的专称,从此沿袭至今。所以从词源上来讲,Biblia 一词实乃出自古腓尼基城名 Byblos。西方传教士来华后按中国人称重要著作为"经"的习惯,遂将其经典的名字汉译为"圣经"。

一、《旧约全书》

《旧约全书》共 39 卷,约 929 章,但天主教的《旧约全书》因参照古代《七十子希腊文本》而增补了 7 卷,合为 46 卷,其他经卷中亦有些增补。人们通常将这些增补的经卷或章节作为"后典"来看。公认的 39 卷《旧约全书》包括自公元前 11 世纪末以来相传的犹太古代律法、典籍和各种文学作品,于公元前 6 世纪至公元前 2 世纪之间逐渐形成。《旧约全书》大体可分为"律法书""先知书""圣著"三个部分。

(一)律法书

"律法书"包括《创世记》《出埃及记》《利未记》《民数记》《申命记》等 5 卷,亦称"摩西五经",约在公元前 5 世纪左右汇集成书。《创世记》介绍了创世的传说,人类始祖失乐园的经过,该隐与亚伯的命运,挪亚方舟与洪水灭世,以及以色列先祖亚伯拉罕、以撒、雅各布的故事和约瑟的传奇遭遇;《出埃及记》介绍了以色列人在其民族英雄摩西率领下离开埃及、到达西奈的经历,上帝与以色列人立约、授予摩西"上帝的十诫",以及以色列人的宗教生活;《利未记》是一本宗教法典手册,内容包括献祭条例、祭司职责、有关不洁净的律例和圣律等,涉及宗教礼仪和伦理说教;《民数记》记载了以色列人从西奈东进前后的两次人口统计,讲述了各种律法及利未人的特殊职责,以及以色列人对约旦河以东地区的征服;《申命记》则重申了上帝给摩西的命令,内容包括摩西的三次重要讲道和他对以色列人的祝福,并记载了摩西之死和埋葬的情况。

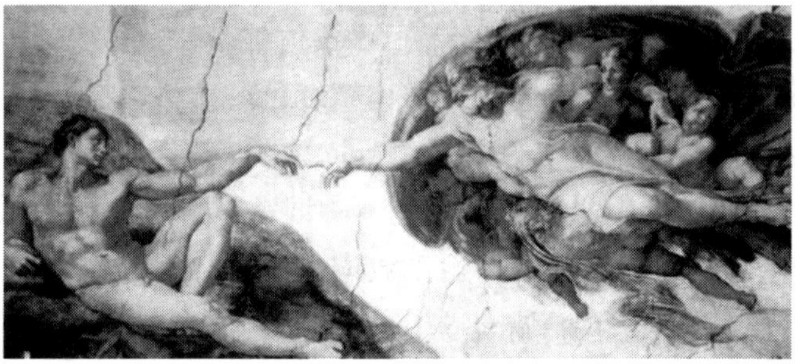

创造亚当

(二)先知书

"先知书"共有21卷,约在公元前190年编集成书,是关于一些民间"先知"的著作汇编。其中包括"早期先知"6卷:《约书亚记》《士师记》《撒母耳记》(上下)和《列王纪》(上下);"晚期先知"15卷:《以赛亚书》《耶利米书》《以西结书》《何西阿书》《约珥书》《阿摩司书》《俄巴底亚书》《约拿书》《弥迦书》《那鸿书》《哈巴谷书》《西番雅书》《哈该书》《撒迦利亚书》《玛拉基书》。

《约书亚记》叙述了约书亚在摩西死后带领以色列人渡过约旦河、征服迦南地的历史,以及以色列人获胜后按其12支派来分疆划界、安居乐业,从而应验了上帝对之赐福的许诺。

《士师记》描述了以色列人征服迦南后的生活与发展,战乱与堕落,以及其士师俄陀聂、以笏和珊迦、底波拉和巴拉、基甸、陀拉和睚珥、耶弗他、以比赞、以伦、押顿、参孙等人拯救以色列民族的故事。

《撒母耳记(上)》追溯了以色列人最后一任士师撒母耳的生平,论及了撒母耳膏扫罗为王,随后又另选大卫为王等历史。

《撒母耳记(下)》则重点讲述了大卫的生平、其成功与失败、统一以色列王国并建都耶路撒冷以及其统治末期的诸事。

《列王纪(上)》记载了以色列人神治政体的历史,从大卫王之死、公元前970年所罗门继位以来以色列王国的鼎盛,一直叙述到所罗门死后王国的分裂和公元前853年亚哈王之死。

《列王纪(下)》则从亚哈之死叙述到公元前586年耶路撒冷失陷、犹太人开始巴比伦之囚这一时期以色列、犹太诸王的生平历史。

《以赛亚书》记载的是先知以赛亚对犹太人的警告、预言和教诲,以规劝人们疾恶如仇、从善如流、悔罪信主和受恩归道。

《耶利米书》是通过先知耶利米的预言来展示上帝对犹太人所犯罪恶的严厉审判,指出犹太人因背弃上帝才遭到巴比伦人兵临城下、尼布甲尼撒王毁城掳人的厄运。

《以西结书》是被掳往巴比伦的先知以西结对所见异象的讲述,和对亡国后产生绝望的同胞们的告诫、抚慰、勉励与期望。

《何西阿书》是以先知何西阿对北方以色列王国10个支派说预言的方式来表明上帝并没有遗弃其犯罪而忤逆的百姓,对之仍有着无限的怜爱。

《约珥书》记载的是先知约珥对以色列民族的劝告,他号召人们谦卑悔改、在其期盼的"主日"来临之前就应悔罪归主。

《阿摩司书》记载的是先知阿摩司劝以色列人迷途知返、痛改前非、悔罪自新、敬神归主的号召。阿摩司原为南方犹大王国的牧羊人,后来蒙召去北方以色列王国说预言,被视为最早的先知。

《俄巴底亚书》是先知俄巴底亚谴责以色列南部邻居以东人的预言集,因为以东人在耶路撒冷失陷时曾对犹太人的苦难幸灾乐祸。

《约拿书》是描述先知约拿去尼尼微城布道警世的故事。约拿先是违抗主命、乘船逃往他地躲差,后因海中遇险,误入鱼腹三日,后回到出发地,这才去尼尼微完成使命。

《弥迦书》记载的是先知弥迦在南方犹大王国所说的预言,以北方以色列王国的覆灭作为前车之鉴来劝告南方犹太人及早改邪归正。

《那鸿书》记载的是先知那鸿为庆祝尼尼微城倾覆而做的诗歌。诗歌其目的是安慰因惧怕亚述人而惊惶不安的犹太人,振兴其民族精神。

《哈巴谷书》记载的是先知哈巴谷因其民族蒙难而发出的抱怨、哭诉和祈祷,以及上帝的回答使哈巴谷坚定了义人将凭信仰而存活的信心。

《西番雅书》记载的是先知西番雅对犹大王国百姓们的警告和关于上帝审判即将来临的预言。

《哈该书》记载的是先知哈该对流放后重返家园的犹太人齐心协力重建神殿的号召。

《撒迦利亚书》记载的是先知撒迦利亚应召在耶路撒冷对人们的布道,他通过异象来解释上帝的启示,做出有关未来命运的神谕。

《玛拉基书》记载的是先知玛拉基劝诫民众停止欺瞒上帝、恢复敬神守律义行的号召,以及关于上帝将对世人施行审判的预言。

(三)圣著

"圣著"包括13卷,分为三部分:一为《诗篇》《箴言》《约伯记》;二为《路得记》《耶利米哀歌》《传道书》《以斯帖记》《雅歌》;三为《但以理书》《尼希米记》《以斯拉记》《历代志》(上下卷)。其中《诗篇》《雅歌》《耶利米哀歌》为诗集,《箴言》《约伯记》《传道书》为文艺体裁的哲理书,《路得记》和《以斯帖记》为宗教故事,《以斯拉记》《尼希米记》和两卷《历代志》为历史记载,而《但以理书》则为"启示文学"的代表作。"圣著"中许多卷章都反映了公元前3世纪至公元前2世纪流行的犹太"智慧文学"和公元前3世纪末以后流行的犹太"启示文学",它们曾对早期基督教以及《新约全书》中的《启示录》等卷的形成产生过巨大影响。

《诗篇》传统上归为大卫所做,全卷共收集150篇诗歌,代表着5个不同的集子,其内容包括赞美、抒情、训诲、祈祷、忏悔、哀挽、庆颂等诗篇圣歌。

《箴言》由7集箴言汇编而成,取自以色列历史上的不同时期,其中许多箴言被归为所罗门的作品,属于犹太文化中的"智慧文学"。其特点是以文学描述的体裁,用简洁精警的言辞来表达睿智古奥的哲理,启窦人之灵性,为人们提供教诲和忠告。

《约伯记》是包蕴哲理、深沉含蓄的文学名篇,它用义人约伯的经历来抒怀,以一种超然的审视来探讨人生苦难及其意义,提出并回答"为何义人也会受苦遭难"的问题。

《路得记》以大卫的曾祖母路得乃一摩押女子来主张犹太人可以与异族通婚,全书通过路得的故事来说明真正的宗教是超越国界的。

《耶利米哀歌》是5首哀叹耶路撒冷被毁的诗歌,传统上归为耶利米所做,其形式为古代希伯来诗歌中流行的字母顺序诗，其内容则是倾诉对耶路撒冷沦陷和犹大神权政治覆亡的悲哀与痛心，祈求获得民族的拯救与复兴。

《传道书》也是犹太“智慧文学”中的一部，其主题为“凡事皆空”，反映出犹太人经历“巴比伦之囚”后在悲观和沮丧中谈论人生的虚无，总结人生的经验，提出对人生的箴言和劝训，找寻人生之谜的真实答案。

《以斯帖记》讲述犹太美女以斯帖设法拯救流落波斯的犹太人免遭仇敌陷害谋杀的故事，用来解释犹太人确定“普珥节” 的来历，说明上帝在冥冥之中对其选民的保护和救赎。

《雅歌》又名“所罗门之歌”，传统上被归为所罗门的作品，其形式为 6 支情歌或 6 幕爱情歌剧，源自古代希伯来人的爱情诗歌。但世人对其内容则是仁者见仁、智者见智，基督宗教通常对之加以寓意性解释，认为它是上帝爱以色列人以及基督爱教会的比喻，其中以色列人或教会喻为新娘，她为新郎所爱，又紧紧追随新郎。

《但以理书》属犹太文化中的“启示文学”作品，描述了但以理及其朋友在巴比伦时所发生的事情，并以但以理“见异象”“传启示” 的方式预示了犹太人的历史发展和将来的得救。

《尼希米记》记述了犹大总督尼希米两次返乡，在耶路撒冷推行各种改革，以及对以斯拉宗教改革工作的支持。

《以斯拉记》也记载了犹太人于公元前 538 年从流放地第一次返回家乡的情景和伴随的事件，并论及犹太文士以斯拉发起的宗教改革和重建神殿活动。

《历代志上》是复述以色列人的族谱及从亚当至公元前 970 年大卫之死这段历史，以其祭司活动为重点。

《历代志下》则复述了从公元前 970 年所罗门统治直至公元前 538 年波斯王古列允许流亡巴比伦的犹太人返回耶路撒冷这段历史。

二、《新约全书》

《新约全书》共 27 卷，约 260 章，最初用希腊文写成，约在公元 1 世纪下半叶至 2 世纪末定型，于 4 世纪初确立。《新约全书》按其内容可分为“福音书”“使徒行传”“使徒书信”“启示录”四个部分。其中《帖撒罗尼迦前书》《哥林多前书》《启示录》等为最早的作品，形成于公元 50 年与 70 年之间，《彼得后书》乃最晚的作品，约于 125 年形成。

（一）福音书

“福音书”包括《马太福音》《马可福音》《路迦福音》《约翰福音》4 卷，亦称“四福音”。其中《马可福音》《马太福音》《路迦福音》因取材、结构、故事、观点大体相同而被称为“同观福音”，《约翰福音》则风格迥异，具有希腊哲学和诺斯替教派思想的烙印。

《马太福音》传为马太所写，内容是以报“福音”的方式来陈述耶稣基督的家谱、生平、教诲和对人世的拯救，其中包括重要的“登山宝训”和每个基督徒必须熟记的“主祷文”（第 6 章 9 – 13 节）。该书是基督教会中应用最广、引用最多的一卷。

《马可福音》传为约翰 · 马可所写，一般认为是“四福音”中的最早一卷，而且是《马太福音》和《路迦福音》的蓝本，全文简要叙说了拿撒勒人耶稣的生平，突出了耶稣的传教实践及其救世的业绩。

《路迦福音》传为路迦所写，其内容以预言施洗约翰的诞生为开端，详述了耶稣的诞生和生平，最后以耶稣死后复活升天结束，并特别强调了基督对罪人的仁爱及其救赎的普遍性。

《约翰福音》传为约翰所写，因深受希腊哲学的熏陶形成较为完备的神学形态而被称为“神性福音”，其内容主要以耶稣生平来强调上帝之道，宣扬“道成肉身”

耶稣受难图

的神迹。

（二）使徒行传

《使徒行传》据传为《路迦福音》的作者路迦所写，其内容与“福音书”相呼应，记载了耶稣升天后使徒们的信仰生活，主要描述了早期教会的创建，以及彼得和保罗的传教生涯。

（三）使徒书信

“使徒书信”共有21卷，前13卷被称为“保罗书信”，即《罗马人书》《哥林多前书》《哥林多后书》《加拉太书》《以弗所书》《腓立比书》《歌罗西书》《帖撒罗尼迦前书》《帖撒罗尼迦后书》《提摩太前书》《提摩太后书》《提多书》《腓利门书》。其他8卷书信为《希伯来书》《雅各布书》《彼得前书》《彼得后书》《约翰一书》《约翰二书》《约翰三书》《犹大书》。

《罗马人书》是保罗写给罗马朋友的书信，在这些书信中陈述了他对耶稣基督之福音的理解，阐明了基督教神学中的许多理论问题，并指出基督的救赎不能只限于犹太人，而应包括外邦人。

《哥林多前书》是保罗写给希腊哥林多教会的书信，以解答哥林多人提出的各种具体问题，并阐述和注释基督宗教的基本教义、伦理、律法和要仪。

《哥林多后书》是保罗访问哥林多教会后所写，以阐明自己的使徒地位，弥合该教会出现的分裂。

《加拉太书》是保罗写给加拉太基督徒的书信，以帮助其摆脱犹太教中狭隘民族主义的束缚。

《以弗所书》是保罗被囚禁在罗马时写给小亚细亚各教会的“公函”，概括了教会的本质与目的，揭示了基督教救赎的奥秘，阐述了上帝、基督和教会的神学意义。

《腓立比书》是保罗写给以异族人为主的腓立比教会之信，以勉励其按照基督的榜样来生活，使教会兴旺发达。

《歌罗西书》是保罗对歌罗西基督徒发出的警告，以防止他们被散布错误学说的假教师引入歧途。

《帖撒罗尼迦前书》是保罗写给当时马其顿省会帖撒罗尼迦教会的书信，既赞扬其在艰难之中保持了信仰，又告诫其防止对基督复临、信徒复活等教义的误解，消除教会内部的争议。

《帖撒罗尼迦后书》则是保罗为纠正帖撒罗尼迦教会关于基督即将复临之观念所写，以鼓励信徒在日常生活中抛弃惰性，坚持纯正的信仰。

《提摩太前书》是保罗所写的第一封“教牧书信”，即为教会和其负责人（教牧人员）以耶稣基督之名行使传教职责提供教义理论和传教实践上的准备。

《提摩太后书》记载的是保罗对提摩太作为福音传播者和教师而进行的工作所给予忠告与劝勉。

《提多书》是保罗写给其伴侣提多的“教务公函”，为教会监督教牧人员的资格及其行为规范提供基准和告诫。

《腓利门书》为“保罗书信”中的最后一封，乃保罗劝说已皈依基督的歌罗西城富翁腓利门领回其逃掉的奴隶，并对之以爱心相待而写。此卷常被称为“基督自由的宣言”或“教会释奴宣言”。

《希伯来书》可能为第二代保罗派教徒所著，是写给称为“希伯来人”的犹太基督徒的。全文阐述并强调了耶稣基督空前绝后的救赎意义，旨在使基督教摆脱犹太教传统的束缚。

《雅各布书》传为“耶稣的兄弟”雅各布写于耶路撒冷，行文颇有犹太“智慧文学”的风格，论及信仰、智慧、道德、宣教等方面的教诲。

《彼得前书》传为使徒彼得所写，旨在鼓励人们过圣洁的生活，以忍耐之心来经受人世的苦难，并持守对基督坚定不移的信仰。

《彼得后书》亦为托名“西门彼得”之作，旨在反对诺斯替异端学说对教会的影响，强调“真知”只能来自耶稣基督。

《约翰一书》传为使徒约翰所写，文中论及生命之道、耶稣救世的福音、光明与黑暗之争、教徒的爱心与信德等，并对诺斯替异端加以反驳。

《约翰二书》亦称约翰所写，旨在鼓励教徒坚持真理，以爱心为大，抵制任何虚假的说教与蛊惑。

《约翰三书》传为约翰所做，全文称赞了该犹，尤其是表扬他对旅人们进行的传教工作。

《犹大书》传为“耶稣基督的仆人、雅各布的弟兄犹大”所做，其内容是对基督徒提出的警告，反对那种否定基督真实人格的异端学说“幻影说”。

（四）启示录

《启示录》的作者为约翰，故称《约翰启示录》。此乃圣经中最后一卷，体现出犹太“启示文学”的典型风格，其内容是通过一系列“异象”来揭示上帝终将战胜邪恶势力、实施其末日审判，给世界带来新天新地。

第三节 基督教的核心信仰与基本礼仪

基督教各派有不少共同的信仰,例如:都信奉“三位一体”的上帝,即相信上帝是唯一的真神,而它有三个位格——圣父、圣子和圣灵。这三个位格互不混淆,但其本质相同、本体相通、神性相通,由此联结成一体,世界万物都由这一上帝所创造和主宰;都相信人类始祖亚当和夏娃因偷食“禁果”而犯了罪,这种罪世代相传,被称为“原罪”,它使整个人类陷入罪中,无法自拔;上帝爱人类,不惜派遣其爱子耶稣道成肉身,降世为人,代人受过,被钉死在十字架上,以救赎人类,人们因信基督而罪得赦免,由此得永生,因此,耶稣的降生和牺牲是上帝与人立的新约,宣告上帝与犹太人所立旧约的结束,从而带来上帝救赎全人类的福音。基督教各派教义神学基本内容都大体相似,包括上帝论、基督论、圣灵论、人论、教会论、圣事论、终极论等方面。而对这些的解释基督教各派则不尽相同,各有所侧重,有时甚至完全相左。东正教和天主教较重视圣母论,而新教则无此论。所有这些神学论证都力图阐明人与上帝的关系,而当代基督教神学则愈来愈重视阐述“上帝—人—自然”三者间的关系。

在圣礼方面,新教只有洗礼和圣餐两件,而天主教和东正教除了这两件外,还有其他圣礼。在教会建制方面,基督教各派都有较严密的组织形式,都有神职人员主持教务工作,但对神职人员所起作用的理解有所不同:在这方面,天主教和东正教比较一致,认为他们起着神与人(信徒)交往的中介作用;新教则否定这种作用,强调人人都可与上帝直接沟通,无需神职人员作中介,牧师只是起着牧导、为信众服务的作用。各派具体的组织形式也各不相同,天主教是教皇制,即教皇为全世界天主教教会的最高领袖,下设有各级主教,再下一级是神父、执事等,组成了金字塔形的教阶制,有时这种建制也称主教制,因为教皇也称罗马主教;东正教是牧首制,即由“牧首—主教—司祭”组成教阶制,但它不像天主教有自上而下的统一的世界性组织,而是基本以国家民族为单位建成各自独立的东正教会,现全世界有 19 个独立机构,君士坦丁堡的牧首享有“普世牧首”的称号;新教所包括的教派众多,各教派都自成体系,其体制复杂多样,有长老制、公理制、主教制、联邦制等等,在实施主教制的一些教派中,其主教的权限远不如天主教和东正教大,新教绝大多数教派的神职人员只有牧师,仅少数教派中有主教。此外这三派还有不少其他差别,例如:天主教神职人员不能结婚,新教的牧师(或主教)则都可以结婚,东正教主教不能结婚,但一般司祭则可以结婚等等。这些较小的差别在此不一一列举。

耶稣复活

第四节 基督教在中国的传播与发展

在历史上,基督教先后有四次大规模传入中国。第一次是在唐贞观九年(公元635年),称为景教,会昌五年(845年)唐武宗灭佛,基督教被殃及,由此基督教在中原消失。第二次是公元13世纪末至14世纪中叶的元代,称为"十字教"或"也里可温教",但随着元代的衰亡基督教也消失了。第三次是在16、17世纪的明清之际,以利玛窦为代表的一批天主教会内的耶稣会传教士来华传教,取得一定的成果,后因来华传教士中有人对利玛窦的在华传教方针进行攻击,引发了"中国礼仪之争",而罗马教廷则支持后者,导致康熙皇帝禁止基督教在华的传教活动。第四次是鸦片战争之后,基督教凭借不平等条约在华传教,引发了大量的教案和20世纪20年代的"非基运动"。与此同时,爱国的中国基督徒在20世纪初发起了中国基督教自立运动以及其后的本色化运动。新中国成立后,中国基督教会继承了这种爱国传统,切断了与外国差会的联系,发起了自治、自养、自传的"三自"革新运动,有力地推动了中国教会的本色化。

阅读材料

耶稣生平

马利亚由圣灵怀了孕,她的未婚夫约瑟为人正直,不愿意公开令她难堪,便决定暗中跟她解除婚约。这时天使向约瑟报梦让他把马利亚娶过来,并给孩子起名叫耶稣。公元前6年,耶稣诞生于伯利恒城郊的一个马棚里。

这天夜里,伯利恒郊外的几个牧羊人守护着羊群。忽然,一道白光闪过,天空亮如白昼,牧羊人吓得匍匐在地不敢抬头。一个天使对他们说,给他们报告一个特大的喜讯——伯利恒为他们生下了一位救世主,他包着布躺在马槽里,他是上帝恩许的弥赛亚。牧羊人急忙从郊外赶到伯利恒,果然见到一个包着布躺在马槽里的婴儿,他们就把天使传报的喜讯告诉了周围的人们。这就是我们所说的圣诞节的来源。

当时当政的希律王听说这个将来要做犹太人之王的耶稣降生之后,就私下派占星学家去打听耶稣的下落,这些人终于找到了耶稣,把带来的黄金、乳香等礼品献给他。占星学家们因为在梦中得到指示说不要再回去见希律王,于是就从别的路径返回家去。当希律得知自己受了占星学家的欺骗后,便怒不可遏地下令:按占星学家们指出的时间,凡是伯利恒城或其周围地区的两岁以内的孩子,全都要杀掉。

这时,天使在梦中向约瑟显灵,让他带着孩子一起逃往埃及,在那儿一直住到希律王死去。希律终于死了,天使便在埃及向约瑟梦中显灵,让他带着孩子回到以色列。他便带着耶稣回到加利利地区,在一座叫拿撒勒的城里住下。

公元27年,耶稣接受了约翰的洗礼。

公元28年春天,耶稣离开故乡往北来到迦百农,开始了自己的传教布道生涯。后来,耶稣带着自己的几个门徒在加利利的各个犹太人会堂宣传天国的福音,医治各种疾病。耶稣显示了种种神迹,使聋子康复听到声音,瞎子重见光明,瘫子行走,麻风病人洁净,赶出附在人身上做祟的各种恶鬼。这一切使耶稣的名声很快就传遍了加利利。

公元30年4月2日上午,耶稣率领众门徒向耶路撒冷进发。公元30年4月7日中午,耶稣被钉死在十字架上,上面有一块牌子,写着他的罪名,"这是犹太人的王,拿撒勒人耶稣",用拉丁文、希腊文、希伯来文3种文字写成。据说,耶稣死后第三天(公元30年4月9日)复活了,和门徒们一起生活了40天,后升天而去。

思考与练习

1. 基督教有哪三大主要派别?
2. 基督教的主要经典有哪些?
3. 基督教的基本信仰是什么?
4. 如何看待基督教在华传播中发生的"礼仪之争"。

第六章

伊斯兰教

本章要点

- 伊斯兰教由穆罕默德7世纪初创建于阿拉伯半岛，距今已有近1 400年的历史。“伊斯兰”系阿拉伯语译音，字面意思为“和平”“顺从”等，作为一种宗教，指顺从独一无二的主宰安拉。信仰伊斯兰教的人被称为“穆斯林”，意为顺从者、和平者。伊斯兰教创立不久就发生分裂，今天影响较大的教派有逊尼派、什叶派、哈瓦立及派和苏菲派等。
- 伊斯兰教坚持严格的一神论，认为安拉是唯一应受人们崇拜的神。同时，教导信徒要信仰先知、相信安拉的启示。伊斯兰教的教义还有两世论和前定论，即存在人类生活的现实世界（今世）和现世终结后的彼岸世界（后世）。两世论以相信后世存在为前提，并认为今世与后世有必然联系，提倡“两世兼顾”（或“两世并重”），以达到“两世吉庆”的目的。
- 伊斯兰教对每一个穆斯林规定的基本功修称之为“五功”，简称“念、礼、斋、课、朝”，此五功为“主命”功课，是每个穆斯林都必须履行的义务。
- 伊斯兰教的经典主要有《古兰经》和圣训。《古兰经》既是一部宗教经典，又是伊斯兰立法的首要依据。圣训是先知穆罕默德在23年传教期间发表的言论和示范行为，以及他默认的门弟子的重要言行的总称。
- 伊斯兰教兴起后不久即传入中国，传入的时间大约为我国的唐朝时期。伊斯兰教在中国经过1 300多年的发展，为回、维吾尔、哈萨克、乌兹别克、柯尔克孜、塔吉克、塔塔尔、东乡、撒拉、保安等10个少数民族所信仰，这10个少数民族的人口约2 300万。

第一节　伊斯兰教的诞生与发展

伊斯兰教兴起前的阿拉伯半岛，社会动荡不安，经济生活落后，多神崇拜盛行，各部落之间战争连绵不断，仇杀迭起，而拜占庭和波斯两大帝国对这块半岛上富饶的农业区和商道的争夺，更加剧了阿拉伯社会的动荡。当时的阿拉伯半岛面临严重的社会危机，人们普遍希望打破部落和氏族间的壁垒，消除相互间的仇杀，实现政治统一和社会安宁。伊斯兰教正是适应这种特殊历史的需要在阿拉伯半岛西部地区应运而生的。

一、伊斯兰教的创始人——穆罕默德

伊斯兰教的创始人穆罕默德于570年出生于麦加古莱什部落哈申家族，父母早丧，他12岁便随伯父艾布·塔利卜出外经商，曾随商队到过叙利亚、巴勒斯坦等地。他25岁时与海底彻结婚，婚后经济状况大为改善，使他有更多的时间和精力去思考一系列的社会问题。他开始对阿拉伯人因贫困活埋女婴、虐待妇女和奴隶等恶习感到不安，对好强斗勇、掠夺仇杀等蒙昧迷信的行为感到愤恨。他常在僻静处沉思，最常去的一个地方，就是后来著名的希拉山洞。此山洞位于麦加郊外的希拉山上，他每年定期到那里静居隐修，求索人生的真谛。约在610年的一天夜晚，他在希拉山洞里突然接到了天启——他听到一个声音命令他宣读“你当奉你的创造主的名义而宣读，他曾用血块创造人。你应当宣读，你的主是最尊严的，他曾教人用笔写字，他曾教人以人所未知”(《古兰经》第96章第1－5节)。时年40岁的穆罕默德，从此以“安拉使者”的身份，开始了他的宣教生涯。

（一）麦加时期

麦加时期(610—622)，穆罕默德的宣教活动是秘密进行的。他号召人们放弃多神崇拜，只崇拜唯一神安拉。他宣称，他是安拉从阿拉伯人中选派的使者和先知，除了安拉外再没有神，安拉是独一的，是宇宙万物的创造者和主宰者；将来会有一个审判的日子，服从安拉命令者将入天园，违抗其命令者将下火狱。几年后，穆罕默德的宣教活动由秘密转向公开，经过不懈努力，信仰者穆斯林日益增多。麦加统治阶层的古莱什部落的某些成员，从一开始就反对穆罕默德宣传。起初他们认为这是一种异端邪说，不屑一顾，对穆罕默德是“安拉的使者”的说法嗤之以鼻，并对其追随者加以斥责。但当穆斯林人数与日俱增时，他们对穆罕默德及其追随者由攻击、嘲笑和刁难变为迫害，尤其在麦加贵族中颇有影响的人物欧麦尔皈依伊斯兰教，更使麦加贵族感到恐慌和不安，迫害也由此加剧。622 年 9 月初，穆罕默德历经艰险，成功地避开了麦加贵族对他的追杀，于 9 月 24 日抵达叶斯里卜，受到当地居民的热烈欢迎。叶斯里卜城从此改称为"麦地那 · 纳比"（意即先知之城）。这一迁徙是伊斯兰教发展史上一次重大的战略转移，被称为"希吉莱"。17 年之后，第二任哈里发欧麦尔将这一年定为伊斯兰教教历纪元元年。

（二）麦地那时期

先知穆罕默德迁到麦地那后，把军事、经济和宗教结合起来，而不是以部落血缘为纽带，同时积极倡导"穆斯林兄弟"的精神，加强内部凝聚力。从此，伊斯兰教的传播进入一个新时期——麦地那时期（622—633 年）。

麦地那穆斯林政权建立后，麦加贵族经常侵扰麦地那周围地区，为了反击麦加贵族的侵袭，穆罕默德决定组织穆斯林武装进行"圣战"。经过一系列斗争，最终穆罕默德率领的穆斯林武装征服了麦加。

征服麦加后，在侯奈因山谷一战中，穆斯林武装粉碎了多神教部落的联合进攻，接着又挥兵北上，与北部的基督教部落和犹太部落签订和约，同意以缴纳人丁税为条件，换取保持原来的信仰。由于这次军事行动没有发生大规模流血冲突，史称"和平之战"。当先知穆罕默德率军返回麦地那时，声威大震，沿途许多部落纷纷皈依伊斯兰教，甚至遥远的阿曼、哈达拉毛和也门等地都派来代表团表示皈信伊斯兰教，这一年史称"代表团年"。630 年，先知率众赴麦加朝觐，发表著名的辞朝讲演，其中包括一段启示说："今天，我已成全你们的宗教，我已完成我所赐你们的恩典，我已选择伊斯兰教作为你们的宗教。"（《古兰经》5:3）辞朝后返回麦地那不久，先知便染病不起，于 632 年 6 月 8 日归真，享年 63 岁。

至此，先知穆罕默德的传教使命基本完成，伊斯兰教开始传遍整个阿拉伯半岛。伊斯兰教的兴起与传播成功地解决了当时半岛上的社会危机，使四分五裂的阿拉伯民族团结成为一个整体，统一在伊斯兰旗帜之下，进而跃入世界文明民族之林，为日后阿拉伯民族的进步、伊斯兰文明的发展奠定了坚实的基础。

二、伊斯兰教的发展

先知穆罕默德去世后，艾布 · 伯克尔被推选为第一任哈里发。艾布 · 伯克尔之后由欧麦尔、奥斯曼、阿里三人先后继任哈里发，史称"正统哈里发时期"（632—661 年）。这个时期，他们平息了阿拉伯半岛上的反叛活动，进行了大规模的对外征战。由于哈里发国家对新征服地区,实行以缴纳低于拜占庭帝国时期税赋的人丁税为条件的宗教信仰自由政策,大量被征服地区的居民纷纷改信伊斯兰教,当地上层显贵为维护自身利益,也皈依伊斯兰教。随着这一时期对外征战活动的展开,伊斯兰教冲出阿拉伯半岛,成为世界性宗教。

耶路撒冷圣殿山上的萨赫莱清真寺(传说是穆罕默德踏石登天的地方)

661 年,第四任哈里发阿里遇刺身亡,出身于伍麦叶族的叙利亚总督穆阿维叶夺得哈里发职位,并把哈里发选举制改为世袭制。从此,哈里发国家变为世袭的君主制国家。伍麦叶王朝(661—750 年)发动了更大规模的对外征战。到 8 世纪中叶,阿拉伯帝国最后形成,疆域东起印度河流域,西临大西洋,北至里海,南抵撒哈拉,成为一个横跨欧、亚、非三大洲的大帝国。帝国对新征服地区居民的宗教信仰采取宽容政策,同时,伊斯兰教教义简单,没有严格的教阶制,易为广大群众理解和接受,因此,伊斯兰教在新的地区得到了迅速的传播,穆斯林人数急剧增加。

阿拔斯王朝时期,政治局面安定,经济发展。在这样一个和平安定的环境中,以阿拉伯语为基础,由信仰伊斯兰教各民族共同创造的伊斯兰文化出现了前所未有的黄金时代。在学术领域内,百花齐放,争妍斗奇。穆斯林学者们翻译和研究古代希腊、罗马、叙利亚、波斯及印度的文化遗产,进一步丰富和拓宽了伊斯兰文化的内涵。古兰经注学、圣训学、教义学、教法学等都有很大的发展,并形成了不同的学派。同时,在哲学、医学、数学、天文学、化学、地理学、文学、历史等自然科学和人文科学等方面人才辈出,成就辉煌。同时,由政治主张和宗教学说的差异产生了带有政治性质的教派。由于长期和平繁荣的生活,统治者中滋生出奢侈享乐之风,政治日趋腐败。9 世纪中叶后，帝国衰落，最终彻底覆灭。虽然伊斯兰教的哈里发国家已不复存在，但伊斯兰教的传播并未因此而停止，伊斯兰教仍在不断地向各地传播。

此后的奥斯曼帝国以及莫卧尔帝国时期，伊斯兰教再一次大规模传播。

除了上面所讲述的伊斯兰教的发展外，在伊斯兰教传播较晚的一些地区，构成了伊斯兰教世界的“外围”或“边缘”地区。其中最重要的是西非、东非、东南亚等地区，伊斯兰教在这些地区的传播，经历了一个漫长的历史过程。在西非和中非，自 8 世纪就有穆斯林商人、学者和传教士自北非穿越撒哈拉沙漠，把伊斯兰教传入当地部落，但直到 17 世纪后才有较大的发展。在东非，伊斯兰教的传入比西非要早得多，阿拉伯商人与东非的商业贸易原本十分频繁，而在伊斯兰教兴起后也从未中断，19 世纪后半叶在东非获得进一步的发展并产生了斯瓦西利语（这种语言带有大量的阿拉伯语），这对伊斯兰教在非洲的进一步传播起到了不可低估的作用。伊斯兰教传入南非则得力于印度和马来半岛的穆斯林移民。伊斯兰教在东南亚的传播，主要是穆斯林商人活动的成果。除此之外，公元 20 世纪以来，伊斯兰教主要通过移民、劳工、商业贸易等活动传入西欧、北美、南美和日本、朝鲜等地。

三、伊斯兰教的诸教派

先知穆罕默德所建立的伊斯兰社会统一局面持续不到四分之一世纪，便出现分裂，第三任哈里发奥斯曼遇害后，穆斯林因哈里发问题发生分歧，出现内讧，第四任哈里发阿里执政期间，纷争不断，导致内战，于是造成伊斯兰教的第一次大分裂，随之出现了一些教派。延续至今并影响较大的有逊尼派、什叶派、哈瓦立及派和苏非派等。

逊尼派全称“逊尼和大众派”。逊尼派历来是伊斯兰教中人数最多的一派，约占世界穆斯林人口总数的 90% 左右。“逊尼”系阿拉伯文译音，意指先知穆罕默德的道路和教训，故该派被认为是伊斯兰教正统派。由于该派在政治上拥护现有的统治秩序，曾得到历代哈里发的承认和支持，故有“主流派”之称。在宗教上它尊崇《古兰经》的神圣地位，认为它是天启语言，为立法和解决一切问题的首要依据；同时强调《圣训》是立法、立论的第二位依据，也是穆斯林的言行标准。逊尼派在同哈瓦立及派、什叶派的斗争过程中，建立了自己的政治思想体系，后来又在同反伊斯兰教正统思想的各种学说斗争中建立并完善了自己的神学、哲学和教法学的体系。随着哈里发国家的衰落，该派逐渐从最初的政治派别转变为宗教派别。逊尼派中在教法学上基于对宗教功修和解决社会问题的不同意见又形成四个学派：哈乃裴学派、沙斐仪学派、马立克学派、罕百里学派。

什叶派是伊斯兰教第二大教派。它是在第四任哈里发被刺后争夺哈里发职位的斗争中，拥护阿里后裔为哈里发的穆斯林与夺得哈里发地位的当政者之间的对抗中形成的。什叶派的形成经历了一个漫长的历史过程，后在发展过程中，逐渐形成有别于逊尼派的神学、教法学及圣训。但什叶派内部并不统一，曾分裂为许多支派，主要有：十二伊玛目派、栽德派、伊斯玛仪派等。什叶派在伊斯兰世界有着较广泛的影响，特别是在伊朗，十二伊玛目派占主导地位，其人数约占该国人口总数的90%以上。

艾巴德派亦称“易巴德派”，伊斯兰教其他各派历来将此派列为哈瓦立及派的一支。该派在神学主张上近似逊尼派。在教法学方面主张以经训和“公议”为立法依据，但奉行变通、易行的原则。该派的思想家和学者多为阿曼人，其思想主要在阿曼等地流传。

严格地说，苏菲派不是一种教派，而是7世纪末8世纪初产生于伊拉克南部的一种伊斯兰神秘主义哲学思想。禁欲主义、安神思想及印度的神秘思想对苏菲主义产生了很大的影响。苏菲主义首先认为伊斯兰教法只能约束人们的外在行为，而不能激发人们向往安拉、亲近安拉的自觉性，因此，必须用修道方式净化人们的心灵，调动人们内在的宗教热忱。其次认为安拉不仅是伟大的造物主，而且是永恒的美，因此，人们要通过发自内心无私的真情去热爱、向往、亲近安拉，追求安拉的爱，从而实现爱者与被爱者融合的最高境界。再次是崇拜贤者（亦译为圣徒崇拜），苏菲主义认为有必要在人与安拉之间建立中介，因而就需要有人通过艰苦修行净化心灵，脱离尘世污染，接受安拉的“真知”，达到显示“贤微”的品位，成为贤者，并由他们充当这种中介。

经过两三个世纪的发展，苏菲主义又陆续建立起了自己的特殊组织门宦（即道门，也译为教团），各个门宦都以其创始人命名，各门宦有自己的领袖、信仰以及独特的活动仪式，但也有一些共同的特点。

在历史上有一定影响并且流传至今的门宦主要有：卡迪里耶、毛拉维耶、纳格什班迪耶、库布热维耶、白克塔西耶、沙兹里耶和提加尼耶等。每个门宦在发展过程中，又分化出一些小的支系。我国西北各省的伊斯兰教门宦多是源于卡迪里耶和纳格什班迪耶等门宦，同时又受到中国传统文化的影响而有自己的特色。

第二节 伊斯兰教的基本信条

先知穆罕默德传教初期,在麦加传达安拉的启示说:“你们的神是唯一的”,“除了安拉外,再没有神”,以此强调崇拜唯一神安拉的基本信仰。此后通过与多神教、犹太教及基督教在神学问题上的争论,这一基本信仰进一步得到完善,后在麦地那接受的一段启示中明确地提出:信安拉、信大使、信启示、信众先知和信末日(中国穆斯林称此为五大信纲)。伊斯兰教的神学家根据《古兰经》有关经文的精神和圣训明文,提出“信前定”为第六项信仰,故又有“六大信纲”之说。现将这六项信纲归纳为以下六个论点加以说明。

一、唯一神论

伊斯兰教坚持严格的一神论,认为安拉是唯一应受人们崇拜的神。安拉系阿拉伯语的音译,是古代闪族人对造物主的称呼。伊斯兰教继承了这一称呼,并确认安拉是宇宙的最高主宰。中国回族穆斯林将其译称为“真主”。波斯语、乌尔都语和突厥语称安拉为“胡达”(意为“自有者”)。伊斯兰教认为:①安拉是独一而固有的真实存在,不是抽象的概念;②安拉是万能的,具有绝对的权威,天地万物的创造、日月星辰的运行、昼夜的往复、风雨雷电的发生、动植物的生长等自然现象以及人类的产生和繁衍、人生的富贵贫贱和人类社会发展演变等现象,无一不是安拉的意志所决定;③安拉是永恒的,先于万有而存在,万有毁灭之后仍存在,“前无始,后无终”,“任何东西都要消亡,而安拉的本体永存不灭”;④安拉是绝对完美,“任何东西都不与他相似”,因而不能用形象描述他,不能为他造像、设像和画像;⑤安拉造化了人类并赐予了其理性,使他们优于其他被造物,并为人类创造世间的一切,因而人们不仅要信仰安拉,顺从他的意旨,而且要崇拜他。

二、造化论

这是在相信安拉具有固有的创造性的基础上产生的一种认识。伊斯兰教认为,无论是宇宙的形成还是人类的产生,均不是偶然的巧合或自然的机缘,而是安拉意欲造化的必然结果。因而伊斯兰教倡导人们观察人类的自身、观察宇宙万象及其奥妙变幻,以认识安拉的存在及其所具有的伟大能力。

三、先知论

信仰先知是古代闪米特人的宗教思想内容之一,伊斯兰教继承和发展了这一思想,认为安拉为引导与劝诫世人摆脱苦难与邪恶,在不同的时代、不同的地区对不同的民族,派遣一些受其恩宠的人作为先知(也称“安拉的使者”,中国穆斯林也译“圣人”)在本民族中传达安拉的启示,并引导人们弃恶从善、遵循正道、信仰一神安拉。所有先知均是由安拉从人类中挑选出的品格完美且节操高尚的优秀者,他们忠于自己的使命,决不违背安拉的命令,是可以信赖的。先知虽为安拉所选之优秀者、劝诫者和报喜者,备受人们的尊敬和爱戴,却无资格受到人们的崇拜。

伊斯兰教既号召人信仰安拉所派遣的所有先知,同时指出其他先知的使命已经结束,而穆罕默德的使命是针对全人类的,他不仅是继承以往先知使命、集众先知之大成者,而且是安拉派给世人的“封印至圣”,即最后先知。伊斯兰教认为,以任何方式否认穆罕默德“封印先知”地位者都不是穆斯林。

四、启示论

伊斯兰教所说的启示(也译为“默示”)是指安拉以特殊而隐微的方式教给他所选择的先知以宗教原则和治世济人的知识。安拉在不同时期选派过许多先知,他们根据安拉的启示救人于苦难,导人于正道。伊斯兰教传说先知有12.4万之多,但接受启示的人为数不多,《古兰经》只提到了降给易卜拉欣的经典、降给穆萨的《讨拉特》、降给达吾德的《则甫尔》、降给尔萨的《引吉勒》和降给穆罕默德的《古兰经》。启示的集录被称为“天启经典”或“天经”,统称“经典”。“信仰经典”就是信仰它的天启神圣性。天启经典虽多,但在主张一神论这一点上是一脉相承的,“后降之启示是证实先降之启示的”。启示论与先知论相辅相成,密切关联,同为伊斯兰教神学思想的重要内容。

启示论虽承认《古兰经》及其之前所降的一切启示,但《古兰经》说,已往的启示有的业已失传,如易卜拉欣的经典;有的被遗忘、“隐瞒”或遭篡改,已失原貌,如《讨拉特》《引吉勒》等。只有《古兰经》是证实前经、包容前经的,并且“受安拉之保护不会变更”。因此,启示论的核心就是信仰《古兰经》为安拉的语言。

五、两世论

“两世”,即指人类生活的现实世界(今世)和现世终结后的彼岸世界(后世)。

两世论以相信后世存在为前提，并认为今世与后世有必然联系，提倡“两世兼顾”（或“两世并重”），以达到“两世吉庆”的目的。

伊斯兰教认为，人类生命并不以死亡为终结，死亡只是今世生活的了结，在今世生活结束后，还有一个与之完全不同的后世生活。今世生活是人类生活的必经之路，是通向后世生活的桥梁，而后世生活是人类生活的必然归宿，是今世生活追求的目标。因此，要求人们在今世生活中勤奋耕耘，努力进取，积极创造物质和精神财富，建设安定、和平的生活。只有今世的物质生活具有一定保证时才能有条件追求后世的精神生活，所以今世生活又是后世生活的基础。正如圣训所说：“今世乃为后世的栽种之场所。”因此，伊斯兰教反对出家、禁欲与苦行，对今世生活坚持积极进取的态度，并允许人类满足自身的各种正当欲望。

伊斯兰教还认为，今世生活是“短暂的”，后世生活才是“最好和最永久的”，是“人类的最终归宿”，反对依恋今世生活和沉迷浮华享受，并告诫人们不要因今世享受而忘却追求后世生活的努力。伊斯兰教同时严禁因企盼后世或因今世的苦难、失败、挫折而消沉堕落甚至轻生自杀，主张生死、苦乐“唯有主命”，鼓励人们应以坚韧、虔诚信主、勇于牺牲、乐于奉献的态度对待现实，同时怀着“恐惧与希望”的心情迎接后世的来临。

六、前定论

“前定”就是认为“安拉在万象未显之前预定了万事万物的有，并预定这些事物在一定时间、以一定形式、按一定数量而发生”，并相信这是由安拉意志决定的必然，人类的意志无法改变。《古兰经》在提到伊斯兰教的五项信纲时，没有直接提到“信前定”的问题，将它列为伊斯兰教的信纲，是根据《古兰经》中有关精神和圣训而定的。

人类的善恶行为，是否全属安拉前定，伊斯兰教的神学家意见不一。

绝对前定论者强调《古兰经》中安拉创造一切、预定一切的内容，认为人的一切，包括富贵贫贱、生死存亡、凶吉祸福、美丑善恶，甚至人的一言一行，皆不出安拉的预定，因此说人类的行为是受制被动的，宛若空中飘浮的羽毛无任何自由可言。人类犯罪也属前定，不必由己负责。此派被称为“被迫论者”，也称“定命论者”。

同时还有一些人主张相对前定，他们根据《古兰经》中有关每个人都要为自己行为负责，行善者有赏、作恶者受罚的经文内容，强调人类在总的前定范围内有选择自己行为的自由。他们反对“被迫论”,主张安拉创造了人类的意志,同时给人类以意志自由。人类犯罪是自取的,安拉惩罚其罪行是公道的。这部分人被称为反宿命论的“能动论者”,也称“自由论者”。

自称为“逊尼大众派”的学者兼顾经训中关于前定思想中的相对与绝对论者们提出:在信仰安拉是万事万物的创造者和定夺者的同时,承认人类有意志和行为的自由。人类可以运用安拉给予自己的理智判断善恶,选择正道,每个人都要对自己的言行负责,因而行善有赏,作恶受罚。安拉前定是绝对的,人的自由是相对的,“前定如大海,自由如舟楫”。他们认为,信仰前定能使人在受挫折或不幸时自我慰藉,而不致暴戾或气馁,有助于渡过难关;同时能使人在顺利和取得意外成功时相信此乃安拉之默默预定,不致使人得意忘形,忘乎所以。相信人有行为自由便是承认人的主观能动性,要求人们发挥这种能动性,凡属有益之事要尽自己的努力求得预期的结果,不能完全听天由命。

第三节　伊斯兰教的礼仪

伊斯兰教要求人们信仰并服从安拉,从心灵深处感觉到安拉的存在和伟大,同时要求在行为上表现出对安拉意志的服从,须履行一定的宗教功修,把信仰同行为的实践结合起来。伊斯兰教认为,信仰若无实践的支撑,便失去了活力。伊斯兰教对每一个穆斯林规定的基本功修称之为“五功”,简称“念、礼、斋、课、朝”,此五功为“主命”功课,是每个穆斯林都必须履行的义务。

一、念功

这是穆斯林心存安拉和非穆斯林立誓皈依的一种方式。所诵念的内容是“除了安拉,再没有神,穆罕默德是安拉的使者”(简称“清真言”),以及“我做证除了安拉,再没有神;我做证穆罕默德是安拉的奴仆和使者”(简称“做证词”)。“清真言”和“做证词”不只是新入教者必须宣读的誓词,每个穆斯林须经常诵读,以表示对自己信仰的重新肯定和加深。

二、拜功

这是穆斯林身体力行的主要功修之一。《古兰经》多次强调拜功对穆斯林的重要意义和作用。履行拜功前必须进行沐浴,取得身心上的洁净。沐浴有“大净”

据，于是出现了搜集、传述圣训的活动。而这个时期，也是哈里发国家政治、教派、氏族斗争甚为剧烈，各种学说最为活跃的时代，各种势力和思想均企图借助先知圣训来标榜自己的主张或行为是正确的，随之也出现了借先知名义伪造“圣训”的现象。加上先知去世年代已久，人们的记忆逐渐模糊，口头辗转相传的圣训不免发生差讹，这就给辨别圣训真伪造成了很大的困难。为了保存真圣训并防止假圣训进一步扩大，8 世纪初，伍麦叶王朝哈里发欧麦尔二世（717—720 年）命人开始辑录、整理、汇集圣训的工作。最早辑录成书的是教法学家马立克·本·艾奈斯辑录的《穆宛塔圣训集》，这是 8 世纪中叶的事。到了 9 世纪才陆续出现了较多的圣训集，其中以逊尼派的“六大圣训集”最有权威性。同时，什叶派注重收集阿里及其后裔所传述的圣训，他们辑录的圣训集，其中最著名的有“四大圣训集”，亦称“四圣书”。此外，艾巴德派的《穆斯奈德圣训实录》亦相当出名。

圣训是对《古兰经》的阐释和发展，所以每一种著名圣训实录的内容都相当广泛，既包括关于对伊斯兰教信条、功修、道德修养、生活规范、家庭婚姻、学习知识等问题的具体解释和论述，也包括关于政权、军事、经济和民事、司法等方面问题的论述，同时还包括关于创世、古代圣贤人物传说以及穆罕默德本人及部分弟子事迹的记载，所以圣训集既是伊斯兰教的重要典籍，也是研究伊斯兰教不可不读的文献。

第五节 伊斯兰教在中国的传播与发展

一、传入的时间标志

伊斯兰教兴起后不久即传入中国，传入的具体时间史料并无确切记载，历来说法不一。据《旧唐书》载，永徽二年（651 年），大食国遣使来唐朝贡，于是，中国伊斯兰教研究者多以此年为伊斯兰教开始进入中国的标志。据考，实际传入时间比这要晚。天宝十年（751 年），唐朝军队在中亚怛罗斯之战中为阿拉伯军队所败，被俘人员杜环在阿拉伯境内漫游 10 年，回国后写了一本《经行纪》（该书已佚，作者之叔杜佑在《通典》中曾转录其中一部分），将伊斯兰教称为“大食法”，此为迄今所见最早介绍伊斯兰教的史料。

二、穆斯林蕃客

伊斯兰教在中国的传播经历了一个渐进的过程，是伴随着通商贸易的发展逐渐展开的。信仰伊斯兰教的阿拉伯和波斯商人陆续由海陆两路来华。走海路的由波斯湾经阿拉伯半岛到达广州、泉州和杭州等港口城市，走陆路的从阿拉伯半岛经西南亚和中亚到新疆天山南北进而达长安。自唐永徽二年(651 年)至贞元十四年(798 年)的 147 年间，大食国以朝贡使者名义来华经商者达 37 次之多，在宋代自开宝元年(968 年)至南宋乾道元年(1165 年)的 200 余年间，这类朝贡使者多达 49 次。这些记载说明当时哈里发国家同中国官方的友好往来是相当频繁的。这些来华朝贡的使者中大部分为商人，也有传教士，他们被指定在长安、广州、泉州、杭州、扬州等地居住，其中有些人与当地人结婚，永留不归，被称为"蕃客"。中国朝廷选择其中德高望重者任"蕃长"，负责管理他们的日常生活和宗教事务。他们在住地修建清真寺，进行宗教活动，并建有自己的墓地。在长期居留过程中，他们逐渐成为中国早期的穆斯林群体。

在泉州城东郊绿荫浓浓的灵山上，安眠着两位阿拉伯穆斯林先贤。相传他们于唐初来这里传教，后来卒葬此山，因夜发灵光，被泉州人尊称为"圣墓"，即"西方圣人之墓"的意思，山也因此名之为"灵山"。这是伊斯兰教传入中国最早的史迹之一，也是伊斯兰教世界现存最古老的墓葬文物之一。

三、元时伊斯兰教的传播

伊斯兰教通过通商和外交途径开始传入中国，但唐天宝年间为平定安禄山之乱借来的回纥兵留居内地和成吉思汗西征引入大批穆斯林似与战争有关。12 世纪末 13 世纪初,成吉思汗建立蒙古汗国后,进行了持续近半个世纪的西征,后回师东征中原,迫使中亚居民和波斯、阿拉伯人充当士兵和工匠,并被编成庞大的“西域亲军”,东迁到中国各地。同时,由于当时与中亚各国的边境开放,陆路交通畅通,西亚、中亚穆斯林商人大量来华,与元军中的穆斯林一起,同汉、维吾尔、蒙古等族人民相处杂居,当时统称“回回”。随后,这些穆斯林多定居中国,“皆以中原为家,江南尤多”,故《明史·撒马尔传》中有“元时回回遍天下”之说。至此,伊斯兰教在中国扎下了根。

四、伊斯兰教在新疆取得主导地位

伊斯兰教在新疆的广泛传播得力于 10 世纪建立的喀拉汗王朝和 14 世纪建立的东察合台汗国。喀拉汗王朝第三代君主沙图克早年皈依伊斯兰教,并在王族中传播该教,即汗位后,迁都于喀什噶尔(即今喀什),取号布格拉汗,在南疆大力推广伊斯兰教。其子穆萨·阿尔斯兰汗继续推行伊斯兰教政策,宣布伊斯兰教为国教,实行伊斯兰教法。从此,使伊斯兰教分南北两路向内地传播。南路沿大戈壁入叶尔羌(今莎车)向东伸展,北路传播到阿克苏和库车,进而在新疆得到广泛传播。在 13 世纪初该王朝衰落之际,成吉思汗第七世孙图赫鲁·帖木儿皈依了伊斯兰教后,在北疆建立了东察合台汗国,并下令其部属臣民改宗,曾有 16 万蒙古人同时改信伊斯兰教。他的后继者继续奉行其政策达两个多世纪,使伊斯兰教在新疆取代佛教成为占主导地位的宗教。

五、从明代到民国时期的发展

明朝时期,以唐宋时的蕃客、元时的色目人为基础,以伊斯兰教为纽带,不断融合改信伊斯兰教的维吾尔、汉、蒙古等民族成员,形成了一个新的回回民族(简称为回族)。回族的形成,更进一步促进了伊斯兰教在中国的继续传播与发展。清真寺普遍建立,经堂教育出现,用汉文介绍伊斯兰教的经籍,以及维吾尔、哈萨克民族全部皈依伊斯兰教,是该教在明朝取得发展的重要表现。

清朝建立后,前期的几代统治者对“华夷之别”一类观念极为敏感,尤其对明朝以来出现的大汉族主义保持一定戒心,故对少数民族的宗教信仰和传统习惯采取尊重和宽容的态度,允许伊斯兰教存在和发展。清朝中后期,由于朝廷腐败,社会矛盾激化,有些地方官吏利用回教派系之争和回汉个人纠纷,煽起民族矛盾,先后引发了 17 世纪和 18 世纪陕、甘、滇等地穆斯林的反清起义,结果数以百万计的穆斯林被逐出家园，流离失所，从而使这些地方的穆斯林蒙受惨重的损失。

辛亥革命时期及其后的民国时期，政府对伊斯兰教的存在和穆斯林习俗都表示认可和尊重。穆斯林在民主革命斗争和反抗外侮战斗中做出了自己的贡献，从而在政治舞台上形成了一支力量，他们在各地开始兴办教育，普及文化，建立回教文化团体，促进内部联系和团结，出版经籍和报刊，宣传伊斯兰文化，从而使伊斯兰教的发展具有了时代的特点。

六、新中国带来的新局面

新中国成立后，我国穆斯林同全国人民一样从“三座大山”的压迫下解放出来，在政治上实现了平等，积极参加社会主义建设，成为国家的主人。在党和政府宗教信仰自由政策的指引下，伊斯兰教得到相应的发展。目前，全国大小清真寺有34 000余座，兴建了9所伊斯兰教经学院培养宗教后继人才，在清真寺和经学院内学习的人数达2万多。除建国初期建立的全国性伊斯兰组织——中国伊斯兰教协会外，还陆续成立了26个省级伊斯兰教协会和400个县级伊斯兰教协会，协助政府贯彻宗教政策管理伊斯兰事务。可以说，这是中国伊斯兰教史上最好的时期之一。

新疆艾提尕尔清真寺

这座清真寺坐落在喀什市中心，是新疆最大的伊斯兰教礼拜寺。此寺始建于15世纪中叶，现在的规模是于18世纪中叶后逐渐形成的，由礼拜寺、讲经堂、回廊、门楼和一些附属建筑物组成。大殿可供4 000人同时做礼拜。大门楼高12米，两侧分别有18米高的砖塔，塔身色彩艳丽，图案美观。清真寺整体建筑肃穆宏伟，充分体现了伊斯兰教寺院建筑的艺术风格。

伊斯兰教在中国经过1 300多年的发展，为回、维吾尔、哈萨克、乌兹别克、柯尔克孜、塔吉克、塔塔尔、东乡、撒拉、保安等10个少数民族所信奉，这10个少数民族的人口为2 300万，其中回族和维吾尔族人口较多。伊斯兰教的文化思想及教义教规对这些民族的历史、文化思想、伦理道德、心理状态和生活方式均产生过深远的影响，特别是对回族、东乡族、撒拉族和保安族来说，没有伊斯兰文化就没有这些民族的自身文化。另外，在汉、蒙古、藏等民族中，也有少部分人群信仰伊斯兰教。伊斯兰教传入中国后，不同程度地受到中国传统文化的影响，为了适应不断发展变化的中国社会，形成了具有中国文化特色的支派和门宦。因而可以说，伊斯兰教的传播不仅是一种宗教的传播，也是一种文化思想的交流和传播。

阅读材料

伊斯兰教的古尔邦节

古尔邦节亦称“宰牲节”“牺牲节”“忠孝节”，是伊斯兰教的重大节日之一。“古尔邦”是阿拉伯语，原意是献牲，“宰牲节”是其意译，时间为伊斯兰教历的12月10日。此节日是根据古代阿拉伯地区的宗教传说演变而来的。

传说4 000多年前，阿拉伯人易卜拉欣为了感谢真主的恩赐（老来得子），常常宰牛、羊和骆驼献祭。真主为了考验易卜拉欣的忠诚，在夜里降梦给易卜拉欣，叫易卜拉欣宰杀自己的儿子献祭。易卜拉欣毫不犹豫地照办了。在他要用刀子割断亲生儿子伊斯玛仪的喉管时，真主便派使者用一只黑头绵羊替代了伊斯玛仪。从此古阿拉伯人便形成每年宰牲献祭的风俗。

现在，古尔邦节成为伊斯兰民族最重大的节日之一。节前，家家户户都要打扫庭院，制作节日食品，如油香、馓子等各种油炸果子，为节日期间来家里贺节的亲朋好友和远方的来客准备好充足的美食。

节日拂晓，人们起床沐浴，燃香，然后衣冠严整地到清真寺去参加会礼，去时还在沿途诵经赞主。会礼结束后，还有扫墓、赛马等活动，当然最重要的是宰牲仪式。凡家境好一点的都要宰一只羊，有的还宰牛或骆驼。所宰牲畜必须头角端正、体格健壮，没有任何缺陷。经挑选的宰牲若是幼畜，羊羔一般须满两岁，牛犊、骆驼羔一般须满三岁。宰牲时其主人必须在场，并由阿訇念“清真言”。所宰之肉分三份，一份自己食用；一份送亲友邻居，招待客人；一份济贫施舍。如今随着生活的普遍提高,“施舍”趋于淡化,但是,对来家里拜访的客人,仍然热情款待,端出大块的清炖羊肉请客人吃。宰牲典礼结束后,开始访亲问友,馈赠油香,主人按照传统礼节,摆出宴席,同食牛羊肉、糕点和瓜果等。即使素不相识的人到来,也十分热情地招待。

思考与练习

1.“伊斯兰”和“穆斯林”的词义是什么?

2.伊斯兰教的基本信条有哪些?

3.伊斯兰教有哪些主要经典?

4.伊斯兰教怎样看待今生和来世的关系?

5.伊斯兰教的主要礼仪有哪些?

6.简述中国回族的形成。

第七章

印度教

本章要点

- 印度教是世界上最古老的宗教之一,它是从印度古代的婆罗门教转变而来的,所以印度教又叫新婆罗门教。印度教在长期的发展过程中,由于信仰的主神不同,形成了很多不同的教派,但总体而言,印度教的基本教派是毗湿奴派、湿婆派和从湿婆派中分出来的性力派,这三个教派从中世纪至今一直占主导地位。
- 种姓制度是印度教社会特有的等级制度。这一制度把人划分成四个等级,即婆罗门(神职人员和知识分子)、刹帝利(武士和国家管理者)、吠舍(工商业者)、首陀罗(工匠和奴隶)。除了这四个等级外还有一个"贱民"阶层,即不可接触者,实际上是第五个等级。种姓制度是以明显的等级差别和种姓歧视为特征的,这些差别和歧视表现在职业、婚姻、法律、宗教礼仪和日常生活的各个方面。
- 印度教教派林立,但仍然有一些被公认的教义和信仰,比如敬神、梵我同一、业报轮回及其解脱、承认吠陀的权威等。
- 印度教始终强调祭祀的功效,印度教的祭祀方式大致分为公共和家庭两个方面。印度教的节日繁多。
- 印度教大约在公元前后传播到东南亚的缅甸、印度尼西亚等国,但是在后来的发展历史中,印度教在东南亚各国逐渐退居到次要的位置上。印度教的瑜伽术大约在4世纪传入中国汉族地区,对佛教、武术以及民间的气功术都产生过影响。19世纪后半叶以来,印度教在欧美的传播也越来越广泛,到20世纪60年代,印度教在欧美的传播逐渐达到高潮。

第一节　印度教的起源和发展

一、印度教的起源

印度文明对世界文明的发展做出过重要贡献。印度教是世界上最古老的宗教之一。大约在公元前4000年至公元前1500年中，在人类文明的几大发源地都相继产生了以崇拜自然神为主的古代宗教，如北非尼罗河流域的古埃及宗教、西亚底格里斯河和幼发拉底河流域的美索不达米亚宗教、南亚印度河流域的印度教等。除印度教之外，其他这些宗教由于各种历史的原因现今大都已消失或绝迹。

在以上世界最古老的宗教中，只有印度教历经磨难和数千年风雨一直延续至今。印度教并不像世界上很多其他的宗教有一位创教者，也没有一位可认定的救主，它是在婆罗门教的基础上吸收了印度民间信仰、佛教等的因素发展起来的一系列宗教信仰。它产生于公元前15世纪左右的梨俱吠陀时代，此后经历许多次其他宗教和外来势力的挑战和冲击，但每次都能够抵御住这些冲击，渡过难关，使自己顽强地生存下来。印度教又叫新婆罗门教，从这里可以看出，印度教是从旧婆罗门教演变而来的，追溯旧婆罗门教的来源，就可以追溯到印度教的来源。

在印度这个古老的土地上，早在公元前3000年前，印度河流域就有达罗毗荼人居住，达罗毗荼人的文化也是印度最早的文明。和其他文明一样，达罗毗荼人也崇尚自然崇拜和原始崇拜，在居民中流行着对母神、生殖器以及动植物的崇拜。公元前2000年，在中亚高原生活的游牧民族雅利安人侵入印度河流域，逐渐征服达罗毗荼人，并最后定居下来，开始向达罗毗荼人学习农业生产技术，从游牧生活向农业生产转变。在达罗毗荼人和雅利安人的相互融合过程中，他们的宗教也开始融合，从而形成了古代吠陀教。吠陀教的基本特点是多神崇拜，把各种自然现象人格化、神圣化而加以崇拜。比如吠陀教把各种神分为天、空、地三界，每界都有不同的神。例如，在天界有宇宙之王、天神、太阳神、黎明女神乌莎斯；在空界有雷电之神、风暴之神、风神、雨神、水神等；在地界有火神、河神、酒神等。

与神的三界相对应，吠陀教把地上的人分成四个等级：最高的等级是婆罗门，他们往往都是祭祀贵族，主管神权；第二等级是刹帝利，主管军事和行政大权；第三个等级是吠舍，主要是从事农业、手工业和商业的普通村社社员；最低的等级是首陀罗，他们是奴隶，是社会的底层。奴隶主统治者为了把等级制度神圣化，减少奴隶的反抗，宣扬说不同等级的人出自神的不同部位，也就是说人生来就有高低贵贱之分，他们说是神的口产生了婆罗门，神的双臂产生了刹帝利，神的双腿产生了吠舍，而最低等级首陀罗是由神的双足产生的。这种对人的等级划分是后来印度教种姓制度的雏形。

大约从公元前1000年起，一些雅利安部落从印度河流域开始向东推进，逐步移到恒河流域。在征战的过程中，社会等级更加分化，原来出现的四个社会等级进一步固定下来，种姓制度开始确立。婆罗门种姓在宗教和社会生活中享有种种特权，他们简直就是人间的神，甚至犯死罪都可以免死。他们不仅是宗教的指导者，而且是文化知识的垄断者。由于婆罗门的权力和地位进一步提高以及大量新经典的产生和传播，原来以《梨俱吠陀》为内容、以祭祀为中心的吠陀教，开始转化为以婆罗门至上、吠陀天启和祭祀万能为三大纲领的婆罗门教。正因为婆罗门是当时宗教的指导者和传播者，所以他们指导和传播的宗教被称之为“婆罗门教”。

婆罗门教对以吠陀为代表的经典《梨俱吠陀》《耶柔吠陀》《娑摩吠陀》《阿达婆吠陀》绝对崇拜。婆罗门教的祭祀种类繁多，规模巨大，当时最大型的祭仪要数马祭。马祭只能在王室中进行，正式仪式为期三天，而准备仪式却要持续一年以上，甚至两年。参加祭仪的有四位婆罗门祭司、国王的四个妻子、400名侍从以及大批教徒。一匹专门用于献祭的马，不受羁绊，任其自由，漫游一年，并由经过挑选的400名武士护卫着，假如哪个国王想要捕捉这匹马，便要与之战斗。如果这匹马在一年之内未被人掳获，那么它所到之处的国王就要向纵马之国的国王称臣。当这匹马回到京城后，它将在盛大的仪式上与600头牧牛一起被作为祭品而杀掉。这匹献祭的马代表在世界上空运行的太阳，象征其国王将主宰整个大地。一旦马祭成功，这个国王就可以号称“王中之王”。在这些规模巨大的祭祀活动中，婆罗门祭司成为献祭仪式的主要受益者，他们不仅获得大量的财富，而且获得巨大的权力。①

二、婆罗门教向印度教的转化

婆罗门的种种特权引起社会的广泛不满，于是在印度社会出现了针对婆罗门教的种种新的思潮，这其中最主要的就是释迦牟尼创立的佛教和大雄·符驮摩那创立的耆那教，这两种新兴宗教为当时的印度社会提供了一种思潮，为处于下层的

① 朱明忠、尚会鹏：《印度教：宗教与社会》，世界知识出版社，2003年版，第11页。

人提供了一种精神的依靠。这两种新兴宗教虽然有不同的宗教主张,但是他们都共同反对婆罗门的至高地位,否定吠陀经典的无上权威;反对大量杀牲的献祭活动,主张戒杀;反对劳民伤财的繁琐祭仪,主张靠个人的修行达到解脱;反对等级森严的种姓歧视,主张对低级种姓持宽容态度,允许他们入教等等。正是由于这些特点,佛教和耆那教得到迅速的传播和发展。特别是到了公元前4世纪末,印度历史上第一个统一帝国孔雀王朝的国王阿育王在长期征战之后皈依佛教,他大力宣扬和推广佛教,使佛教不仅在印度广泛发展,而且传播到国外,成为一种世界性宗教。佛教和耆那教的兴盛和传播对婆罗门教造成巨大的冲击,使它有几个世纪处于衰败不振的状态。直到孔雀王朝瓦解后,婆罗门教才逐渐复兴起来。

公元4世纪初,北印度结束了几百年的分裂状态,建立起统一的帝国——芨多王朝。芨多王朝持续100多年,经济和文化相当发达,这段历史被称为印度史上的"黄金时代"。在王朝的支持下,婆罗门教逐渐兴盛起来,达到了空前的繁荣。在这段时间内出现了大量的经典和法典,出现了以吠陀为基础的多个哲学流派,这也就意味着婆罗门教形成了自己完整的哲学体系。但是,由于受到佛教等宗教的影响,在与佛教等宗教的交流和融合中,婆罗门教大量吸收佛教和耆那教的教义教规,开始了向新婆罗门教——印度教的转化过程。

婆罗门教向印度教的转化,主要表现在如下两个方面:

一是信仰的主神发生了变化。原来吠陀教和婆罗门教的诸多神灵逐渐被人们所淡忘,取而代之的是三位一体的梵天、毗湿奴和湿婆三大主神及它们的种种化身。

二是祭祀方式发生了变化。原来婆罗门教非常注重祭祀,特别是在婆罗门教繁盛的时候,祭祀规模巨大,礼仪众多。经过佛教和耆那教的反对,在婆罗门教向印度教的转化过程中,婆罗门教祭祀万能的特点已大大削弱,祭祀的礼仪也明显减少,崇拜的方式也由注重取悦于神的祭祀仪式,转化为注重个人修行的各种瑜伽道路。此时的宗教活动中心,已由吠陀祭坛转移到供奉三大主神及其化身的神庙中。①

如果说外部宗教的冲击和影响以及和外部宗教的交流是婆罗门教开始向印度教转化的开始,那么8世纪的宗教改革家商羯罗(约公元788—820年)对印度教的改革则使印度教更加成熟,进一步推动了印度教的发展。他系统地阐述了奥义书

① 朱明忠、尚会鹏:《印度教:宗教与社会》,世界知识出版社,2003年版,第14页。

一元论的原理，对印度的其他宗教、哲学派别进行了严肃的批判，为印度教几个重要派别奠定了理论基础。

三、印度教的三大派别

印度教在长期的形成和发展过程中，由于信仰的主神不同，形成了很多不同的教派。印度教的种姓分立制度以及对不同经典的重视程度和哲学观点的差异，使印度教的教派和学派就更为复杂，即使相同的一个教派，也衍生出很多不同的分支。但是总体而言，印度教的基本教派是毗湿奴派、湿婆派和从湿婆派中分出来的性力派。这三个教派从中世纪至今一直占主导地位，在群众中的影响也较大。

（一）毗湿奴派

毗湿奴派把毗湿奴神及其化身看做最高神，认为它是“世界之父”。传说毗湿奴躺在海中一条千头巨蛇身上，坐骑为金翅鸟，妻子为吉祥天女。毗湿奴神有许多化身，其中之一是《罗摩衍那》中的主人罗摩，他在猴王的帮助下救出了自己的妻子。毗湿奴神还曾化身为巨鱼，在淹没世界的洪水中救出人类始祖摩奴及其他生物。该派约形成于11～12世纪之间，创始人和理论奠基者是罗摩努阇。罗摩努阇强调对神的虔信和热爱，主张人与神的直接结合，反对祭司作为中介人。罗摩努阇还强调苦行、素食和禁欲。此外，他还要求信徒过清净的修行生活，严格执行祭祀的规定。

（三）湿婆派

湿婆派以崇拜主神湿婆大神而得名。8世纪的宗教改革家商羯罗被认为是该派的理论奠基人，这是一个很有影响力的教派。传说湿婆有3只眼4只手，分执三股叉与战斧等武器，他在焚烧死者的场地跳舞，在雪山中修苦行，有毁灭与再生意义，所以他是毁灭神和生殖的象征。该派否认婆罗门特权，教派多，有崇拜男性生殖器的林伽派、有视牛为神圣的教义派等。目前湿婆派主要流传于南印度，在北方也有不少信徒。

（三）性力派

性力派主要崇拜湿婆之妻难近母、毗湿奴之妻吉祥天女、梵天之妻娑罗室伐底等女神，它是从湿婆派分化出来的一个派别。性力派认为这些女神的性力是创造宇宙万物的根源，其仪式有牺牲、轮座（男妇杂交）等怪俗。所以马克思说：“这个宗教既是纵欲享乐的宗教，又是自我折磨的禁欲主义的宗教；既是林伽崇拜的宗教,又是札格纳特的宗教;既是和尚的宗教,又是舞女的宗教。"[①]性力派有左道派和右道派两个分支。

尼泊尔首都加德满都的湿婆神庙

除了以上三大教派外,印度教还有两个影响较大的教派,分别是伽比尔派和梵社。伽比尔派是从中世纪虔诚派运动中分化出来的派别,创始人伽比尔,宣称宇宙最高的实在或神既可称梵天、毗湿奴或湿婆,亦可称为安拉或其他神,主张印度教徒与伊斯兰教徒要团结,反对偶像崇拜、种姓分立和歧视妇女,该派在民间有相当的影响力。

梵社为近代印度教改革运动中首先出现的团体,创始人为罗姆·摩罕·罗易。该派反对偶像崇拜,崇拜唯一的、理性的实体——梵;反对种姓分立,反对歧视妇女和敌视异教;提出废弃一切繁琐的祭祀仪式等;提倡现代教育和西方科技。该教派对印度近代启蒙运动和民族主义的发展起过重要作用。

20 世纪以来,伴随着印度社会的变革和民族独立运动的发展,印度教陆续产生出许多新兴的教派和社团。这些新兴的教派和社团活跃在印度社会和政治舞台上,对印度教的发展前景起着决定性的影响。其中,影响较大的有如下几支:印度

① 《马克思恩格斯选集》第 2 卷,人民出版社,1996 年,第 62、63 页。

教大会、国民志愿服务团、世界印度教徒大会、印度人民同盟、印度人民党等。

印度教的起源和传播主要在南亚地区,可以说印度教是一个地区性宗教,但是经过长期的发展以及各大教派的努力,印度教得到了很好的传播,如果从信教的人数来看,印度教可以说是世界第三大宗教,其信徒人数虽然低于基督教和伊斯兰教,但是却远远超过佛教,目前印度教的信徒约有7.93亿。

第二节　种姓制度

种姓制度是印度教文明的重要内容之一,也是人类历史存在的最悠久的文化现象。种姓制度又称“瓦尔纳”(Varna)制度,是印度教社会特有的等级制度。这一制度把人划分成四个等级,即婆罗门(神职人员和知识分子)、刹帝利(武士和国家管理者)、吠舍(工商业者)、首陀罗(工匠和奴隶)。除了这四个等级外还有一个“贱民”阶层,即不可接触者,实际上是第五个等级。虽然现行的印度宪法废除了种姓制度,对低种姓的人也给予了优待,但是种姓仍然深深根植在印度人(尤其是农村人们)的思想深处,是印度文化体系不可分割的一部分。甚至可以这么说,在印度,种姓在很大程度上决定了一个人的职务、地位。不仅如此,种姓还决定了人们宗教和世俗文化生活的模式,规定了各个社会集团的心理特征,并发展了社会隔离和身份高低差异甚大的教阶金字塔。这个金字塔以大量的不可接触者为底层,以几乎是同样不可接近的婆罗门为顶端。印度教社会就是一个由几百个自治的种姓世界所组成的。①

一、种姓制度的由来

对于种姓制度产生的具体时间,学界没有统一的定论。虽然印度教的经典《梨俱吠陀》有关于“原人之口,生婆罗门;彼之双臂,生刹帝利;彼之双腿,产生吠舍;彼之双脚,生首陀罗”的说法,但是学者们一般认为种姓制度的完全确立是在公元前7世纪。“种姓”这个词包含了两个概念:“瓦尔那”(即“肤色”)和“阇提”(即“出身”)。“瓦尔那”制度的确立还要追溯到雅利安人对印度河流域的入侵。当雅利安人征服印度河流域后,他们把那些被征服的当地人称为“达萨瓦尔那”,意思是黑皮肤的被征服的人,所以“瓦尔那”的原意就是“肤色差异”,最后婆罗门为了

① 朱明忠、尚会鹏:《印度教:宗教与社会》,世界知识出版社,2003年版,第228页。

维护自己的统治地位,又将瓦尔那作为吠陀教、婆罗门教的基础教义,在宗教意义上确定了瓦尔那制度的神圣性。瓦尔那制度之所以稳固,在很大程度上是由于其与宗教紧密结合,不仅在肉体上统治被压迫者,更从精神上摧毁被压迫者的反抗情绪,使其心甘情愿地接受瓦尔那制度的神圣性。

当瓦尔那制度发展到公元前 6 世纪的时候,两种新兴宗教——佛教和耆那教已经发展起来了。在这两种新兴宗教的冲击下,瓦尔那制度有所松动,但仅仅是松动而已,瓦尔那制度仍然完好地保存下来,刹帝利和吠舍的地位没有改变,完全处于被压迫地位的首陀罗和贱民的地位更不可能有很大的改变。所以,瓦尔那制度并没有消亡,即使在提倡佛教的阿育王统治时期,瓦尔那制度也并没有被冲垮。

对瓦尔那制度造成冲击的另一个因素是当时印度社会经济的发展。随着印度经济的发展,社会分工也越来越细,原先的四大瓦尔那已经不能满足社会分工的需要,因此从瓦尔那内部又产生了种种更小的职业集团——阇提。阇提制度力图将社会分工通过血缘、姻亲等关系固定下来,一个家族世世代代必须从事同一种职业,不同职业集团之间的通婚是被禁止的。这样,虽然瓦尔那制度有所松动,但是人们又受到阇提制度更严重的人身束缚和精神束缚。随着阇提制度的发展,婆罗门教上层也开始将它和瓦尔那制度相提并论,使其具备了一定的宗教意义。后来,随着社会的发展,瓦尔那和阇提制度融合在一起,下层人们受到的种姓压迫和歧视更加残酷。

1947 年印度独立后,印度宪法明确规定印度是“世俗主义”的共和国,印度教不是印度的国教,种姓制度(包括贱民制度)被明文废止。目前,在印度的大城市已经基本看不到明显的种姓歧视现象,但在较为落后的广大农村,种姓制度的影响仍然很深,种姓分立及其相应的陋俗在农村、山区和边远地区中仍然很流行。

二、种姓制度的隔离特征

种姓制度实际上是一种严格的等级制度。在种姓体系中,四个等级按地位高低排序依次是婆罗门、刹帝利、吠舍和首陀罗。在这四个等级中,前三个种姓大体上是从雅利安人中分化出来的,基本属同一种族,信奉同一宗教。这三个等级被认为是高贵的,他们的孩子在到达一定年龄后都要按宗教传统举行一种名为“再生礼”的宗教仪式,以此获得宗教和精神意义上的“再生”,故这三个种姓又称为“再生族”。意即他们不仅经历了一次肉体的出生,还经历了一次精神上的出生。按照印度教的规定,只有这些再生族才能学习吠陀经典、参加祭祀仪式、参拜神庙和祈祷神灵等。

第四种姓首陀罗大都属于被征服的异族，信奉不同的宗教，因此被排除在“再生族”之外，被认为是“宗教不救的人”，也被称为“一生”种姓，意思是只经历了一次出生，因此不允许学习吠陀、朝拜神庙、祭祀神灵等。他们只能从事最低贱的工作。

除了以上四个种姓之外，还有一个不可接触者阶层，也称为贱民阶层，他们处于社会的最底层，社会地位低下，命运非常悲惨，这也就是第五种姓。

这样，印度的种姓体制大体上构成了一个以婆罗门为顶端、以不可接触者为底层的等级森严的金字塔。种姓制度的实质就是等级制度，这种等级制度造成种姓之间的职业隔离等一系列的人为隔离。

（一）职业隔离

印度教法典规定，四个种姓各司其职，不得逾越。这就是说，高种姓不得从事低种姓的职业，低种姓更不能从事高种姓职业。对于破坏种姓职业习惯的人，种姓会议将对其施以惩罚。处罚方式有：罚款、请同胞吃酒席、开除种姓等。实际上，种姓制度从一个人出生就决定了其终身职业是什么，而且这种职业是世袭的，就如种姓身份世袭一样，永远不变。

婆罗门处于种姓等级中的顶端，在传统的种姓体制中，婆罗门有至高无上的地位，他们被赋予种种特权。在日常生活方面，婆罗门从来不向任何非婆罗门鞠躬行礼，但是别人须对他行礼。当他接受了一个非婆罗门种姓成员的敬礼时，他只在口头上祝福一声就行了。即使一些婆罗门是乞丐，靠别人的施舍度日，却仍受人尊敬，人们仍须向他们行吻脚礼。婆罗门的职业也是最好的，被认为是最高贵的。社会上像传授宗教知识、主持祭祀仪式等高贵职业只有高级种姓婆罗门才能从事。这样规定的结果，僧侣职业完全为婆罗门所垄断，他们的工作主要是学习和传授吠陀知识，掌管祭祀、布施和接受施舍。由于种姓身份对职业的规定，所以在今天的印度社会，凡婆罗门种姓及其子女，一般均从事知识型的职业，因为他们所受的教育程度最高。

刹帝利种姓有尚武的历史与习俗，所以刹帝利主要是参加战争和从事管理国家的职业。在今天印度的军队里，刹帝利种姓的士兵与军官仍占多数；在政府部门和科技教育领域也有一部分刹帝利种姓，但是他们所占的比例肯定要比婆罗门种姓要低得多。

吠舍主要从事农业、手工业、畜牧业和商业。吠舍种姓自古以来是经商的种姓,甚至在相当长的历史阶段里,经商成了吠舍种姓的专利与代名词。在今天的印度商界,吠舍种姓的商人仍占多数。但是,随着社会的发展,经济活动成为社会的重要活动之一,经商能够获得丰厚的利润,从而提高自己的社会地位,所以目前经商贸易已成为印度各种姓青年和青年知识分子追逐的目标。今天,经商已不为吠舍种姓所垄断,婆罗门、刹帝利种姓的青年男女在选择职业时可优先考虑商业贸易,尤其在国际商贸和金融行业中。

首陀罗种姓处于社会的下层,几千年来主要从事农业、渔业、狩猎以及服务行业。今天的印度社会里,虽有为数不少的首陀罗种姓经过自己的奋斗,进入知识分子阶层,从事着原来属于别的种姓所从事的职业,但总体来说,绝大部分的首陀罗仍从事农耕和手工业劳动,仍没有跳出祖传的职业范围。

第五种姓,也就是不可接触的贱民,他们所从事的职业被认为是低贱的、不圣洁的,比如屠宰、清扫、搬运动物尸体等。这些职业都是"污秽"的职业,因为这些职业都与人体内排出的东西有关,而高种姓的人认为这些体内排出的东西是不圣洁的,所以从事这些职业的人也被认为是低贱的和不圣洁的。高种姓的人看不起他们,不愿接触他们,害怕他们玷污了自己。

在现代社会的冲击下,种姓制度的职业隔离和职业限制有所松动,有些职业对所有的种姓开放,许多婆罗门也从事以前认为不适合的职业,但是与祭神有关的职业非婆罗门莫属,不可接触者仍不得从事种姓法规规定以外的职业。也就是说,基于种姓基础上的职业隔离虽不像原来那样厉害,但是职业隔离的情况并没有多大的改善。比如婆罗门决不去从事扫马路、清厕所、皮鞋匠之类的工作。即使是在同一行业内,如在银行系统工作,那么高级职员一般都是高种姓,而扫地跑腿之类的差事则由低种姓承担。即使是同等学力,也存在由于种姓的高低待遇各不相同的情况。

(二)婚姻隔离

传统的印度教认为,种姓混杂婚姻是一种严重的罪,所以印度教强调严格的种姓内婚制,一个人只能在自己原来所属的那个种姓范围内寻找配偶。用中国人的话来说,也可以叫追寻一种"门当户对"。

虽然印度教强调种姓内的内婚制,但是有一种跨种姓的婚姻是允许的,这就是高种姓男子娶低种姓女子为妻,这种婚姻叫"顺婚",虽然高种姓认为"顺婚"丢脸,但这样的婚姻社会还是容忍的。而"逆婚"则不同了,所谓逆婚,就是高种姓女子嫁给低种姓男子,这种婚姻是绝对禁止的,逆婚者将要受到严厉处罚,甚至要被开除出原来的种姓而成为一个不可接触者。通常的做法是:依据法典规定将冒犯者双方开除出各自所属的种姓集团,情节较轻者,允许当事人向被触犯的集团赔罪道歉,具体事宜大多由种姓会议商量执行。

近代以来,特别是到了现代,印度教中青年男女婚姻的自由状况有较大的改观,一些人甚至身体力行,带头打破种姓对婚姻的规定,婚姻隔离也有所松动,许多青年在选择配偶时,越来越注重双方实际的政治地位与经济状况,而不是以种姓为先决条件了。"顺婚"的情况大大增加,但是"逆婚"的却基本上没有,这说明种姓制度所造成的婚姻隔离仍然还很严重。

(三)住所隔离

印度的大部分村落都有一个共同的特点,即各种姓分离而居,互不混杂,各种姓的人都居住在自己的小区里。居住在村落中心的肯定是高种姓的人,他们的房屋高大,显示出房屋主人的富裕和尊严。距离这些高大房屋一段距离,就是一些低矮的土屋,有的甚至是泥糊的草棚,这里肯定住着低种姓的人。再远一点就是村落的边缘,这里的房屋质量更差,居住环境也更差,命运悲惨的不可接触者就居住在这里,他们的居住环境也是他们悲惨命运的写照。在有的地方,高种姓甚至规定低种姓只能建哪一类的房子以及建筑时只能用哪一种材料。不同等级种姓之间甚至不相连接,中间有空旷的地带或稻田相隔。

一般来说,一个种姓集中居住的地方都会以种姓的名字来命名,但就是在这样的小区内,甚至还划分出更多的居住区来,因为不同的种姓又划分出许多不同的亚种姓,而种姓身份又基本决定了一个人的职业,所有这些小区又进一步划分成更小的居住区,比如有的就会出现杂役区、洗衣人区、皮匠区等。

一个种姓居住区就是这个种姓的社交场所。即使是居住在同一个村落,除了重大的传统节日和举行全村祭祀活动外,各种姓很少在一起活动。种姓的这种空间隔离,造成了生活在同一个种姓区的成员自我封闭,不利于村落的发展。

三、种姓制度的危害

在漫长的历史发展过程中,种姓制度已经渗透到印度社会的各个方面,无论是印度的社会制度,还是一个人的婚丧嫁娶,种姓制度无不影响深刻。种姓制度在维护社会秩序、协调社会关系、平衡社会心理、推动或抵制社会改革方面都会产生巨大的影响。但是,种姓制度也有不小的危害。

从政治方面来看,种姓制度不利于印度民族的团结。种姓制度人为地把印度社会划分成几个不同的阶层,人为地把人进行高低贵贱之分,从而人为地造成不同种姓之间的相互诋毁,甚至是相互仇视,影响到民族的凝聚力。如果过多地考虑了某一个种姓集团的利益,也就助长了狭隘的地方主义,不利于整个社会的和谐。在历史上,种姓制度妨碍了印度人形成统一的民族意识,在面临外族入侵时,不能组织起强有力的力量,抵抗异族入侵。即使在独立后,种姓利益也是影响政治标准的重要因素之一,只考虑本种姓的利益,不利于政党之间和政党内部的团结。

从经济方面来看,种姓制度的内婚制不利于印度人口的优生,这是印度经济发展的一个巨大潜在隐患。此外,种姓制度决定了每个人的职业代代相传,不易更改,不管一个人对某种职业有无兴趣或特长,工作是否合适,都得被迫去做,这就影响了一些人才能的发挥。而且种姓制度助长了高级种姓的懒惰思想,同时限制和束缚了低级种姓的创造精神和积极性的发挥,不利于整个社会经济的发展。更为严重的是种姓制度造成了印度不可接触者和妇女的悲惨命运。

(一)不可接触者的悲惨命运

"贱民"阶层的成员主要来自两个方面:一部分是从原来的四个种姓中分化出来的人,他们随着社会的分化和种族的变迁而逐渐沦为被剥夺的阶层,比如由于犯罪或者是违反了教规而被开除出原来高种姓的人群。另一部分人来自种姓之外的

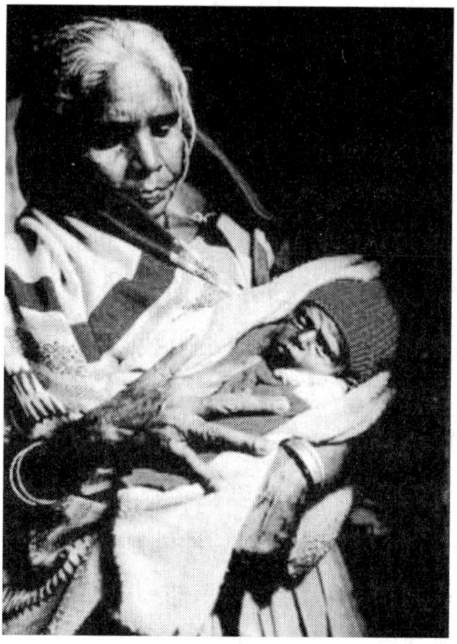

2000 年印度的一位穷苦的"贱民"

部落，他们逐渐被雅利安人所征服，一直保持着自己落后的生活方式和文化传统，没有被印度教同化，这些人也逐渐成为“贱民”，处于社会的最底层。“不可接触者”的名称在不同历史时期有不同的叫法，例如“阿丘得”（不可接触者）、“受压迫种姓”“外部种姓”“表列种姓”等等。目前，印度官方都采用“表列种姓”这个名称。

由于婆罗门始终强调种姓制度的神圣性，强调自己高种姓的神圣不可侵犯性，宣传自己的高种姓是前生行善的结果，如果他们同“贱民们”接触，就会导致他们从被拯救的道路上跌落下来，死后也成为一个不净者，所以各个高种姓都极力回避和“贱民”的接触，导致了整个社会对“贱民”阶层的极端歧视和排斥。不可接触者本来就处于社会的最底层，再加上这种刻意的极端歧视，使“贱民”受到难以想象的迫害，过着十分悲惨的生活。

种姓制度导致了“贱民”阶层的生活非常悲惨，但是在宗教的影响下，“贱民”并不认为他们的悲惨生活是由不合理的社会制度造成的，而是自己前生行恶的结果，所以面对残酷的压迫，他们很少进行反抗。到了近现代以来，随着社会的发展，“贱民”逐渐觉醒，开始大规模地组织反抗运动，要求完全的平等权。一些较为开明的、受到西方民主思想影响的宗教改革人物也开始主张改革种姓制度，谴责对“贱民”的虐待，禁止不可接触制。

1947 年，印度独立后，政府通过各种途径来宣传不可接触制度的不公平，鼓励高种姓和“贱民”之间的通婚，奖励废除不可接触制的地方政府。1948 年，国会曾通过一项废除种姓制度的议案。1955 年，通过了消除种姓歧视的宪法条款，各邦政府也制定了相应的法律。根据法律规定，“贱民”有权去公共祈祷场所，有资格去圣河、圣湖沐浴或取水，有权去公共娱乐场所，谁若刁难，将依法受到惩处。法律还明文规定，“贱民”有权选择职业，阻拦者将以鼓动种姓歧视罪论处。在教育方面，“贱民”也可以获得一定的帮助，学习成绩好的也可被派往国外学习。①

在政府的努力以及“贱民”的反抗下，现代印度社会中不可接触制应当说比以前大大削弱了，但是还没有完全废除，“贱民”的生活仍然比较悲惨，高种姓和贱民之间的暴力冲突有不断增加的趋势。

在暴力冲突不断增加的情况下，高种姓甚至对“贱民”们采取暴力灭绝的做法，在印度的媒体上，不断看到“贱民”被杀害、被烧死的报道。例如，1977 年7 月，

① 王树英：《南亚印度教与文化》，中央民族大学出版社，1999 年版，第 21 ~ 25 页。

在比哈尔邦距巴特那市100公里左右的贝尔奇村，一个“贱民”因为向婆罗门地主退佃，引起这个婆罗门地主的恼恨。结果几十名武装暴徒乘车来到村里，把包括妇女和儿童在内的11名“贱民”拉到地主家门前的广场上，将10名大人砍去手、脚，再投入燃烧着的火堆里，一名小孩被投入火中活活烧死。此事虽是迫害“贱民”的一个个案，但在一定程度上反映了“贱民”在现代印度社会中的悲惨遭遇。①

（二）妇女的悲惨命运

按照印度教教义，结婚是神把妻子赐给了一个男子，一些正统印度教徒甚至认为女子天生比男子低劣，两性间是不平等的。对于女子来说，结婚是获得宗教解脱的途径，因为印度教认为女人不能单独获得解脱，必须得到丈夫的帮助。在传统印度社会，习俗和法律都认为丈夫抛弃妻子是正当的。

由于认为婚姻是神的安排，所以妇女必须从一而终，即使她们的丈夫死了，也不能改嫁，而且她们还被认为是会带给他人厄运的人。在这方面，最残忍的做法是要求寡妇殉夫，跳进焚烧丈夫尸体的烈焰中殉葬。这与印度教的种姓制度也有一定的联系，因为在印度，一个死去丈夫的印度教女人，其社会地位如同一个不可接触者，所以很多寡妇都选择了死而不愿忍受社会的歧视。其中最著名一个的例子就发生在20世纪80年代。

1980年8月，在印度斋普尔城以南50英里的一个村庄，一个年仅16岁的寡妇穿着她婚礼时穿过的衣服爬上了她丈夫的火葬柴堆，她很快就被熊熊烈火所吞噬，却没有叫喊一声。一大群男女老少围观了整个过程。消息传开后，这个村庄成了赞美的对象。12天后，成千上万的人涌到举行殉夫自焚的地方，去观看用牛奶浇凉骨灰并堆上椰子，以此献给神的仪式。她殉夫的地方成了一个圣地，她的家庭也因此上升到一种新的地位。数月后，一群妇女在德里举行了一次游行，不是为了抗议，而是为了保卫她们的这种神圣的传统。由此可见，这一制度在印度妇女观念中是如何的根深蒂固。②

印度教经典认为，一个人只有生了儿子，死后灵魂才能得到解脱。在印度人看来，没有比生一个女儿更坏的事了。早期印度教经典就有这样的记载，说儿子对父亲来说是一条救生船，而女儿是悲伤的源泉。所以，在印度，如果一个人女儿成群的话，他不仅会变成穷光蛋，而且精神上的压力也受不了，于是屡有虐杀女婴的事

---

① 朱明忠、尚会鹏：《印度教：宗教与社会》，世界知识出版社，2003年版，第219～260页。

② 朱明忠、尚会鹏：《印度教：宗教与社会》，世界知识出版社，2003年版。

件发生。虐杀女婴导致了印度男女比例严重失调。在受教育方面,女童也不可能得到像她们的兄弟一样的待遇,相当多的女童得不到起码的教育而成为文盲。由于女孩被认为是家庭的负担,所以很多女孩被早早出嫁,造成了传统印度社会中非常严重的童婚现象,尽管该类现象现今已有所改观。

12 岁的新娘 KULESHMAR 和同岁的新郎 SANJAI 在阿卡蒂节上举行婚礼。阿卡蒂节是印度教的一个传统节日,每年 4 月末举行,在这一节日上会举行儿童婚礼。童婚在印度曾经是主要的择偶方式。由于大量童婚的存在,在印度小新郎、小新娘,以及小母亲、小寡妇较为普遍。

在印度,尽管有宪法规定男女平等,索要嫁妆是违法行为,但嫁妆制度很是流行,女孩要想成功出嫁,必须有一大批嫁妆。嫁妆制度的盛行和印度教有很大的关联。传统印度教认为,结婚是妇女获得宗教解脱的唯一手段,所以嫁女是一次使女儿获得拯救的机会,因而必须尽可能多地陪送礼品。此外,种姓制度也是嫁妆制度盛行的另一重要原因,种姓制度所要求的"顺婚"使高种姓的女子比低种姓的女子选择配偶的范围要小,而高种姓的男子则比低种姓的男子选择配偶的范围要大,这便造成了高种姓女子"过剩"和低种姓男子"过剩"的问题。许多高种姓的女子为了找到地位相配的郎君而不得不陪以厚嫁,同时低种姓的女子为了攀结高种姓以改变自己的地位,也不得不付出高额嫁妆,即使是在同一种姓之间联姻,女方也要多陪嫁妆以博得男方的欢心,而且嫁妆也是财富和地位的象征,是提高和维护社会地位的手段。

高额嫁妆使原本圣洁的婚姻变成了一场买卖,有的男方甚至贪得无厌,肆意勒索嫁妆,这使妇女的命运更加悲惨,甚至导致新娘被杀或自杀。

第三节 印度教的信仰

尽管印度教教派林立,有些哲学观点相当复杂甚至自相矛盾,但是印度教仍然有一些被公认的教义和信仰。

一、敬神

印度教在漫长的发展历程中创造出众多的神灵,其数量之多是其他宗教无法比拟的。印度教徒认为,万事万物都具有神性,石头是神、草木是神、鸟兽是神、池塘是神、河流是神、山川是神……印度教信仰的各种神灵数不胜数,号称有 3 300 万个。这些神灵基本上可以分为六类:

第一类是印度教崇拜的主要对象,即三大主神梵天、毗湿奴和湿婆以及他们的各种化身、配偶、子神和守护神等。在印度教看来,梵天是第一位主神,是创造万物的始祖,据说他有四头四手,由于他将自己的女儿作为妻子,所以印度教徒认为他犯了逆伦大罪,因而对他的祭拜不是很重视,但是对他妻子的崇拜很是流行。

毗湿奴是第二位主神,是宇宙的维持者,能创造和降服魔鬼,因为他介于创造和破坏两种力量之间,所以被奉为保护神。传说他有四只手,各拿弓箭、法螺、莲花和仙仗四种法器,骑着金翅大鹏鸟,肚脐上长着一朵莲花,据说梵天就坐在上面。毗湿奴的化身很多,像印度教中的黑天、罗摩等都是他化身的形象,他甚至还化身过鱼、龟、野猪等动物。

湿婆是第三位主神,与另两位大神梵天司创造、毗湿奴司保护不同,湿婆是世界的破坏者,被奉为毁灭之神。湿婆有很多形象,他既是毁灭者又是起死回生者,既有收养众生的慈心又有复仇的凶念,所以化身非常多。湿婆最明显的特征就是身缠眼镜蛇,生有三只眼和四只手臂。他终年在喜马拉雅山刻苦修行。由于他是刚柔两种舞蹈的创造者,所以被尊为“舞王”。当他翩翩起舞时,三只眼睛睁开,分别洞察过去、现在和将来;四只手臂轻轻舒展,前两臂做印度教典型的姿势,后两只手分别持小鼓和火焰。他的妻子就是喜马拉雅山的女儿——雪山神女,威力很大,为人所敬畏。

第二类神灵是各种人格化的自然之神,比如说风神、雷神、雨神、水神、山神等,实际上这些自然之神是万物有灵的一种反映。

第三类神灵是各种人格化的动植物,比如说象头神、神猴、神牛等。

印度教三大主神之一的湿婆

第四类神灵是被神化的祖先、英雄和各种精灵,如人类始祖摩奴、罗摩、财神和主管地狱的阎罗等。

第五类神灵是一些代表邪恶势力的神,如各种恶魔罗刹和罗刹女。

第六类神灵是对生殖力的崇拜,印度教对男性生殖器和女性生殖器都崇拜。

从印度教所崇拜的众多神灵来看,印度教应该是多神论,各个教派都有自己所崇拜的主神,如湿婆派崇信湿婆大神及他的化身、性力派崇信性力女神等,但是这些教派在崇拜自己主神的同时,并不排斥其他神灵。因此可以说,印度的神仙崇拜是多神论下的主神崇拜。

二、梵我同一

在印度教所崇拜的众多神灵中,还有一个最高的神,这个最高的神就是"梵"。在印度教看来,"梵"是宇宙的最高存在,它永恒无限,至高无上,无形式无属性,超越一切时间和空间,是宇宙万物的根本和原因,是万物的始祖。但是这个无形的最高实在“梵”并不总是超越的，而会在时空中有不同的显现。印度教认为，毗湿奴、湿婆和梵天诸神是“梵”的具体形态的显现，而且显现的是“梵”的三个不同的方面，代表着最高存在在创造宇宙过程中所起的三种不同的力量。有的教派甚至认为，宇宙万物都是“梵”在世界上的具体体现，①当然人也不例外，这就要涉及印度教的“梵我同一”学说。

所谓“梵我同一”，意思是说人的灵魂或本质“我”只是宇宙灵魂或本质“梵”在人世间的一种显现，“我”是“梵”的一部分，“我”是“梵”在人体中的代表，两者同根同源同体，是同一不二的。印度教假设人的自我有四个层次：首先是人的身体，其次是人心灵的意识层，第三是个人下意识的领域（这个层次是个人可以通过自己的历史创造出来的），第四个层次则更少被有意识的心灵所觉察。“我是最小的比原子更小，同时比最伟大的更伟大。我就是那整体，是多样的、彩色的、可爱的、奇异的宇宙。我是那古老的——我是人，是主。我是纯金的存有。我正是神圣至福的本然状态。”②只有在这种状态下，人才能亲证梵，达到梵我同一。

“梵我同一”的教义为印度教的精神解脱奠定了理论基础。印度教一方面认为梵是宇宙的原因和根本，另一方面又把它描绘为极乐世界，是一个人应当追求的理想境界。“梵我同一”虽然说明了“我”是“梵”的体现，但是“我”在人世间受到肉体各种欲望的束缚，它的无限欢乐和智慧的本性一时还表现不出来，它有恢复其自己本来面目的还原于梵的要求。因此，一个人只要进行瑜伽修炼，克服私欲，就能使“我”从肉体的束缚中解脱出来，还原于梵，恢复其本来的面貌。这样，人的灵魂就可以实现解脱，达到永生极乐的境界。

三、业报轮回及其解脱

（一）业报轮回思想

“业报轮回”也是印度教的基本信仰之一，这种理论是在古代灵魂不死的观念上逐渐发展而来的。印度教认为，人是由灵魂和肉体两部分组成的，人的灵魂是不死的，因为人的灵魂是最高实在“梵”在人体里的体现，与梵同一，所以人的死亡仅仅是肉体的死亡，不死的灵魂会在人死亡后脱离原来的肉体而在另一个肉体里再生。也就是说，处于现世人体中的灵魂在此世生命结束后又转入到另一个新的肉

① 朱明忠：《论印度教的特点及在印度社会发展中的作用》，《当代亚太》2000 年第 7 期，第 56 页。

② （美）史密斯：《人的宗教》，刘安云译，海南出版社，2001 年版，第 51 页。

体中,这样的生生死死循环往复就是印度教所谓的“轮回”。

既然人的灵魂是不断再生的,那么在人的灵魂转入另一个肉体的过程中,起决定作用的又是什么呢？在印度教看来,这主要取决于人生前的行为,印度教把人生前的行为称为“业”,把由这些“业”所引起的善报或恶报称为“果”,什么样的“业”就会有什么样的“果”,这就是印度教的“业报”思想。

印度教的“业报”思想涉及所谓的“三道四生”之说。“三道”即“天道”“祖道”“兽道”,即根据教徒敬神的虔诚程度不同,其灵魂将转世为各种神灵(天道)、三大再生种姓(祖道)、首陀罗或其他动物(兽道)。“四生”是人的灵魂在转世时的方式或形态,分别是胎生、卵生、湿生、种生。无论是“三道”还是“四生”,起决定作用的还是教徒生前的“业”,这就是几千年来一直支配印度教徒思想和行为的业报轮回思想。①

(二)灵魂的彻底解脱——瑜伽修炼

但是,印度教徒的最终目的不是所谓的“三道四生”,而是要让灵魂获得彻底的解脱,使灵魂摆脱生死,达到“梵我同一”的境界,这才是印度教徒所追求的最高目标。那么如何实现彻底解脱呢？印度教也给出了自己的途径和方法,这就是瑜伽修炼。它是获得解脱的唯一途径。

“瑜伽”一词来自梵文“Yoga”,有“扼制”“连接”等含义,原指驾牛套马的工具,引申意即把心灵、内在生命气息等比喻为难以控制的目标,瑜伽则是将之制服的有效“工具”和方法,从而使个人灵魂(小我)与宇宙灵魂(梵或大我)结合化一。印度教徒的瑜伽修行有许多种,最主要的有知的瑜伽、业的瑜伽、信的瑜伽和王的瑜伽四种。

所谓知的瑜伽,意思就是通过增长宗教知识、增长智慧来实现“梵我合一”的境界。印度教认为,人由于自己的无知和私欲,沉迷于世俗的名利,陷入生死轮回的痛苦之中,更不可能认识到永恒的实在,认识不到“梵我同一”的真理,所以一个人要想获得彻底解脱,必须学习宗教知识,克服无明,消除私欲,从而使自己获得真智,体悟到“梵我同一”的真理,最终达到最高境界。据说知的瑜伽是通向神性的最短途径,也是最艰难的途径,它需要理性和精神的罕见结合,因此只适合少数具有强烈反省意识的精神追求者。

业的瑜伽,即通过自己无私忘我的工作而到达神那里。印度教认为,一个人应

① 朱明忠、尚会鹏:《印度教:宗教与社会》,世界知识出版社,2003 年版,第 150 ~ 200 页。

修炼瑜伽

当服从神的意志，不考虑个人的得失，为众生的利益而忘我无私地工作，最终超脱自我，达到与神相结合的最高理想。如果一个人在做事的时候不考虑自己、不追求事情的结果，做的事情越多，与神的隔离就越少，到最后就不会有任何障碍把人同神隔离开来。有这样一个小故事，说一个瑜伽信徒坐在恒河边沉思，看到一只蝎子掉进河中，他就用手把蝎子捞起来，结果被蝎子狠狠地咬了一口。他一松手，蝎子又掉进了河里，于是他又用手把蝎子捞起来，结果他又被蝎子狠狠地咬了一口。这时一位旁观者就问他：为什么你一直救那只蝎子，而它的报恩只是咬你？瑜伽信徒的回答是："蝎子的本性就是要咬人，瑜伽信徒的本性就是要尽其所能地帮助其他生物。"

信的瑜伽就是通过对神的虔诚崇拜来实现与神的结合，目的是引导那潜藏在每个人心中的爱朝向神。印度教认为，神不是一个抽象的、看不见摸不着的概念，而是人们在现实生活中可以感觉到的存在。一个普通的信徒不需要高深的知识，也不必进行繁琐的仪式，只需要对神有坚定的信念和强烈的热爱，就能沐浴于神恩，实现与神的结合。这种瑜伽要求一个人把自己的思想、感情和行为完全奉献给神，对神充满无限的虔诚和热爱。信的瑜伽是四种获得解脱的瑜伽中最流行的瑜伽，拥有无数的信奉者。

王的瑜伽也就是心理修炼的瑜伽，主张通过对肉体和心思的控制，使人在生理和心理上得到修炼，从而获得精神解脱。一些人认为这种方法是最稳妥、最直接、最迅速的解脱之道。所以，这种瑜伽被称为"瑜伽之王"。修习王的瑜伽的人认为，心理的狂热活动对内在的灵魂是一种桎梏或束缚，这些活动消耗灵魂的潜能，并阻碍灵魂向外显现，因此要竭力抑制心思的一切活动。他们有一套修炼心思的计划和方法，如禁欲、忍耐、自制等等。①

虽然四种瑜伽的最终目标是一致的，但是它们各自强调的侧面和修炼的形式有所不同，比如知的瑜伽强调从认识方面来实现解脱；业的瑜伽侧重于履行道德义

① （美）史密斯：《人的宗教》，刘安云译，海南出版社，2001年版，第55页。

务,强调从行为方面来实现解脱;信的瑜伽侧重于对神的坚定信仰,强调从感情方面来实现解脱;王的瑜伽强调从心理方面来实现解脱。在修炼瑜伽前,印度教徒都要进行两种准备:首先是要五种戒绝,即不伤生、不说谎、不偷、不淫和不贪;接下来要练习五种教规,即整洁、满足、自制、勤勉和对神圣的冥想。在修炼瑜伽时,最流行的姿势是莲花式,人坐在虎皮上,双腿交叉而坐,使每一只脚脚底朝天放在另一大腿上,脊椎顺应其自然的弯曲度伸直,双手手心向上,双眼可以合上也可不聚焦地注视地上或地板上,据说这种姿势有助于心灵处于冥想状态之中。

四、承认吠陀的权威

(一)吠陀系列经典

"吠陀"是婆罗门教最古老的经典文献,形成于公元前1000多年。在吠陀教演变为婆罗门教再演变为印度教的过程中,"吠陀"一直是婆罗门教和印度教的根本经典,在名义上为印度教大多数派别所信奉,但是各个时代和各个派别对"吠陀"都有不同的解释和发挥。由于"吠陀"在印度教中的重要地位,在近代印度教的宗教和社会改革运动中,很多思想家都提出了"回到吠陀去"的口号。

"吠陀"是印度最古老的宗教和历史文献的总汇,是对神的赞歌和祷告的文集,称为"天启的经典",最具权威性。

最古的"吠陀"文集有四种,即《梨俱吠陀》《耶柔吠陀》《娑摩吠陀》《阿达婆吠陀》。《梨俱吠陀》是对神的颂词,为"吠陀"中最古老的本集。它收集了对自然诸神的赞歌与祭祀祈祷文共1 028首,保留了许多印度民族的原始思想,对于宗教学及神话学研究提供了许多有用的资料。《耶柔吠陀》是对神的祭词,说明祭祀时应如何应用诗歌和如何进行祭祀。《娑摩吠陀》是将《梨俱吠陀》中的赞歌配上曲调,成为祭祀用的歌曲,共1 549首。《阿达婆吠陀》(禳灾明论)是巫术和咒语的汇集,成书时间约在公元前10世纪前后,共20卷,收集赞歌730首,其中夹杂有天文学、医学等知识。

后来,在婆罗门教的发展过程中,还出现了很多注释"吠陀"的书,如《梵书》《森林书》《奥义书》。《梵书》是说明与"吠陀"本集有关的祭祀的起源、目的、方法及赞歌、祭词、咒术意义的文集。《森林书》是《梵书》的附属部分,因在森林中传授而得名,该书包括对祭祀仪式和方法的说明,也涉及祭祀的意义、宇宙人生的奥秘、人和自然及神之间的哲学思辨问题等。《奥义书》是《森林书》的附属部分,也是"吠陀"的最后部分。《奥义书》也被称为"吠檀多"或"吠陀的最高意义",其中有许多作品已摆脱宗教神话的内容,而以思维方式探讨人的本质、世界的根源、人与精神世界的关系、死后的命运等问题。

除上述"吠陀"本集、《梵书》《奥义书》等天启圣典外,婆罗门教还有"经书",为批注"吠陀"的记述或教科书,其内容简短,易于背诵与记忆。"经书"的内容可分为下列四种:法经,即对四种姓的义务、行为和行事等规定的汇集,后世又有解释法经的法论出现;天启经,即祭司所司重要祭事的说明;家庭经,即家长所司重要祭事的说明;祭坛经,即对祭场、祭坛、祭火设置的规定。

(二)其他经典

除了"吠陀"系列的经典之外,印度教还有其他很多的经典,最主要的是《摩诃婆罗多》《罗摩衍那》《薄伽梵歌》等。《摩诃婆罗多》和《罗摩衍那》内容广博,包罗万象,被世人誉为诗体的古印度百科全书和世界文化宝库中两颗璀璨的明珠。

《摩诃婆罗多》据说是印度传说中的大圣人毗耶娑创作的,反映了古代印度各阶层的生活,长达20多万行,是荷马史诗的8倍,是世界上最长的史诗,其主要内容是描写古印度婆罗多族的两个分支——俱卢族与般度族之间的战争。

《罗摩衍那》里面蕴涵着神圣的印度教内容,至今依然非常流行。印度的儿童无论信仰印度教还是信仰伊斯兰教都是聆听着有关罗摩、他的妻子锡多以及神猴哈奴曼的故事成长起来的。

《薄伽梵歌》是印度人最钟爱的经典,歌中女神薄伽梵是指印度民族心目中所崇敬的梵天第一大神大黑天,主要记述的是距今4 500多年前古印度时代的一段史迹。当时,在俱芦之野,印度两个兄弟部族之间为争夺王位继承权发生了一场大战,传说大黑天以男相下世,名克利希娜,帮助其中的班度王子获得了胜利,维护了母系承传。《薄伽梵歌》也是一部瑜伽功理功法书,歌中表述的修行功法的理论基础和修持心要,是印度瑜伽的起源。

第四节 印度教的仪式与节日

一、祭祀仪式

婆罗门教始终强调"祭祀万能",印度教也主张献祭与祈祷具有洗清罪恶、化解业力、与神合一等神奇功效,所以祭祀在印度教中有非同寻常的意义和作用。印度教徒的一生无不在行祭之中度过。

祭祀方式大致分为公共祭祀和家庭祭祀两个方面。

公共祭祀一般在寺庙或工作场所举行。印度教的寺庙遍布各地,各派庙宇安置各自崇拜的神像,一座庙宇供奉一位主神。主神的形象往往是一尊雕像,安放在一间特别的屋子里,由庙里的僧侣守护。除每天有日常的行事外,每逢节日,祭司颂声不断,教徒纵情歌舞。神像出巡时,锣鼓喧天,教徒列队参加。庙宇或道场的周围还聚集着大批圣徒、苦行僧、游方僧、星相家、占卜者、相面师、巫师和舞姬等。

家庭祭主要是在家庭中举行。印度教教徒每家都设有神坛,供奉保护全家的神像,全家人在清晨和傍晚一日两次在祭坛前祈祷。祈祷时,人人盘腿席地而坐,边烧香边念经,然后向神供奉食物、鲜花、水、生果等祭品。另外,印度教教徒白天有无数次洁净自身的仪式,比如漱口和往头上洒水。再生族的教徒每天必须实行"五大祭":梵天祭,朝夕供奉梵天,诵读吠陀经文;诸神祭,在昼食前将一些食物投入圣火中,实行火祭;生灵祭,向一切生灵施食,撒散米谷,表示慈爱;祖灵祭,用水浇灌禁忌的物类,祈求护佑;人间祭,供养婆罗门或款待宾客。

二、人生礼仪

除上述日常祭祀外,对于一位再生族的一生来说,他还要按规定实行诸如受胎礼、成男礼、分发礼、出胎礼、命名礼、出游礼、养哺礼、结发礼、剃发礼、入门礼、归家礼、结婚礼等必要的所谓人生礼仪,有的礼仪甚至在人出生之前就要举行。印度教认为,通过举办生前的一系列仪式,使人战胜今世;通过举办死后的一系列仪式,可使死者战胜来世。现在,虽然仪礼已经被大大地减少了,但是仍然保存着几种重要的仪式,如诞生礼、再生礼、结婚礼和丧礼等,而且这些仪式举办得非常隆重。

诞生礼,这是为孩子平安落地而举行的一种仪式。在婴儿降生后断脐之前,婴儿的父亲抚摸一下孩子,然后仔细打量一下,并且念咒祝愿,最后用金棒蘸点蜂蜜或黄油喂到婴儿的口中,表示婴儿将得到合为一体的三位神的保佑。有的地区在这期间还举行另外一些仪式。

再生礼,这种仪式在印度教徒看来非常重要。他们认为,一个人有两次生命,第一次生命由父母所生,第二次生命是通过戴圣线由迦耶德里女神和老师所给。只有通过了这种仪式才可以提高地位,获得第二次生命。婆罗门必须举行这个仪式,而刹帝利、吠舍就并不一定。首陀罗则无资格举行这种仪式。

对印度教徒来说,结婚是一种神圣的宗教仪式,结婚礼仪非常隆重和复杂。

在印度教的婚礼仪式上,点吉祥痣是不可缺少的部分,有的地方是在婚礼之前请婆罗门祭司为新娘点吉祥痣,有的地方则是在婚礼仪式最后,由新郎为新娘点上吉祥痣,预示着婚后生活的幸福美满。

葬礼是一个人一生最后的一个仪式。仪式由死者的儿子举办,以便使死者在天堂超脱。印度教实行火葬,人们把尸体抬到焚尸场或河边焚烧。在抬往焚尸场或河边的路上,人们嘴里要不停地喊着"罗摩"的名字,即罗摩在召唤,死者要升天了。火化之后,死者的骨灰一般撒到河里,让河水冲走,这样可洗掉死者生前的罪过,变得圣洁,可以升天。①

尸体火化以后,家属回家先洗澡,否则不能接触他人或任何东西。人死后,从哀悼死者的那天开始,死者家属要停止做饭,不动烟火,有些地方长达10天之久。

三、印度教的节日

在印度,可以说人们天天都在过节,一方面因为印度教节日繁多,另一方面政府也规定了各种节日。在繁多的各种宗教节日中,最重要的节日有灯节、霍利节、罗摩诞辰节、恒河圣水沐浴节等等。

灯节,在公历每年10~11月举行。这个节日由来已久,主要是用来庆祝罗摩战胜罗婆那、正义战胜邪恶的节日,也意味着是一个光明战胜黑暗的节日。在节日到来之前,人们要打扫房舍,张贴神像。节日夜里,家家户户都点着一排排油灯,密密麻麻,商店门口点缀着五颜六色的彩球,据说这都是为了给罗其密女神照明,请

① 王树英:《南亚印度教与文化》,中央民族大学出版社,1999年版,第42~44页。

她到自己家来,所以人们家里的门窗等全部是打开的。灯节的时候,婆罗门祭司会带领大家做仪式,仪式完毕后会把供品分发给大家,说是神赐给的。仪式结束的时候,祭司还要给每个在场的人在前额上点朱红。

霍利节,又名洒红节,印历每年 3 月举行。每逢该节日,男女老幼手里都拿着装有各种颜色颜料的袋子,走街串巷,相互洒红取乐,互相祝贺,即使是以前的敌人也要相互祝贺,以消除隔阂,言归于好。

罗摩诞辰节,印历每年 1 月举行。罗摩是印度教罗摩派的主神,印度民间对他也非常崇拜。传说"罗摩"一名能消除罪过,而且罗摩名字的威力要比罗摩自身的威力大,因此,无论是节日庆祝,还是人们平日相逢,嘴上总是在"罗摩,罗摩"。由于人们认为在罗摩诞辰节进行斋戒能赎各种罪孽,而且听罗摩诞辰的故事能使人家财万贯、全家幸福,所以每到这一天,不管有多大困难,人们都要过罗摩诞辰节。节日期间,人们烧香斋戒顶礼膜拜,有的甚至通宵不眠,唱赞歌和讲述罗摩故事,以祈求得到罗摩的保佑,死后升天。①

恒河圣水沐浴节,每 12 年举行一次,是最为隆重的宗教节日之一。在印度人的眼里,恒河是"圣河""母亲河",传说恒河是女神的化身,是女神使原来泛滥成灾的恒河得以驯服,从而使人们能够安居乐业。印度教徒认为,恒河水能洗去一个人的罪孽,所以即便在平日的清晨,都会有成千上万的印度教徒怀着虔诚的心情,走进恒河用圣水冲洗自己的身体。由于恒河在印度教徒心目中的神圣性,所以印度教徒一般都期望死后能于恒河畔火葬,将骨灰撒于恒河中,以求死后升入极乐世界。

除了上述节日外,还有罗其密节、杜尔迦节、保护节、拜陀节、哈奴曼诞辰节等。

第五节　印度教在世界的传播

印度文明是世界灿烂悠久的古代文明之一,印度教文化源远流长,引起了世界的广泛关注。西方著名宗教社会学家马克斯·缪勒曾经说过:如果有人问我在什么样的天空下,人的心灵……对生命中最重大的问题做过最深刻的思考,而且已经对其中的一些问题找到了解答,是值得被那些甚至研究过柏拉图和康德的人注目的……我就会指向印度。假如我再问自己,对我们这些几乎完全受希

---

① 王树英:《南亚印度教与文化》,中央民族大学出版社,1999 年版,第 136 ~ 138 页。

腊人、罗马人以及闪族之一的犹太人的思想所教养的人来说,什么文献最有匡正的效果,而最需要它使我们内心生命更完美、更全面、更普遍,事实上是更人性化的一种生命……我会再度指向印度。印度文明绵延了3 000多年的历史,在漫长的发展岁月中,印度教的信仰与文化伴随着商贸往来和移民迁徙,也传播到世界的许多国家和地区。

一、印度教在亚洲

印度教产生于南亚大陆,所以最早是在南亚地区流传,并逐渐传播到亚洲广大地区。大约在公元前后,印度教传播到今天东南亚的缅甸、越南、柬埔寨、马来西亚、新加坡、印度尼西亚等国,但是在后来的发展历史中,印度教在东南亚各国逐渐退居到次要的位置,信仰的人数也逐渐减少。目前印度教只在南亚的少数国家占据主导地位。

(一)印度教在南亚

印度教大约是在公元前6世纪传到尼泊尔的,传播的方式主要是由从印度逃亡到尼泊尔的印度王公带去的。公元8世纪,尼泊尔国王把印度教改革家商羯罗大师请到尼泊尔,让他大力宣讲印度教,并排斥佛教,因而使印度教在尼泊尔有一个较大的发展。13世纪穆斯林统治印度以后,大批的印度王公和婆罗门为了逃避伊斯兰教的迫害而涌入尼泊尔,也使印度教在尼泊尔的势力扩大。14世纪,统治尼泊尔的马拉王朝极力推广印度教,不仅使种姓制度在尼泊尔确定下来,而且使印度教在尼泊尔的影响逐步超过佛教。到了18世纪,印度教在尼泊尔已占据主导地位。现在,印度教是尼泊尔的国教,全国人口的89.5%都信奉此教,约有信徒1 600多万人。其次是佛教,有5.7%的人口信仰。①

尼泊尔的印度教徒十分敬拜神,每家每户都供奉神像,他们每天都要多次向神祈祷,而且必须是空腹敬神,否则就是对神的大不敬。印度教徒崇拜牛,但是印度本国的印度教徒崇拜白色母牛,而尼泊尔的印度教徒却特别崇拜黄牛,视黄牛为神,黄色的母牛被尊称为母亲。法律规定对黄牛不许杀、不许食,否则就会受到相应惩罚。在农村,一律不许用黄牛拉车、耕地,而只能用于放生行善。

印度教大约是在公元前6世纪的时候传到今天的斯里兰卡地区的,传入的方式主要是随着雅利安人向这一地区的迁徙而传入的。迁入的雅利安人与当地的土

① 朱明忠:《印度教在世界的传播与影响》,《南亚研究》2000年第2期,第44页。

著人混合,逐渐形成僧伽罗族。实际上,印度教传入斯里兰卡地区的时间要比佛教传入该地区的时间要早,但是后传入的佛教却后来者居上,慢慢地在斯里兰卡地区扎下根。现在,斯里兰卡的主要宗教是佛教和印度教,有67%的居民信奉佛教,大多数是僧伽罗族人,主要居住在南部,16%的居民信奉印度教,主要是湿婆派和毗湿奴派,信奉印度教的居民大多数是泰米尔族人,主要分布在北部地区。由于信仰和风俗的差异,两大民族的矛盾和争斗不断。

南亚的孟加拉国和巴基斯坦也有信奉印度教的,但是和斯里兰卡一样,都不占多数。这两个国家的民众都以信奉伊斯兰教为主,都是伊斯兰教国家。由于历史原因,现在的孟加拉国仍有12%的居民信仰印度教,印度教徒约有1 400万人。巴基斯坦是以伊斯兰教为国教的国家,印度教徒在总人口中的比例不到3%。

(二)印度教在中国

印度文明和中国的文明都是世界最古老的文明,两国很早就有往来,印度教传播到中国的时间与佛教传入中国的时间大体相同。

在中印文化交流中,有许多著名的佛教学者不远万里来到中国,他们把大量的佛教梵文经典翻译成汉文,同时还通过佛典把许多印度教文化传入中国。这些学者以摄摩腾、鸠摩罗什、菩提达摩等人为代表。根据考古资料,在我国唐朝时期的广州就已有印度教寺庙,而泉州的印度教寺庙则可能是在北宋时建立的。在泉州出土的文物中,可以见到大量的石制林伽,还有印度教主要神祇的石刻造像和雕像,如毗湿奴、湿婆、黑天、吉祥天女等,另外还有往世书神话中的浮雕,泰米尔语的铭文和菱形的石柱等。在新疆克孜尔和敦煌石窟可以见到印度教神话的壁画、神像等。由此可见,当时印度教的几个主要教派都在中国有所传播。现在,我国还保留着许多印度教的梵文经典,如《薄伽梵歌》《摩诃婆罗多》等,这些梵文原典大都是11世纪以后的抄本。①

印度教的瑜伽术大约在4世纪传入中国汉族地区,对佛教、道教的医学、武术以及民间的气功术都产生过影响。传入藏族地区的瑜伽术和藏传佛教的某些修炼术结合后,又形成了一套藏密瑜伽体系。此外,中国佛教禅宗也都受到印度瑜伽的影响。

---

① 黄心川:《印度教在中国的传播和影响》,《宗教学研究》1996年第3期,第78页。

左图是雕刻在门框石上的一只赤裸身躯的猴子,手里拿着一枝三片叶子的仙草,悠然自得地坐在石头上。它就是印度史诗《罗摩衍那》中的神猴哈奴曼!右图是泉州开元寺的西塔(1228—1238年)上雕刻的一尊神猴,它就是中国古代神话中的孙悟空。学术考证的结果表明,哈奴曼乃是孙悟空的原型。中印两大神猴终于在泉州刺桐会面,这不能不说是两国文化交流史上的一段佳话。

目前,我国关于印度教的研究越来越深入,许多学者在从事着印度教研究,一些印度教经典被翻译成中文,也出版了为数不少的印度教研究专著。印度教基本经典《五十奥义书》《摩奴法论》《薄伽梵歌》都已被译成中文。1994年以来,朱明忠分别出版了《恒河沐浴——印度教概览》和《印度教:宗教与社会》等专著,对印度教进行了全面的介绍和研究,对于我们深入了解和研究印度教起到了积极作用。

二、印度教在欧美

印度人同欧洲的交往由来已久,在世界历史上,著名的波斯帝国曾经把自己的统治扩大到印度河流域,后来的亚历山大大帝同样打到印度河流域,传说他在撤军时,收集了很多有关印度和印度教的资料,并带回欧洲,从而使印度教的信仰和文化慢慢传入欧洲。另据考证,印度教的信仰和文化确实对欧洲产生过不小的影响。在欧洲哲学流派中,新柏拉图主义的创始人普罗提诺就深受印度教哲学的影响,他宣扬神秘主义,其描述个人灵魂的语言具有印度教的风格,所以有些学者认为，新柏拉图主义学说与印度教的吠檀多哲学和瑜伽学说极为相似。有些学者经过考证，甚至认为格林童话、安徒生童话以及欧洲许多神话故事都来源于印度。印度教思想传入德国后，对德国哲学家和文学家产生了很大的影响。例如，德国哲学家、唯意志论的创始人叔本华对印度教经典《奥义书》倍感兴趣，推崇至极。

19 世纪后半时期以来，随着各国间交往的日益密切和广泛，印度教在欧美的传播也越来越广泛，欧美人士对印度教的了解也逐渐深入，越来越多的欧美人声称他们信仰印度教，甚至组织社团来宣讲和传播印度教义，这都更好地促进了印度教在欧美的传播。在印度教向欧美的传播过程中，印度哲学家斯瓦米·维韦卡南达（1863—1902）做出过重要贡献。他于 1893 年赴美国芝加哥参加世界宗教大会，此后游历美国和欧洲三年多，先后访问过英国、德国、瑞士等欧洲国家，做了数十场有关印度教和吠檀多哲学的讲演，宣讲印度教的信仰与人生哲理，有力地促进了欧美人士对印度教的了解。1896 年，他在纽约创办了吠檀多研究会。1899 年，他在印度加尔各答创立了罗摩克里希那传教会。此后，在美国和欧洲陆续出现了一些传播和研究印度教文化的组织，如罗摩克里希那教会的分会等等，这些组织在欧美都有很大的影响。

20 世纪 60 年代以来，印度教在欧美的传播逐渐达到高潮，特别是印度教的一些新兴教派在西方世界得到了广泛的传播，因此，在今日的美国、英国、法国、德国、俄罗斯以及东欧等国家，出现了许多新的印度教教徒。这些新兴教派的传播主要是由一些新兴教团来传播的，在所有新兴教团中，影响最大的是国际黑天意识会。

国际黑天意识会由印度教传教士斯瓦米·普拉布帕达于 1966 年创办于美国纽约。斯瓦米·普拉布帕达 1896 年出生于印度的加尔各答，受过高等教育，擅长用英文宣讲印度教教义，于 1944 年创办了英文杂志《回归神性》。后来他放弃家庭生活，全身心地投入到印度教教义的研究以及印度教的传播工作，在创立国际黑天意识会后，他以美国为基地，周游世界，几乎走遍了五大洲，到各国传教，并在各国建立国际黑天意识会的分会，不断地将自己的教团向全世界扩展。

国际黑天意识会尊崇印度教黑天派教祖查伊塔尼亚为祖师，认为他是黑天大神在人世间的化身，把他的教导和《薄伽梵歌》视为根本经典。该教团宣扬，人是由灵魂和肉体所组成的，人的灵魂由黑天大神的精神力量构成，人的肉体则是由黑天大神的物质力量所创造。因此，只要真心诚意崇信黑天大神，服从黑天大神在世间的代表——灵性导师的教诲，修炼敬拜黑天的各种行法，就可以获得黑天意识，最终达到解脱和永世。该组织内部实行四个种姓制度,但种姓的划分不是根据出身和家世,而是根据个人的才干。该组织严禁信徒赌博、吸毒、肉食和非法关系,要求信徒遵守印度教的习俗。

国际黑天意识会的教义对于西方发达社会精神空虚的人们很有吸引力,特别是西方社会的年轻人,他们对国际黑天意识会的教义非常感兴趣。现在,国际黑天意识会已经成为一个世界性的宗教组织,它在世界各地设有100多个分会,并且建立了许多修道院、寺庙、学校和农业社团。该教团的刊物《回归神性》也用几十种文字在全世界出版。[①] 伴随着以该教团为首的新兴印度教派在欧美的活动和传播,越来越多的欧美人了解了印度教信仰和文化,印度教在欧美的影响也越来越大。

阅读材料

圣雄甘地的"哈里真"运动

种姓制度在印度根深蒂固,改变缓慢,即使到了现代,种姓制度所造成的等级差异在边远的村落存在的非常明显。从印度独立以来,历届政府都在进行改革,努力改善"贱民"阶层的地位和生活,但是收效甚微。这个改革的开端可以追溯到印度独立前印度圣雄甘地所领导的"哈里真"运动。

"哈里真"是甘地对"贱民"的称呼,意思是"神之子民"。他说:"我虽不是'贱民'出身,却一向自认为是一个'贱民',我努力使自己有资格代表他们。我不是要代表他们中的前10名,使他们感到'贱民'中还有阶级。我是要代表那些最底层的、看不到的、不可接触的、时常萦绕在我心头的可怜大众。我想要提高他们,不在于给他们在议会中保留席位,主要在努力推行革新印度教的工作"。由此可见甘地对"贱民"的认同和同情。

思考与练习

1. 印度教的形成和发展有什么特点?

① 朱明忠:《当代印度教在欧美的传播》,《南亚研究》2000年第2期,第48~51页。

2. 什么是种姓制度？它的特征和危害是什么？

3. 印度教的基本教义是什么？

4. 印度教的礼仪有哪些？

5. 印度教的经典主要有哪些？

6. 如何看待印度教当今在欧美的迅速传播？

第八章

犹太教

本章要点

- 犹太民族是一个多灾多难的民族，但其历经灾难而不衰，甚至在经历长达近2 000年的悲惨流散经历后能够复国，甚至使已经死亡的语言——希伯来语复活，这其中犹太教起着不可磨灭的重要作用。
- 犹太教伴随着犹太民族的起源而起源，但是犹太历史上的民族英雄摩西被公认是犹太教的创立者，以后又相继出现了第二摩西和第三摩西，他们都对犹太教的发展做出了重要贡献。现代犹太教分裂为改革派、保守派和正统派。在犹太教的发展过程中，犹太教形成了很多经典，其中最重要的是《旧约圣经》《塔木德》《米德拉什》三部。
- 犹太教是一神教，相信上帝是唯一的至高神，犹太民族认为他们是上帝的特殊选民，犹太民族虽然历经艰难，但是犹太人坚信，万能的上帝是不会视而不见的，上帝终将派弥赛亚来拯救他们，让他们回到应许之地。
- 犹太教的节日和犹太民族的发展联系在一起，具有浓厚的宗教意味，犹太教的主要节日有安息日、逾越节等。
- 犹太教大约是在我国唐朝时伴随着犹太人的到来而传入中国的，形成具有一定规模犹太社团的是我国宋代的开封，但是开封犹太人后来由于多种原因而逐渐消失了自己的民族特性。近代以来，犹太人曾在上海形成了一定的规模。改革开放后，犹太教获得了很好的发展机遇，现在在北京、上海、广州等地都有一定的规模。

第一节 多灾多难的犹太人

一、犹太民族的由来

希伯来民族是世界上最古老的民族之一，这个民族的始祖就是现代犹太人的祖先。希伯来民族的历史最早可以追溯到公元前3000年，《旧约圣经》中的历史书卷记录了这个民族的起源和简要的历史发展。

大约在公元前3000年，在西亚美索不达美亚（两河流域）的南部（今日伊拉克地区），有一个属于闪族的部落住在吾珥城，族长名叫他拉。现代考古学家证实这个闪族所在地早在公元前2500年的时候就已经非常繁华，但是后来被彻底毁灭了，这个闪族部落可能就是在居住地被毁灭时候被迫迁走的。《旧约圣经》中对此也有记载，并且说他们的迁徙是上帝的命令："耶和华对亚伯兰说，你要离开本地、本族、父家，往我所要指示的地去，我必叫你成为大国。我必赐福给你，叫你的名为大，你也要叫别人得福。为你祝福的，我必赐福与他；那诅咒你的，我必诅咒他。地上的万族却要因你得福。"①他拉家族从吾珥出发，向西渡过幼发拉底河，经过长途辗转跋涉之后，终于来到上帝所应许给他们的"迦南美地"。当时在迦南地区居住的居民是迦南人，他们把这批从东部迁入者叫做"越河过来的人"。"越河者"的迦南语读音为"希伯来（Hebrew）"。"越河者"原来是对这批东来入侵者的贬称，后来演变成这个民族的名称，即以后生长强大起来的"希伯来"民族。

他拉之长子亚伯兰遵循上帝的命令改名为亚伯拉罕，并且上帝许诺说将来要使其成为"多国之父"②，但是亚伯拉罕一直没有生育儿女，只是到了100岁的时候才生了个儿子以撒。以撒娶妻利百加，利百加生孪生子以扫和雅各布，但是这兄弟俩并不能友好相处，结果弟弟雅各布被迫逃亡到舅舅家里，雅各布在舅舅家放羊十几年，以此为代价才把两个表妹利亚与拉结娶过来为妻，生养了12个儿子，并逐渐在异乡发达起来。

发达起来的雅各布日益思念故乡，当上帝向他显现让他回故乡后，他就率领自己的家庭走上了返乡之路。有一天黎明，忽出现一人来与他只身摔跤，雅各布拼命

① 《创世记》第12章，第1～3节。

② 《创世记》第17章，第1～6节。

与之较力，最终取得胜利。那人实为神的使者，于是为雅各布祝福说："你的名字不要再叫雅各布，要叫以色列，因为你与神、与人较力，都得了胜。"①所以，"以色列"(Israel)这个词的意思就是"与神摔跤"。雅各布从此之后就改名为"以色列"，他的12个儿子以后繁衍为希伯来民族的12个支派，这个民族从此亦称为"以色列"民族，直至今天。

二、犹太人的三次大流散

公元前1730年，迦南地区遇到了大旱灾，在雅各布的带领下，大批犹太人逃往埃及，在尼罗河附近地区居住下来。后来雅各布的子孙在埃及也慢慢发展壮大起来，甚至威胁到了当地埃及人的生存，于是埃及法老开始迫害他们。最后，在上帝的帮助下，摩西带领犹太人回到了"流着牛奶和蜜之地"的上帝应许之地，但是他们并没有获得长久稳定而又安详的生活，反而在外族的侵略下经历了三次悲惨的大流散，从而使犹太人流散于世界各地。

（一）第一次大流散

在犹太人的历史上，所罗门是一位伟大的国王，他继承父亲的王位后，不仅注重加强国家统治，也注重发展经济特别是贸易。他的贸易船队航行于红海、地中海，远达非洲、印度等地。所罗门统治时期是犹太民族的黄金时期，他不仅使国家强大起来，而且花了7年时间修建了圣殿，此座圣殿后世称之为"第一圣殿"。但是在他统治的末期，由于他偏袒南方犹大支派，从而增加了北方支派的离心倾向。所罗门王一死，这个持续了近100年的统一王国很快分为两个国家，南方为"犹大"国，北方为"以色列"。分国之后，北国以色列处于较优越地位，其土地面积大、人口多，加上有发展贸易的优越条件，所以国家盛兴一时，但是国内非常不稳定，王朝更迭频繁，公元前722年，北国以色列被西亚兴起的强国亚述国灭亡，大批北国以色列人被掳去亚述各地。

南方犹大国虽然地处高原贫瘠山区，封闭保守，国家贫穷，但是与外界接触很少，国家局势稳定，当北方以色列国被亚述国灭亡后，犹大国仍然存在了100多年，直到公元前597年，新巴比伦国王尼布甲尼撒攻破南国首都耶路撒冷，洗劫了耶路撒冷王宫与圣殿的财富，并将国王及其家族、宫廷上层人士、官兵和技术人员等1万多人作为战争俘虏掳到巴比伦，这是犹太人第一大流散的前奏。

① 《创世记》第32章。

智慧之王所罗门

公元前588年，犹大国最后一个国王背叛巴比伦，尼布甲尼撒再度出兵围困耶路撒冷，经过长达2年的围困，最终攻入耶路撒冷，巴比伦的军兵再次掠走圣殿财宝器物，最后放火焚烧圣殿、王宫、民房，拆毁耶路撒冷的城墙，城中居民除了那些老弱病残不能带走的外，全部掳到巴比伦。这就是犹太历史上有名的“巴比伦之囚”，也是犹太人第一次大流散。犹太历史从此也进入了巴比伦之囚时期。这个时期持续近半个世纪，直到公元前538年，波斯国王居鲁士释放被掳的犹太人归回巴勒斯坦。

被掳走的身处异国的犹太人和被留下来的犹太人命运都非常悲惨，圣经中的《诗篇》以及《耶米利哀歌》对此都有描述，基本上较为真实地反映了当年耶路撒冷毁灭后的惨状。这一时期的流散也造成犹太10个部落的失踪，成为犹太历史上的一个谜案。

（二）第二次大流散

公元前538年，波斯国王居鲁士下诏通告全国，犹太被掳之民凡自愿回归耶路撒冷的人，都可以回去，并鼓励暂时不能归回者给归回的同胞经济上的支援。在波斯国王居鲁士的许可下，首批大约5万多犹太人经过1年多跋涉，行程1 000多公里，终于回到耶路撒冷。回到耶路撒冷后，他们马上就以极大的热情着手开始修建圣殿，在众人的欢呼声中重新立下圣殿的根基。经过20年的建造，圣殿终于在公元前516年建成，史称“第二圣殿”，犹太人从此又过上了正常的宗教生活。但是好景不长,100 多年后,他们在希腊人的统治之下,相互杂居,从而造成犹太人历史上的第二次大流散。

随着波斯帝国的灭亡,犹太人处于希腊人的统治之下,并随着希腊人的征战分散到地中海四周。在整个希腊化时期,犹太人的离散处于两个极端,一个是摩西律法和犹太传统,另一个是希腊的价值观。当离散的犹太人试图与耶路撒冷保持紧密联系的时候,他们最关心的是他们与当时托勒密王朝国王的关系。离散时期的犹太人在融入希腊文化的同时又要保留他们自己的犹太特征和身份,这实在是太艰难了,最终的结果要么是被完全同化,要么就是被驱逐到孤立的犹太社团那里去。在希腊文化的熏陶下,许多犹太人逐渐崇拜希腊哲学和希腊教育,他们在希腊哲学中发现了伟大的理想,在希腊的逻辑学中发现了意义,在希腊的艺术中发现了美。

总体来说,希腊化时期的犹太人处于一种离散状态之中,在地中海四周都有犹太人的存在。但是这种离散状态与以前的"巴比伦之囚"和后来罗马时期的离散有区别,因为希腊化时期的犹太人离散并不是被迫的,在很大程度上是犹太人自己融入巴勒斯坦以外的希腊文化世界中的自愿行动,特别是积极融入托勒密王朝统治下的埃及。这个离散横跨两个世界,一个世界是希腊文化价值观,另一个世界是摩西律法。离散的犹太人,特别是亚历山大里亚的犹太人用各种不同的方式在这两个世界中取得平衡,既强调普遍价值以及对王朝的忠诚,也强调对自己律法的忠诚,从而使自己在希腊化世界中得以生存。

(三)第三次大流散

公元前 63 年,罗马将军庞培进占叙利亚、巴勒斯坦,设立罗马行省,标志犹太历史希腊时期的结束,进入罗马统治时期。由于罗马统治者的暴政,导致了两次犹太人大起义,也直接导致了犹太人的第三次大流散。

罗马帝国占领耶路撒冷之后,在委派官员进行统治的同时,还任用当地的犹太王和祭司长从中协调进行统治。这些被委派的官员以强大的罗马军队为后盾,经常抢劫耶路撒冷圣殿里的财物,犹太人恨之入骨。公元 66 年,罗马巡抚利用犹太人内部发生纠纷之机,又开始洗劫圣殿里的财物,结果被犹太人击退,最后连罗马帝国从叙利亚派来的援军也被击退。在这种情况下,新任罗马皇帝派提多为统帅,率领大军围困耶路撒冷,最后在公元 71 年攻陷耶路撒冷。这次圣殿遭到彻底性的毁灭,几乎化为灰烬。罗马兵疯狂屠杀起义犹太战士,被钉死在十字架上的犹太人不计其数,还有 7 万被俘的犹太战士被卖为奴隶。

公元 118 年,罗马皇帝哈德良无视犹太人对圣殿废墟的感情,计划在废墟上重建一座罗马式的城市和一所罗马宙斯神殿。他甚至颁布法令，要求罗马境内的犹太人禁行割礼。在犹太人的心目中，圣殿是神圣地，割礼是神圣的，罗马皇帝的这两项行动引起了犹太人无比愤恨的火种，犹太人忍无可忍，终于爆发了反抗罗马统治的武装起义，史称“犹太战争”。公元132年起义爆发初期，犹太人一度夺回耶路撒冷，最终起义还是失败了，起义军首领巴・柯克巴壮烈牺牲。起义失败后，罗马皇帝哈德良在耶路撒冷修建了一座新城，禁止任何犹太人进入，犹太人的圣城耶路撒冷变成一座外邦人的城市。从此犹太民族进入了为期1 800多年的“世界性大离散时代”。

三、犹太人在第二次世界大战前后的悲惨遭遇

流散到世界各地的犹太人的命运并没有因为他们的背井离乡而有所好转，相反他们的命运更加悲惨。特别是到公元6世纪后，随着基督教和伊斯兰教的兴起，由于宗教信仰和生活习俗的差异，更由于经济上的原因，客居异国的犹太人逐渐不受欢迎，歧视、奴役进而迫害残杀的事件不断发生。西班牙、英国、法国、葡萄牙、德国、意大利等国家都发生过迫害犹太人的事件，十字军东征时，犹太人也是十字军残杀的对象。由于犹太人的宗教性格，更由于犹太人所在国家的歧视和迫害，犹太人逐渐被隔绝于当时的社会之外，他们逐渐集居在当地专门为犹太人设置的隔离区，这种隔离区被称为“隔都”，今天的意大利仍然还保留有16世纪犹太人聚居过的“隔都”。

但是，犹太人更大的悲惨命运还在后面。20世纪前后，欧洲各国由于种族主义抬头，再加上政治动荡、经济危机以及犹太人的经济成功等原因，反犹浪潮再度兴起，很多国家采取限制、驱逐、没收财产等政策，打击犹太人，有的甚至采取种族灭绝的政策。德国的希特勒就执行了这种政策，从而使欧洲的犹太人遭受了灭绝性的大屠杀。

1933年，希特勒在德国上台，开始逐渐实行反犹、排犹直至屠犹的灭绝政策。1935年9月，德国通过《纽伦堡法》，不承认犹太人为德国公民。1938年，德国并吞奥地利，40万奥地利犹太人遭到迫害，无数的犹太人被吊死在犹太会堂里。在这段时期内，东欧的国家如波兰、立陶宛、拉脱维亚、罗马尼亚、匈牙利，也仿效德国开始推行反犹政策。在这些反犹和排犹的浪潮中，犹太人的财产被收归国有，成千上万的犹太人被扔进运送牲畜的货车，运到东欧集中营，在那里被强迫劳动，直至死亡。

1941年底，纳粹德国下达了《最后决议》，这个决议就是要从根本上消灭所有

犹太人。纳粹试验过很多方法,最后决定采用一种最便宜、最有效的方法,即用一种致命化学混合剂来毒杀犹太人。在纳粹统治期间,600 万犹太人被屠杀,这个数字相当于当时全世界犹太人总数的 1/3！欧洲的犹太人几乎被屠杀殆尽。

第二次世界大战结束后,犹太人的悲惨遭遇真相大白,全世界都为之震惊。大屠杀同时也对犹太教神学产生了持久的影响。一位犹太神学家理查德·鲁宾斯坦在其书中写道:"在纳粹时代之前,无论何时存在着对犹太人的严重威胁,无论它有多么严重,上帝都多少回应了其子民的哭喊。而在奥斯威辛和其他集中营里,当绝处无生的犹太人被驱向焚尸炉时,他们开始吟诵犹太教经文,高声颂扬自己的民族文化,然而上帝似乎没有回应他们的祈祷……我说,我们生活在'上帝已死'的时代,我的意思是:联系着神与人、天与地的线断了。我们站在一个冷酷、寂静、无情的宇宙之中。除我们自己的才智外,再没有任何客观力量可以来相助。在发生奥斯威辛集中营的罪行之后,一个犹太人对于上帝还能说些别的什么呢?"①希特勒血腥屠杀产生的后果之一,就是使流散的犹太人都变成强烈的犹太民族主义者。第二次世界大战后的犹太幸存者强烈地要求迁居巴勒斯坦,寻求建立一个属于犹太民族的国家。

四、犹太人千年流散的终结

处于离散状态的犹太人始终梦想回到他们的应许之地,特别是当他们处于悲惨境地的时候,这种梦想就更加强烈。随着时间的流逝,这种思想逐渐形成了一股叫做"锡安主义(Zionism)"的思潮,而"锡安"正是耶路撒冷的别称。

犹太复国主义思想的奠基人是摩西·赫思。他在 1862 年出版了《罗马与耶路撒冷》一书,影响深远。该书向全世界犹太人阐明一条在巴勒斯坦建立一个模范社会国度的理想道路,这就是动员流散世界各国的犹太人向巴勒斯坦移居。使"锡安主义"进入有组织活动的是犹太人西奥多·赫茨尔。他目睹了自己同胞的悲惨遭遇,逐渐投身到犹太复国事业之中。1896 年,他出版《犹太国》一书,号召世界所有的犹太人共同努力建立一个民族国家。在赫茨尔的组织下,1897 年 8 月 29 日,第一届世界犹太人代表大会在瑞士巴塞尔召开,正式成立"世界犹太复国组织"。

1917 年第一次世界大战期间,英国外交大臣贝尔福发表《贝尔福宣言》,支持犹太人在巴勒斯坦建立一个犹太人民族之家。第一次世界大战结束后,巴勒斯坦

① 黄陵渝:《当代犹太教》,东方出版社,2004 年版,第 38 页。

成为英国的“委任统治地”，从此以后，世界各地流散的犹太人纷纷向巴勒勒坦迁移。从1919至1948的30年中，迁移巴勒斯坦的犹太人达到了50多万人。大量犹太人的涌入，引起巴勒斯坦地区阿拉伯人的强烈反对，由此开始两个民族在巴勒斯坦地区的冲突。1947年11月29日，联合国大会第二届全体大会投票通过了《关于巴勒斯坦将来治理问题的决议》，决定在巴勒斯坦建立两个独立的国家：一个是面积1.1万平方公里的阿拉伯国家，另一个是面积1.4万平方公里的犹太国家，耶路撒冷城由联合国托管，这样联合国就承认了犹太人有在巴勒斯坦建立犹太民族国家的权利。

1948年5月14日，英国总督离开巴勒斯坦，宣布英国委任统治结束。同一天，以色列国在特拉维夫宣告成立，犹太民族从此结束了长达近2 000年的流散历史。随后，流散在世界各地的犹太人开始向以色列国家迁移，回到他们的应许之地。以色列国家虽然建立了，但是与阿拉伯国家的矛盾却没有得到很好的解决，由此还爆发了大规模的战争。

第二节 犹太教的创立和发展

“犹太教和犹太人是统一的，犹太人是犹太教的外形，犹太教是犹太人的精神内核。”①犹太人的千年流散并没有导致犹太人团结精神的消失，灭绝人寰的屠杀也没有使犹太民族消亡，犹太人历经艰难，最终回到应许之地建立了自己独立的民族国家，这不能不说是一个奇迹。创造这个奇迹的重要力量之一就是犹太教。

一、第一摩西

犹太教的渊源可以追溯到希伯来人的始祖。犹太教的起源始于亚伯拉罕。亚伯拉罕原与父亲住在吾珥，吾珥是巴比伦开化最早、最大的都市，因此，住在此地的希伯来人也受到巴比伦多神教的影响。耶和华上帝亲自与亚伯拉罕立约，亚伯拉罕也认耶和华为唯一的主，这就是犹太教的起源。但是到了摩西的时候，犹太教才真正创立，摩西是公认的犹太教创立人。

公元前1730年，迦南地区遇到了大旱，在雅各布的带领下，很多人逃到了埃及，数百年之后，以色列民族逐渐强大起来，这使得他们在经济上与埃及人的矛盾

① 徐向群：《沙漠中的仙人掌》，新华出版社，1998年版，第14页。

越来越严重,埃及法老逐渐采取奴役和迫害的措施,限制以色列民族在埃及的发展,双方的矛盾日益加深。这时,摩西承担起把犹太人带出埃及的使命。

在摩西的带领下,以色列人集中离开埃及,法老听说后,下令军队追击。希伯来人来到红海时,眼看就要被法老军队追上,在上帝的帮助下,只见摩西将手中的木杖击向海水,上帝刮起东风,海水向两边分流,露出一条海底通道,以色列人从容地走向对岸。当所有人上岸后,摩西又将木杖伸向大海,海水立刻奔腾咆哮起来,把法老的追兵全部淹死。在犹太人历史上,《出埃及记》构成了自由传奇的最高象征,犹太人由衷感激上帝耶和华的眷顾。

摩西带领以色列人出埃及,在西奈山领受了上帝的十戒,这十戒的内容是:①除了我以外,不可有别的神;②不可雕刻偶像;③不可妄称上帝的名字;④要守安息日;⑤要孝敬父母;⑥不可杀人;⑦不可奸淫;⑧不可偷盗;⑨不可做假见证陷害人;⑩不可贪婪别人的一切。

摩西十戒强调了一神论的信仰,明确提出反对偶像崇拜,规定了犹太人应当遵循的道德标准。这十条戒命作为犹太教最基本的教义和信条,是犹太教创立的正式标志。后来摩西又颁布了一系列律法,规定了一系列的宗教礼仪和制度,涉及神职人员的职责与特权、平民的法律地位、权利与义务、财产所有权、债务、婚姻、家庭与继承、犯罪与刑罚、审判机构与诉讼等等。这是犹太教的最初样式,为犹太教的深入发展奠定了基础。

二、希腊化时期犹太教的发展

本书所指的“希腊化时期”是广义的理解,即把希腊化时期分为前期的希腊化时期(公元前 331 ~ 公元前 31 年)和后期的“希腊罗马时期”。

公元前 6 世纪 30 年代,犹太人回归耶路撒冷,重新建造第二圣殿,恢复犹太教的发展,以后历经希腊时期异族的统治与磨难,直至罗马帝国时期被彻底驱逐出耶路撒冷,在这漫长的时期里,由于犹太人内部经济地位的分化以及不同时期他们所面临的统治阶级对犹太人的态度不同,犹太教内部也形成了不同的派别,主要有以下四个派别:

撒都该派,这一派由圣殿当权的祭司、贵族、富商等一批上层人士所组成。撒都该派虽不如法利赛派人多,但却代表着古代祭司的贵族政治。该派严格按照圣经的字面意思来理解和解释圣经,认为只有《托拉》才是正经,他们不承认天使及诸灵的存在,也不相信人的不朽,崇尚理智而反对超自然主义。该派为了保持自身的影响力，在政治上采取机会主义的态度，经常和当政的王朝政治势力结合在一起。公元70年，耶路撒冷被罗马人摧毁，从此这一依附于圣殿为生的特权教派逐渐销声匿迹，终于消灭无踪。

法利赛派是由犹太教的中层人物主要由文士与律法师组成。他们严守旧约圣经的字面意思，但也采用寓意解经的方法来解释律法，以使律法适用于变化了的社会。他们对口传律法也相当重视，相信天使及众灵的存在及灵魂的不灭以及肉身的复活。法利赛派注重维护犹太教的传统与犹太生活规范，盼望"弥赛亚"降临。由于他们反对希腊化、世俗化，所以是犹太教中的清教徒，也因此而称为"分离者"，就是要强调与别人的不同。法利赛派的思想一直延续了下来，成为现代正统的犹太教道德、礼仪和律法的基础。

艾赛尼派主要是由社会的下层人员组成。这些人虽然社会地位低下，但是信仰虔诚，相信灵魂的存在，相信因果报应，注重虔修祈祷，殷切盼望救世主"弥赛亚"的来临；主张禁欲，反对世俗的奢华安乐，主张过淡泊清贫的生活，回到简单的过去；严守安息日，强调仪式、节期的洁净和个人的圣洁。由于该派成员都比较谦卑、友爱，所以很受别人的欢迎。但是该派对罗马统治怀有强烈的反抗情绪，不参与当时的政治生活，所以他们影响力很小。1947年，一个牧羊人在死海的库姆兰地区发现一批古代文献，这就是著名的死海古卷。古卷内容记述的就是艾赛尼派的教规和教义。

死海文书卷轴

奋锐党派的组织成员来源于社会下层的犹太无产者、贫困百姓。由于他们是狂热的民族主义者,所以该派又称狂热派。他们的宗教观点基本与法利赛派一致,严守律法,强烈盼望并宣传救世主“弥赛亚”的来临。在政治上,他们主张以暗杀、暴力为手段来对付敌人,认为忍受罗马统治是不忠于上帝,主张革除亲罗马的祭司和圣职人员。在罗马帝国统治时期,以狂热派为首的犹太人不断进行武装的反抗斗争。他们是第一次犹太战争的中坚力量,第二次犹太战争的领袖巴·柯克巴就是奋锐党的后代。

三、第二摩西

在犹太人的流散状态中,犹太教出现了两种发展方向:一种是神秘主义,这种发展方向是犹太人在长期遭受苦难之下对弥赛亚渴望的反映;另一种是理性主义,就是如何根据时代的变化来重新思考犹太教义,从而使犹太教更好地适应社会的发展,12 世纪理性主义神学家摩西·迈蒙尼德的出现就是犹太教这种发展方向的代表。

摩西·迈蒙尼德出生于西班牙科尔多瓦,曾是萨拉丁苏丹的御医,后来离开西班牙定居于埃及。迈蒙尼德虽然职业是医生,但是对哲学尤为感兴趣,他推崇亚里士多德哲学,潜心研究犹太教的教义和神学思想,努力使犹太教教义和当时的科学、哲学相协调,从而使犹太教教义更好地适应当时社会的发展,更好地指导犹太教徒的宗教生活和社会生活。在他生活的时代,伊斯兰教和基督教都已经有很大的发展,这无形之中对犹太教是一种威胁,他对犹太教教义的研究实际上也是对这种挑战和威胁的回应,从而使犹太教徒更好地坚定自己的信仰。他在自己的作品《困惑指南》中论证了上帝的存在,把犹太教的信仰归纳成 13 条,这 13 条被后世犹太教广泛接受。

摩西·迈蒙尼德归纳的犹太教 13 条信仰是:①创造主创造一切并管理一切;②创造主乃独一无二真神;③创造主无形无体无相;④创造主是最先的,也是最后的;⑤创造主是独一值得敬拜之主,此外别无可拜之物;⑥先知一切话语皆真实无误;⑦摩西是最大的先知,其预言是真实的;⑧犹太律法是神向摩西所传,不能更改;⑨律法永不改变,也不会被取代;⑩创造主洞察人的一切思想行为;⑪创造主向遵守律法的人赐予奖赏,向践踏律法的人施予惩罚;⑫弥赛亚必将来临,要每日盼望,永不懈怠;⑬相信死人复活。

摩西·迈蒙尼德对犹太教信仰的归纳对犹太教的发展做出了重要贡献,使犹太教的信仰内容更加明确。由于他的杰出贡献,他被誉为是领导以色列人出埃及的民族领袖摩西之后的"第二摩西"。迈蒙尼德的神学思想也曾对基督教圣托马斯·阿奎那的神学思想有很深刻的影响。

四、现代犹太教的派别

在近代西方理性主义的大潮中,犹太教的理性主义有了进一步的发展,这不仅是犹太教适应社会发展的需要,也是犹太教徒适应所在国家以获得认同和生存的需要。在犹太理性主义发展的过程中,出现了被称为"第三摩西"的门德尔松,他是犹太教近代理性主义的代表人物,也是近代犹太启蒙运动的先驱。

门德尔松全名摩西·门德尔松,德国犹太人,1729 年出生于一个贫苦的犹太家庭。他精通拉丁文和德文,喜欢研读摩西·迈蒙尼德的哲学,后来因为他在哲学研究方面的优异表现而被德国皇帝批准为享有特权的犹太人,享受不受驱逐的特权。他主张信仰应以理性为基础,认为犹太教仅仅是犹太人所特有的律法与礼仪,并没有独特的信仰体系,所以犹太人应放弃文化孤立的传统,广泛吸收其他民族的文化,因此主张并倡导犹太人掌握欧洲的文化,借以取得犹太人在法律上的平等并提高社会地位。为了使更多犹太人掌握欧洲语言,他把《托拉》翻译成德语,这也是他的杰出贡献之一。

在门德尔松的倡导和推动下,欧洲的犹太人形成了一股"哈斯卡拉"运动。"哈斯卡拉"的希伯来文意为"启蒙","哈斯卡拉"即犹太教正统派的启蒙运动。此运动反对犹太拉比的权威和犹太传统的保守生活方式,提倡学习新知识和现代新的生活方式。"哈斯卡拉"运动不仅促进了犹太教的更加开放,也使犹太教加速了向世俗化方向的迈进。由于门德尔松的杰出贡献,他被誉为希伯来民族历史进程中 18 世纪的"第三摩西"。

门德尔松开辟的启蒙运动所追求的目标有两个:一是冲破隔都的禁锢,把犹太人改造成真正的欧洲人;二是希望犹太人继续保持自己的民族特性。然而这是一个不易兼得的两难。正是适应启蒙运动目标的需要,德国犹太教内部率先实行了宗教改革,但是改革的直接后果是导致了犹太教的分裂。原来统一的传统犹太教逐渐分化出改革派、保守派以及正统派,这种局面一直持续到今天。

(一)正统派

正统派坚持犹太教信仰和传统,要求谨守安息日和犹太教历所规定的所有节期,遵守规定的饮食戒律和道德规范,服从拉比法庭根据犹太教律法所做的裁决等，所以此派的特点是强调传统，严格遵守拉比解释之下的摩西律法，拒绝犹太教的变革。正统派认为：上帝是永恒的，是全能、全知、全在、永在和富感情的上帝，《托拉》是上帝启示的结果，律法是犹太教的根本；人性是中性的，有向善和向恶的倾向，人可以靠着自己在律法上的努力，克服邪恶的倾向臻至完美。他们还相信将来弥赛亚的降临会恢复犹太国家，重建圣殿并恢复献祭礼拜。会堂是正统派祷告和学习的地方，所有的祷告都是用希伯来文，男女分坐，司会和会众面朝同一方向。

一般来说，正统派又可分出极端正统派、新正统派和哈西德派。现在，正统派在美国是少数派，约占600万犹太人口的6%，但在许多欧洲国家例如法国和英国仍然有相当大的影响力。

（二）改革派

改革派的主导思想是带有明显理性主义因素的发展观，即认为犹太教和所有的意识形态一样，必须随着时代的变化而变化，应该在发展过程中摈弃那些过时的、不合理性的成分，以适应现代生活的需要。此派不拘守犹太教的传统，寻求的是犹太主义现代化，注重接受科学文化与现代生活习惯。改革派认为律法是演进的、动态的，一旦宗教的戒律与文明社会对正义的要求有分歧时，得放弃宗教戒律。在改革派看来人性本善，透过教育、鼓励和人的进化，人可以活出他本有的善性。他们在改革中废弃了不少中世纪习俗。例如在会堂做礼拜时男女混坐，不用希伯来语而用所在国语言读经布道，实行男女平等原则，妇女有做经师的权利等。

改革派把犹太教定义为完全与科学、理性和谐共存的伦理一神教，奉行在全世界范围内实现和平、公正和各民族和谐统一的大同主义。1960年以前的古典改革派把大同主义和复国主义对立起来，强烈反对犹太复国主义。后古典的改革派改变了立场，成为支持复国主义和以色列国建设的重要力量。第二次世界大战以前，改革派的中心在德国，战后则转移到了北美。现在，改革派在北美犹太人中约占42%，是成长最快、力量最强的犹太教派。

（三）保守派

保守派是介于正统派和改革派之间的温和派。该派认为正统派过分强调传统，忽视现实生活的需要，改革派又过分注重现实，没有给予传统应有的地位，所以该派采取调和折中的态度，主张在过去和现在之间建立起活生生的联系。该派原则上接受犹太律法与传统礼仪，但也主张可灵活运用，不严守割礼与饮食禁忌。此派把犹太宗教和犹太文化与民族融为一体，认为犹太教既是宗教，又是民族文化，也是犹太民族的主要标志，所以保守派比改革派更加支持犹太复国主义。保守派不相信“原罪”,认为罪是个人在道德和社会上犯的错误行为。保守派会堂的用语为希伯来语,礼拜时实行男女分坐,妇女逐渐取得了和男子平等的地位,1985 年开始任命女性经师。

在犹太教的三大主要派别中,正统派势力较强,排斥改革派与保守派,它们之间始终存在矛盾与冲突。

第三节 犹太教教义

一、一神论

犹太教认为,世界上只有唯一的上帝,这个唯一的上帝就是犹太教的耶和华。《申命记》第六章第四节里说:“以色列啊,你要听,耶和华我们神是独一的主。”所以犹太人反对多神论,也反对无神论,更反对偶像崇拜。这个唯一的上帝的本质是“一”,这个本质是人所不能理解的。犹太人对上帝名字非常敬讳,不能随便称呼上帝的名字,“摩西十戒”中也规定,“不可妄呼上主,你的天主的名”。对于上帝称呼,犹太教中有多种称呼,有的称呼为 YHWH(汉语翻译为耶和华),这是最无歧义的上帝的名称,它只有书写形式,没有发音方式。根据犹太教规定,凡是写有上帝名称的希伯来文稿在损坏后不得销毁,必须在适当的地方加以掩埋。现在正统派犹太教徒倾向在书写时不写全上帝的名称,即使在使用其他语言时亦如此。

犹太教认为,这唯一的上帝是永恒的,是无所不在、无所不知、无所不能的。他超越于世界秩序之上,同时又深深卷入世界秩序之中。所以在犹太教看来,上帝是世界的创造者,不仅创造了人,还创造了宇宙里的所有一切,宇宙里的所有一切的源泉都是上帝。圣经中记载上帝创造了宇宙万物:天和地,日月星辰,动物和植物。上帝按照自己的形象造了亚当,后又造了夏娃,成为人类的始祖。上帝创造世界的原因是因为上帝的爱和善。

上帝是人类的救世主,上帝因为爱和善才创造了世界,所以上帝创造完世界之后并不是放任不管,而是对人给以充分的关照。他会关照那些最孤立无援以及最绝望的人,而且上帝会用他高贵的行动来拯救他的子民,所以上帝不仅是人类的救世主,更是犹太人的救世主,对犹太人有着特别的关照,会对他们的祈祷做出反应。上帝帮助以色列人排除万难,离开埃及,回到“流奶与蜜之地”。待到末日救世,上帝拯救的是天下万民,不只是犹太民族,那时“万民都要归流这山”,听上帝的教诲。

上帝是人类的立法者,也是执行者,凡违背上帝意愿的人必受到严惩。亚当和夏娃因受蛇的唆使违背主命,被逐出伊甸园。人类要敬畏上帝、热爱上帝,虔诚的犹太人一直寻求以其全部所有来热爱上帝,这种热爱是通过在每日生活中切切实实地遵从上帝的律法来表达的,因此律法对犹太人来说具有至高无上的重要意义。

二、上帝拣选的子民

犹太教认为犹太人是与上帝耶和华订立契约的特殊选民。这一契约是犹太人先祖亚伯拉罕与上帝订立的,它就像日月星辰的运行一样,永远不能废除。因为这一契约,上帝一直以慈父般的关怀照顾着他的子民,同时犹太人必须遵守契约,履行上帝赋予的职责。犹太人即便背叛了这个契约的规定,也不能解除它,而只能按照契约招致惩罚。由于这一契约,每个犹太人作为民族一分子都与上帝发生关联,犹太教与犹太民族观念血肉相连、密不可分地结合在一起。

在旧约圣经中,上帝多次和犹太人立约。第一次立约是上帝和挪亚之间的立约。在《创世纪》中,上帝说"我与你们和你们的后裔立约,并与你们这里的一切活物……凡是从方舟里出来的一切活物立约。我与你们立约,凡是有血肉的,不再被洪水灭绝,也不再有洪水毁坏地了。"在一场洪水之后的誓言中,上帝就这样通过挪亚与犹太人订立了契约。因为犹太民族始祖亚伯拉罕的祖先便是挪亚的长子闪姆,犹太人因而深信犹太民族是上帝的第一选民,是最优秀的民族。耶和华不仅从万民中挑选了他们,赐福于他们,而且其他民族也因他们而得福。并且,暴风雨后出现的彩虹,被定为这次契约的永久性象征。

第二次立约是上帝与亚伯兰立约。圣经中说,亚伯兰 99 岁的时候,耶和华向他显现,对他说:"我是全能的上帝,你当在我面前做完美的人。我将与你立约,并使你的后代极其繁多。"从这段经文可见,缔结盟约的双方是上帝和以色列人的始祖亚伯拉罕。上帝和亚伯拉罕并通过亚伯拉罕与世世代代的以色列人订立了盟约。据此,上帝赐给以色列人土地,使其种族繁衍旺盛,成为人口众多的氏族。[1]

此外,上帝与亚伯拉罕所订立的还有割礼这个契约。《创世纪》中亚伯拉罕时代,上帝定了割礼,割礼被称之为是立在身体上的约:"你和你的后裔必世世代代遵守我的约。你们所有的男子都要受割礼,这就是我与你,并你的后裔所立的约,是你们所当遵守的。你们都要受割礼,这是我与你们立约的证据……这样,我的约就

---

① 《创世纪》第 17 章,第 1 ~ 8 节。

立在你们肉体上,做永远的约。"这也说明上帝和犹太人之间有着特殊的关系。

第三次立约是上帝和摩西之间的立约。在圣经《出埃及记》中,上帝和摩西在西奈山上立约,订立了摩西十戒,再次明确了犹太人与上帝之间的特殊关系,它代表了整个犹太民族对上帝的集体承诺,对每一个犹太人都具有约束力,这样就使犹太人是上帝特选的子民这一概念越来越明确、越来越强化。

在这三次立约中,上帝是立约的积极倡导者和契约内容的规定者,也可以说是上帝主动和犹太民族订立了契约,正是在这个意义上,犹太人才是上帝特选的子民。

上帝何以选择以色列人而不是别的民族作为神圣的民族?上帝选择了以色列人,是由于上帝本人特别钟爱和垂青以色列人,同时也因为以色列人本身。圣经说,上帝在与犹太人立约时说,"因为你们是耶和华你主神的圣洁的民,耶和华从地上的万民中拣选你们特做自己的子民"。① 在这里,"特选"一方面意味着责任,意味着替其他民族受难,同时也意味着犹太民族的独特性——较高的智慧和品行。

三、应许之地

"应许之地"的意思就是上帝赐给犹太人永远居住的乐土,这块乐土就是迦南。《旧约圣经》中记载,当亚伯拉罕忠实地服从耶和华的旨意,率领本族来到巴勒斯坦时,耶和华与亚伯拉罕立约,将迦南赐给亚伯拉罕及其子孙。耶和华说:"我要将你现在寄居地,就是迦南全地,赐给你和你的后裔,永远为业。"②后来,由于在迦南地区发生了大旱灾,造成饥荒,犹太人才离开了"应许之地"进入埃及,但是犹太人在埃及深受苦难,于是上帝再次显现,并指示摩西带领以色列人奔向"流着奶与蜜"的迦南。

在这样一个"拯救"的过程中,不仅使上帝和犹太人所订立的契约更加牢固,而且也使犹太人的选民身份更加明确,说明上帝是要保护他的子民并赐给他们"应许之地"的。最终,以色列人在摩西的带领下又重返应许之地,建立了自己的国家。以后,犹太人离散世界各地,但是怀念故土的观念始终没有忘记,加之"应许之地"的观念,返回故里的观念就更为强烈了。因为他们认为,上帝耶和华向他们保证过,无论他们流散到哪里,他最终都将帮助他们回到这块"流着奶和蜜"的应许

① 《申命记》第 14 章,第 2 节。
② 《创世纪》第 17 章,第 8 节。

之地的。

四、弥赛亚理想

“弥赛亚”希伯来文读做 Messiah，意为“受膏者”，即为耶和华神所拣选，受圣灵所感，具有大能的救主。犹太人自摩西时代起，凡是大祭司、君王、先知将立时，都需有在其额头膏上橄榄油的仪式，表明他是由上帝派来的。后来，犹太人经常用“弥赛亚”这个词来形容他们一直渴望能领导他们挣脱异族压迫、使国家重返大卫王朝繁荣时代的有高度魅力者。

伴随着犹太人的多次离散以及在历史过程中所遭受到深重灾难，“弥赛亚”的观念在犹太人的心目中日益被强化。《以赛亚书》第 11 章对上帝派来的弥赛亚进行了生动的描述：

从耶西的残干上要抽出嫩芽，
有一位新王要从他的后代兴起。
上主的灵要降在他身上，
赐给他智慧、聪明，赐给他谋略、能力，
赐给他知识和敬畏上帝的心。
敬畏上主是他的喜悦：
他不凭外貌审判，
他不靠风闻断案。
他要以公道维护穷人，
他要保障孤苦无助者的权益。
他要下令惩罚罪人，
他要处死邪恶的人。
他要以正义治理，
他要以信实施政。

弥赛亚的神圣使命就是代替上帝建立起符合上帝旨意的国度，使犹太人永享和平、友爱和公义。到那时，犹太人的命运将有一个根本性的逆转，犹太民族将获得彻底的拯救，其他民族如果愿意的话，也可以和犹太人一样进入上帝的国度。

弥赛亚时代首先是犹太人的团圆和繁荣，犹太人的城市将会再次繁荣起来。同时，上帝将把诅咒转向那些对犹太民族的失败进行嘲笑、责骂并感到高兴的敌人身上，将对没有忏悔的敌人进行惩罚。

在弥赛亚时代,所有的民族都将友好和睦相处,城市、民族、国家以及整个人类都将达到最高的幸福。在那时,不仅犹太人获得了和平和繁荣,整个世界都将获得繁荣。在弥赛亚时代,不仅各民族友好和谐相处,而且连野兽也都变得驯良和温顺起来。圣经上说,“我要赐平安在你们的地上,你们躺卧,无人惊吓。我要叫恶兽从你们的地上息灭,刀剑也必不经过你们的地。”①人与人之间以及人与兽之间的和平是弥赛亚时代的一个显著特征。

弥赛亚理想是犹太人在近 2 000 年的大流散时期对自己家园以及和平幸福生活的期盼,是犹太人流散过程中的精神支柱。世界各地的犹太人世世代代都盼望着“弥赛亚”降临,以拯救他们脱离苦难的境地、挣脱异族的奴役。由于有对弥赛亚时代的信仰,尽管他们经历了千辛万苦,但他们从未绝望。弥赛亚理想体现了犹太人的民族复兴愿望,同时又表明了建立人间完美社会的政治理想。

第四节　犹太教经典

在犹太教漫长的发展历史中,犹太教产生了很多经典。今天,犹太教认为他们有三部最重要的经典,这就是《旧约圣经》《塔木德》《米德拉什》。由于很多犹太典籍都是对《旧约圣经》的解释和评注,所以犹太经典的很多内容有相互交叉的现象。

一、《旧约圣经》

《旧约圣经》是犹太教最重要的经典,所有的犹太教徒都要绝对忠诚地信奉它。犹太人自己称其为《塔纳赫》,内容分为三部分,即律法书、先知书和圣录。《旧约圣经》全书共 39 卷,除了极少部分为亚兰文,绝大部分为希伯来文写成。《旧约圣经》是由一批犹太圣哲和文士收集、整理而成的,所以人们并不知晓这本书的具体作者是谁,成书的具体年代也不详,一般认为这本书的最后成书时间大约是在公元前 6 世纪。《旧约圣经》主要描写了从征服迦南地之前到犹太人从巴比伦流放地返回犹大王国和耶路撒冷这一段数百年的历史。这本书在犹太人流散于埃及时期,曾被埃及国王召集了 72 位犹太学者翻译成希腊文,这个版本历史上又叫做“70 子译本”,对犹太教的传承和传播发挥过重大作用。

① 《利未记》第 26 章,第 6 节。

在犹太教中,《托拉》被认为是上帝直接启示的语言,是《旧约圣经》的核心部分。“托拉”是希伯来文“律法”的音译,所以《托拉》又称“律法书”,主要指《旧约圣经》的开篇五卷,这五卷分别是《创世纪》《出埃及记》《利未记》《民数记》《申命记》。《托拉》详细记载了犹太人关于世界和人类由来的传说、以色列人早期历史和犹太教各项律法条文的来历,提出了许多指导观念并预言了以色列民族的命运。《托拉》强调上帝是绝对独一的,是上帝创造了世界,是他同以色列人订立了永久的契约。《托拉》是所有犹太圣卷的基础,是犹太教规的重要依据。

除了《托拉》外,先知书和圣录可见本书关于基督教的叙述,此处不再赘述。

1890 年,一位英国专家 Percy A. Newberry 被差派到埃及探寻一些在尼罗河区域的埃及古墓。在一座属于一个尊贵的埃及人 Khnum - hotpe 的墓穴里,他发现了许多壁画。其中一幅有如图一所示的,画中的人不是埃及人,他们肤色比较白,衣着也不一样,前面有两个埃及官员似乎在介绍这些外地人给那位尊贵的主人。解读壁上的象形文字之后,考古学家们才知道埃及人称这些外地人为 Sanddweller,就是闪族人或犹太人。画中人物栩栩如生,许多细节如手中的弦琴(好像电视机)、彩衣、女人的头发装饰、男人穿的凉鞋(sandal)、女人穿的深褐色靴子等都很清楚的被描绘。墓穴的主人 Khnum - hotpe 是法老王 Sesostris II 时代的人,所以这幅壁画是公元前 1900 年的物件。圣经里告诉我们亚伯拉罕因饥荒下埃及,带着许多仆婢、牛、羊、驴、骆驼,我们可以从这壁画想象当时他们下埃及的情景。

《旧约圣经》运用神话、传说、小说、寓言、戏剧、散文、诗歌、谚语、格言等文学题材,完整地展现了早期犹太人的生活,详细地记载了他们的信仰和价值观,可以说是一部有关犹太人早期生活的百科全书,为了解和研究古代犹太人社会提供了丰富珍贵的历史资料。

二、《塔木德》

《塔木德》是犹太教第二部最重要的经典，如果说《旧约圣经》确立了犹太人宗教信仰的内容和信条的话，那么《塔木德》就确立了犹太人生活的伦理规范百科，它记录了犹太人长达1 700多年的历史进程。《塔木德》大约成书于5世纪，内容包括民法、刑法、教法、规章条例、传统风俗、宗教礼仪、各种社会道德的讨论与辩论、著名犹太教学者的生平传略等。《塔木德》的内容主要分为两大类：密什拿（Mishna），以摩西教导的律法为中心，收纳历代拉比根据摩西律法而对社会事件所做的口传解答；革马拉（Gemara），是密什拿的注解，并附加各种传说。因为《塔木德》的大部分内容是对《托拉》的口头解释，所以这本经典也可以说是犹太人的口传律法总集。

《塔木德》的形成有一个发展过程。公元70年，犹太教的圣殿遭到了罗马人的摧毁，犹太人再次处于离散状态。对犹太人来说，神圣的圣殿没有，剩下的只有神圣的律法了。当时精通摩西律法的犹太拉比们为了保存神圣的律法，就教导犹太人学习律法，并按照律法的规定行事，同时他们对律法进行解释和评注，经过1个多世纪的发展，犹太教出现了大量的犹太拉比诠释律法的成果，犹太拉比们的解释成果又慢慢汇集成"口传律法"，它是相对于旧约圣经中的成文律法而言的。这些口传律法明确告诉犹太人什么可以做、什么不可以做、怎样做才能符合摩西律法精神，对犹太人的宗教生活有很大的指导作用和意义。公元175年，在犹大亲王的主持下，经过20多年集体的辛勤工作，编辑成功一部以希伯来文写成的空前巨著，取名为《密什拿》。这部著作是公元3世纪初年出现的犹太教口传律法总集，共包括6大卷63篇，其分类名称如下："种子"（共11篇），记载与农事有关的条例；"节期"（共12篇），记述宗教节期与奉献的有关规定；"妇女"（共7篇），记载关于订婚、结婚、离婚、誓约等；"损害"（共10篇），记载借贷、借约、刑事等事项处理；"圣物"（共11篇），记载关于献祭与捐赠条例；"洁净"（共12篇），阐述洁与不洁的礼仪规定。

公元3世纪后，由于社会的发展以及生活的变化，《密什拿》被运用到具体生活中的时候，逐渐发生一些问题或漏洞，促使其需要进一步补充和发展。公元5世纪下半叶，犹太学者们编成了另外一部律法的释义汇编，称之为《革马拉》，它是《密什拿》的释义和补编。"革马拉"本身的含义就是"补全"。《塔木德》是《密什拿》与《革马拉》合在一起的结果，是一部更大的巨著，但后世往往称《革马拉》为《塔木德》。

《塔木德》可以说是犹太拉比们解释《旧约圣经》律法的汇集，也可以说是拉比个人对《旧约圣经》中律法的个人解释。因此，尽管经过后来编纂时的系统化处理，但是由于《塔木德》涉及的内容太多，书中包括有脍炙人口的格言、民间故事、传说、逸事、双关语、梦析，还有包括神学、伦理学、医药、数学、天文学、历史、地理学、植物学等方方面面的日常科学知识，而且拉比们个人的解释和评注观点各不相同，有时还有相互矛盾的地方，所以在外人看来，《塔木德》的内容杂乱，即使是一般的犹太教徒，要想完全理解也比较困难。

三、《米德拉什》

公元 5 世纪中叶完成的《塔木德》亦称《巴勒斯坦塔木德》或《耶路撒冷塔木德》，反映的是巴勒斯坦犹太教的发展和律法，所以相对于全体犹太教来说，它的内容是不够完善的。这时候，原来从犹太教中发展起来的基督教开始兴盛，这对巴勒斯坦的犹太教形成很大冲击，于是巴比伦的犹太拉比继续对《塔木德》进行增订与编纂工作，公元 5 世纪末完成了《巴比伦塔木德经》。《巴比伦塔木德经》比《巴勒斯坦塔木德》更加充实完备，它是一部反映巴勒斯坦和巴比伦犹太人 1 000 年左右时间里的宗教、文化、政治生活的巨大著作，长达 250 万字。内容包括圣经训诫、历史神话故事、诗歌、寓言等等，其中道德伦理训诫和宗教律法礼仪占很大部分，这一部分称为《米德拉什》(Midrash)，意为释经集。

“米德拉什”是希伯来语“解释”“阐述”之意。《米德拉什》是犹太教中解释、讲解《旧约圣经》的布道书卷，全书按《旧约圣经》各卷的顺序编定，对之进行通俗的解释与阐述。《旧约圣经》各卷都有各自的“米德拉什”。

《米德拉什》的内容分为两种：一种为“哈拉哈”，是“规则”的意思，主要是注释和讲解圣经经文中的律法、教义、礼仪等，目的是解决如何把律法具体运用到日常生活中去，具有较高的权威性；第二种是“阿嘎达”，是“宣讲”的意思，主要是阐述经文的故事、寓意、逸事、传奇及奥秘的含义等，因为这部分内容涉及民间传说、神话故事等内容，所以读起来很有趣味。

第五节 犹太教的节日和习俗

一、节日

（一）安息日

安息日对于犹太人来说具有非同寻常的意义，它是犹太教和犹太人的主要特征之一，信奉宗教的犹太人深信遵守安息日的戒律甚至比生命还要重要。安息日是犹太人作为一个神圣民族而和别的民族相区别的重要标志，正因如此，著名犹太思想家阿哈德·哈阿姆才说："与其说犹太人遵守安息日，不如说安息日维系了犹太人"。

犹太人守安息日源自《旧约圣经》的经文。《创世记》第一章：上帝在六天内创造了宇宙万物，第七天完工休息。《出埃及记》也对谨守安息日有相应的规定。因此，对于犹太人来说，守安息日并不仅仅是劳作之后的一般体力恢复，是在遵守上帝的神圣诫命，是一种精神上的净化和陶冶。

犹太人的安息日不是星期天，而是从每个星期五的太阳落山开始，到周六下午天空中出现第一颗星星时结束。在这一天，犹太人不允许做任何工作，不做生意、不购物、不旅行、不烧煮、不娱乐、不参加公众活动，专心休息和学习经文，但可以雇佣非犹太人从事禁止犹太人在安息日所做的工作。在安息日到来之前，犹太人一般都要做些准备，比如说男人要进行洗浴。星期五傍晚，家庭主妇点燃蜡烛，诵读燃灯祷文，这标志着安息日的开始。然后全家人围坐在一起愉快地享用丰盛的晚餐。晚餐的时候，家中长者右手握着盛满葡萄酒的酒杯，诵读圣经中有关安息日的章节，然后还要感谢上帝创造了安息日并引导犹太人逃出埃及。星期六上午多数教徒在自己所属的会堂做礼拜。下午家长们在犹太教会堂里读经或在家中教导子女读经、学道。这一天也是 13 岁的男孩或 12 岁的女孩举行成年礼的日子。在安息日结束时，全家人聚在一起，举行一个简短的仪式。

对于犹太人，安息日有一种特别喜悦、平安和满足的气氛。尊奉安息日为圣日的传统，自古维持了犹太民族的统一，使犹太人欣然铭记他们与上帝之间的永久盟约，对于保留犹太教起到了重要的作用。

犹太人除了守安息日外，还有守安息年的习俗，这个习俗也根源于圣经。据《申命记》记载，上帝在西奈山训示摩西，要他们在进入迦南后，每耕种 6 年后就要让土地休息一年，在安息年12个月里，随地上长出什么都应接济贫困者，以色列人之间互相借贷的债务应予豁免。

（二）犹太新年

犹太新年指的是犹太历7月的第一、第二两天（古代为7月1日）。在《圣经》中，它被规定为新一年的开始。这一天不是个欢快的日子，而是被认为是接受审判的日子，因为犹太人认为，所有的人在这一天都要从上帝面前经过，接受审判。不同的人将会得到不同的审判，审判结果都记录在天书上，并在赎罪日封印。所以，犹太新年有“审判日”之称。在犹太教中，犹太新年也是非常神圣的，其位置仅次于赎罪日。这样，新年就成了犹太人根据犹太教的标准进行自我省察的日子。

新年这一天，犹太人要到犹太教会堂参加新年宗教仪式。人们祈祷3次，并3次吹响羊角号：第一声提醒人们上帝是世界的主宰；第二声重申上帝是世界的主审官，是所有民族的主审官；第三声号召人们要相信上帝、敬畏上帝、回到上帝身边，并以此宣布新年的来临。在这一天，虔诚的犹太教徒还要在午后到海边、河边或有流水的地方举行赎罪仪式，有的人还把过去一年的罪过写在纸片上，投入火中，表示洗净了自己的罪孽。新年的时候，一家人通常都会团聚在一起，晚宴上要吃苹果蜜饯和蘸有蜂蜜的苹果、面包，以象征今后一年的日子甜蜜幸福。

（三）赎罪日

赎罪日是所有犹太节日中最神圣、最重要的节日，被称为“安息日中的安息日”，时间是犹太教历7月“提市黎月”9日晚至10日晚。在这一天，人们会停下一切工作来到犹太会堂参加特别祈祷仪式，通过祈祷、忏悔来寻求赎罪。按照传统，在节日期间，凡是13岁以上的犹太教徒要穿着象征庄严的白衣服到犹太会堂向公众说明自己在过去一年中所犯的罪，请求上帝宽恕他的罪过，同时表示今后不再犯罪。犹太教会堂在赎罪日全天都举行宗教仪式，有晚间仪式、上午仪式、下午仪式，接着是纪念仪式和结束仪式。在这些仪式上，主持仪式的拉比也要穿白袍，以象征纯洁、悔悟、死亡。在结束仪式上，要表达对上帝的希冀和信仰，最后还要吹响象征赎罪日结束的号角，这个号角意味着上帝已经赦免了犹太人的罪过，他们自己在精神上已经获得新生。在圣经时代，犹太人这一天在圣殿举行献祭仪式，将一头公山羊杀死祭奠上帝，把另一头山羊放逐旷野，让它带走犹太人的一切罪孽，这就是所谓“替罪羊”的来历。

如今，在以色列，每当赎罪日的时候，全国上下一切工作几乎全部停下来，广播电视停播、企业停产，更不要说有娱乐设施开放，连公共交通也停止，整个国家沉浸在一片肃穆之中。

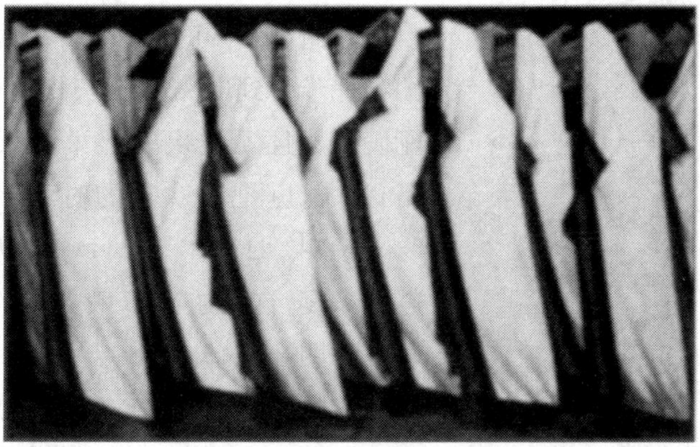

赎罪日在上帝面前忏悔的犹太人

（四）逾越节

逾越节（Pesach）是犹太人为纪念历史上犹太人在摩西的领导下成功地逃离埃及的节日，所以又叫做自由节，是犹太节日中最古老、最著名的节日。逾越节自犹太教历1月“尼散月”14日晚起至21日晚止，为期8天。逾越节是整个犹太民族缅怀祖先、倾诉苦难、庆祝在上帝的关照下逃出埃及，从而摆脱奴隶困境、走向自由的节日。据《出埃及记》第12章记载，上帝耶和华命令摩西带领犹太人从埃及出逃前夕，决定惩治多次背信弃义的埃及法老，以杀死埃及所有头胎出生的人和牲畜的办法迫使法老屈服。为了防止错杀以色列人，上帝命他们在1月14日晚家家杀羊食肉，把羊血涂在门框上作为以色列家庭的标记。晚上，上帝越过了以色列家庭而把埃及人家中头生的孩子和牲畜全部杀死。法老慑于上帝的威力，同意以色列人离开埃及。此后，耶和华吩咐犹太人：“这一天将是你们的纪念日，要当做上主的节日来庆祝；你们要世世代代过这日子，作为永久的法规。”

逾越节又称除酵节。当初逾越节与除酵节是两个不同的节日，前者在尼散月14日晚庆祝，后者从尼散月15日开始庆祝，连续7天，后来二节合并在一起。除酵节也与古代犹太人逃出埃及的历史传说有关。《出埃及记》载，以色列人逃离埃及时，由于过于匆忙，没有时间准备路上所需的面包，所以他们把未烘烤和未发酵的面团背在背上，靠太阳把它们烤成食品。后来《圣经》做出规定：犹太人在逾越节期间只能吃未经发酵的面饼，以此作为对古代以色列人逃出埃及的纪念。因此在逾越节日，每个犹太人家里不得有任何发酵物。在逾越节的8天里，犹太人只吃一

犹太教逾越节

种用面粉制成的、未经发酵的薄饼——“马扎”(matzah)。

过逾越节的时候,很多犹太教徒都要从全国各地步行到耶路撒冷庆祝这个节日,他们用刚满周岁且无残疾的羔羊献祭。逾越节之夜是犹太家庭把盏欢宴的时刻,全家聚在一起,吃一顿叫“西德尔”(Seder,意为“命令”)的逾越节家宴,这是逾越节最隆重的活动。家宴上每人喝四杯酒,开始和结束各一杯,席间两杯,以此纪念犹太祖先在埃及受的苦难以及在上帝的指引下摆脱奴役回到迦南的历史事件。家宴最后,人们手举第四杯酒,同时将桌上的以利亚杯斟满,打开家门,诵读一段欢迎先知以利亚光临的祷词。据传说,以利亚很可能突然出现在逾越节家宴上,预报救世主弥赛亚降临的喜讯。在饮完第四杯酒后,所有盘子里的食物都要吃净,家宴在“明年相聚在耶路撒冷”的祝词中结束。在宴会中,犹太人讲述出埃及、获自由的故事,孩子提问一些有关逾越节缘由的问题。

除以上节日外,犹太教还有其他一些节日,如住棚节、五旬节、烛光节、普珥节、痛悼节、敬祝节等。

二、习俗

(一)祈祷

在犹太人的日常生活中,有一个非常重要而又非常普遍的习俗,这就是祈祷。每当他们在日常生活遇到稍微惊奇的事和物的时候,都要祈祷。对犹太人来说,祈祷是表达情感的一种方式。祈祷也是表达对上帝挚爱的一种方式,通过祈祷和诵读祝福词来表达他们对上帝的赞美、感激、坚信和对美好前途的希望。所以虔诚犹太人的每天以祈祷开始,又以祈祷结束。祈祷的内容主要是犹太教经典中的经文,祈祷的地点有时在家里,有时在会堂,祈祷的时候在头上盖一块布,他们称为“卡巴”。犹太人的祈祷主要有一日三祷和集体祈祷等形式。

晨祷是一日三祷中最重要的一次祈祷。据说晨祷是为了纪念犹太人的始祖亚伯拉罕的,在圣殿被毁后,犹太拉比们甚至称晨祷可以替代每日在耶路撒冷举行的晨祭。晨祷有个人晨祷和公共晨祷两种。个人晨祷在家中进行,公共晨祷通常在犹太教会堂中举行。在一日三祷中,午祷是最简短的。根据犹太教习俗,犹太教徒每天晚上都要举行祈祷仪式,主要是为了纪念犹太人祖先雅各布在晚上睡梦中得到上帝赐福一事,祷告的内容主要是赞美上帝、感谢上帝。

集体祈祷是犹太人的圣殿被毁灭之后由于不能进行献祭活动而逐渐出现的,经常聚在一起的犹太人以向上帝说出代表心里话的祈祷词来代替向圣殿供奉牺牲,以后慢慢取代了祭礼而开始制度化。犹太教规定,如果要进行集体祈祷,必须有一部《托拉》和 10 名年满 13 周岁、行过成年礼的犹太男子组成的犹太教祈祷班,儿童、妇女均无资格参加。但是在当代,由于受到男女平等思想的影响,犹太教中的改革派和保守派认为年满 13 周岁的妇女也可参加祈祷班。祈祷的地点并不固定,但主要在会堂里举行。集体祈祷对于犹太人之间的信息交流以及促进犹太人之间的团结都有重要的意义。

(二)割礼

割礼是犹太人生活的一个重要组成部分。犹太教规定:每个犹太男婴出生后的第八天,家人要为之行割礼仪式,就是用刀割损婴儿的阴茎包皮。据《创世记》载:上帝立亚伯拉罕为万民之父,同他立约:凡男孩诞生后第八天必须受割礼,作为立约的标志。凡不受割礼的男子,不得成为上帝的子民。因此,割礼是立约的标志,表明男孩继承了亚伯拉罕与上帝耶和华所订立的契约,成为“上帝拣选的子民”。当然,现代社会,如果医生认为婴儿的健康不适于马上施行割礼,那么割礼的时间也可以适当延长,直到婴儿身强体壮时才施行。

根据传统,举行割礼的时候,婴儿的父亲会邀请亲朋好友到场,割礼的地点既可以在家里,也可以在医院。举行割礼的时候,现场也放两把椅子,右边的一把据说是为古时的先知以利亚留着的,据圣经中记载,是上帝要求他必须在每一个割礼的现场,所以就为他准备了一把椅子。婴儿在做割礼之前,要先被放在这把椅子上,据说这样,婴儿将来就会健康成长。左边的椅子是为婴儿的教父准备的,婴儿就是仰躺在教父的膝盖上被专职的医生施行割礼的。割礼开始的时候,婴儿的父亲要吟诵一段约定俗成的祈祷词。割礼后,婴儿将获得他的希伯来名字,这个名字将在他的成年礼、婚礼和墓碑上使用。

需要提示的是,当一个外族男子改宗犹太教后也要施行割礼,以表示他也与上帝立了约,从而获得犹太人身份。

（三）婚礼

犹太人非常重视婚姻，他们认为婚姻是人类生活中最神圣的一部分，因而婚礼在犹太教也是神圣的，它被看做是新婚夫妇双方之间一个神圣的契约。犹太婚礼仪式被称为“吉都辛”，意为“至圣”。在犹太教看来，婚姻可以使结婚者过去的罪恶得到宽恕。在婚礼之日，直到仪式之后，新郎和新娘要斋戒，以使他们以前的所有罪孽都被宽恕，这样新婚夫妇就可以在清白无染的至福状态下进入他们共同的新生活。婚礼前夕，男女双方应该避免会面，女方必须在婚礼前的某一晚上沐浴，按照犹太教教规受全身浸入水中之礼，以求净化和表示奉献。犹太教徒不得与未受割礼的外族人通婚。

犹太人婚礼的举行地点不是特定的，大到犹太会堂、饭店，小到犹太拉比的书房，都可以举行。婚礼通常由拉比主持。婚礼中，新娘和新郎要共同在“科图巴”上签字，这个“科图巴”上详细地记载了婚姻中丈夫对妻子的权利和义务，妻子要认真保存这份文件，这是她的责任。婚礼中，新娘和新郎还要喝葡萄酒，背诵犹太教的相关誓言。在婚礼结束前，新郎用右脚脚后跟踩碎一个玻璃杯子，这个动作的意思是：犹太人即使在最幸福的时刻，也需要通过严肃反省的时刻来平衡，它也意味着让所有犹太人记住耶路撒冷圣殿被毁这一民族的悲哀。随着踩碎玻璃的嘎吱声，婚礼随之结束。

第六节　犹太教在中国

犹太教传入中国的具体时间，学界一直没有定论，主要有三种观点，即周代、汉代和唐代。大多数学者比较同意唐代这个时间，认为传入的途径就是历史上有名的丝绸之路。当时的犹太人从丝绸之路进入我国内陆经商，犹太商人是最早把犹太教传入我国大陆的人。有史料证明，犹太人的足迹遍布中国的大江南北，只是在同中华民族杂居和融合的过程中，逐渐丧失了其民族特性，最终形成一定规模的犹太社团很少，最明显的只有开封的犹太人和上海的犹太人。

一、开封犹太教

开封犹太人到达开封的具体时间很难确定，但是到我国北宋时期，开封的犹太社团已经有不小的规模。北宋时期，都城开封是当时世界上有名的大都市，犹太人经丝绸之路来到开封。根据《重修清真寺碑记》所言，宋代的开封犹太人曾经供奉西方的布匹给当时的宋朝皇帝宋徽宗，宋朝皇帝很高兴，于是就颁布了一道敕令，允许犹太人“归我中夏，遵守祖风，留遗汴梁”。试想，如果当时开封的犹太人没有达到一定规模，也不可能引起最高统治者皇帝的注意。皇帝的诏命无疑确认了犹太人在开封的合法存在，使他们也成为朝廷的臣民，这与犹太历史上犹太人一直是很多国家和民族驱逐甚至杀戮目标的现象形成鲜明的对比。1163 年，开封犹太人在开封建造了自己的会堂，标志着开封犹太社团的形成。

开封犹太人读经图

到了元朝和明朝的时候，开封的犹太人已经完全融入当时的社会生活，他们有的入朝廷当了官，更多的人还是从事自己最为擅长的经商职业。据有关史料记载，开封犹太会堂自 1163 年建造以来先后曾修建、扩建、重建达 10 次之多。但是由于后来的天灾和人祸，使犹太会堂遭受很大冲击。

尽管开封犹太教脱离于主流犹太教之外，他们自称“一赐乐业教（Israel 的译音）”，但却一直培养自己的拉比来执掌宗教活动，犹太教的经典《托拉》也保存得很好，甚至曾经一度有长足的发展。其宗教礼仪和习俗也保留得很好，如礼拜时必须脱鞋，戴上蓝帽，女人不戴头巾，由“掌教”宣读“摩西五经”并朗诵“诗篇”。除礼拜外还有“祭”和“斋”，“祭”主要是“祀其祖先”，即犹太民族的祖先，“斋”于星期六遵行，这一天禁止火食，停止一切活动。这些宗教礼仪和别国的犹太人大体一致。① 天灾人祸使开封的犹太人元气大伤,特别是到了清代,由于时局动荡,战乱连年,开封的犹太人逐渐散落到各地,犹太教也逐渐衰落。1850 年,开封犹太人最后一位“拉比”去世,到了 1914 年,连开封的犹太教堂也被卖给其他教会,从此,开封的犹太教不复存在,开封的犹太人也逐渐融合到汉民族之中。今天的开封仍然有一些自称犹太人的人,但是他们基本上和汉族人没有什么区别了。

二、上海犹太教

上海犹太社团的形成是在近代,这与开封的犹太教有很大的不同。开封犹太人是当时朝廷的臣民,而上海的犹太人是侨居在中国内地的外国人,他们有自己的社区机构,从未与中国人的生活融合。上海犹太社团是中国近代门户开放的结果。

鸦片战争后,清政府被迫开放上海等五个城市,大批外国商人来华经商投资。散居在世界各地的犹太人,特别是犹太商人,亦看准中国这片国土,纷纷来华经商投资。犹太人的到来使得犹太教在我国的存在和规模又有了新的发展。

19 世纪 40 年代,原籍巴格达的犹太人沙逊家族率先来到上海并在此投资定居。由于沙逊家族是正统犹太教教徒,他们的到来使得犹太教随之在上海出现。1862 年,在上海经商的犹太人建造了第一座犹太公墓。1887 年,第一座犹太教会堂“埃尔犹太教会堂”建成,上海的犹太人开始集中进行宗教聚会活动。在随后的几十年中,上海先后建有犹太会堂十余座,比较有名的有舍里特 · 以色列犹太教会堂、拉结犹太教会堂、阿哈龙犹太教会堂等。20 世纪初,上海犹太人还在上海开办犹太宗教学校,研究犹太教经文,培养神职人员,最为有名的是“远东拉比学院”和“密尔经学院”。由此可见犹太教当年在我国上海的规模。

第二次世界大战爆发前后,由于希特勒的反犹政策,上海犹太人的数目进一步增加,上海成为当时远东地区最大的犹太难民收容地,在帮助犹太人来到中国上海避难的过程中,还出现了像何凤山这样的“中国辛德勒”。第二次世界大战结束后,随着中国国内战争的爆发,犹太人的经济活动基本停止,大批犹太人离开中国内地,特别是在 1948 年以色列国成立后,绝大多数侨居中国的犹太人移居以色列,少数人去了美国和澳大利亚,上海的犹太人只剩下不到 800 名。1949 年,新中国成立后,上海犹太人的活动并没有停止,犹太人俱乐部也还存在,但是宗教活动已经很少。

20 世纪 70 年代末,中国实行改革开放政策,这为犹太教在中国内地的发展提

---

① 范立舟:《论宋元时期的外来宗教》,《宗教学研究》2002 年第 3 期,第 93 页。

上海犹太难民区纪念碑

供了很好的机遇。上海作为中国近代史上犹太人最早到来的城市，犹太人对这座城市充满了感情，而上海在中国改革发展中的地位更吸引了犹太人的注意，不少犹太人来到上海从事经济活动。随着犹太人的增多，犹太人的宗教活动也逐渐多了起来，也逐渐成立了自己的社团。1997 年，上海的犹太社团聘请了一位正统犹太教拉比来上海主持上海日常的犹太教活动，这是犹太教在上海重新出现的重要标志。① 而且，一些见证犹太教在上海的历史纪念物也得以建造，比如第二次世界大战期间犹太难民居住区纪念碑、上海犹太难民纪念馆等。2001 年，20 世纪初建立的“拉结犹太教会堂”作为犹太宗教建筑在中国的代表作，入选 2002 年世界纪念性建筑遗产保护名录。

阅读材料

摩西的出生

“摩西”名字的含义是“拉出来”的意思。婴儿摩西是从置于河边芦苇丛中的箱子里被埃及法老女儿发现并收养下来的，因这婴孩是从水里拉出来的，所以起名

① 徐新：《犹太教在中国》，《世界宗教研究》2000 年第 2 期，第 13～20 页。

为“摩西”。圣经中是这样描述摩西诞生的。有一个利未家的人娶了一个利未女子为妻，那女人怀孕，生了一个儿子，见他俊美，就把他藏了三个月，直到她再不能把他藏起来了，于是就拿来一个蒲草箱，涂上沥青和石漆，把孩子放在里面，然后把箱子放在河边的芦苇丛中。那时，法老的女儿到河边去洗澡，看见了芦苇中的箱子，于是就打发使女去把箱子拿过来，打开一看，原来是一个孩子在里面，她见孩子非常可怜，于是就叫别人替她抚养这个孩子，等孩子长大之后，被带到法老的女儿那里做了法老女儿的儿子，法老的女儿给他起名叫摩西，意思是“从水里拉出来的”。

摩西在埃及宫廷中长大，接受了良好的教育。但摩西身为希伯来人，他对自己民族遭受的苦难犹如身受，他的信仰使他感悟到自己肩负了领导这个受奴役的民族脱离埃及的神圣责任。摩西在上帝的帮助下，同法老多次斗法，但是埃及法老还是不同意让希伯来人离去，最后上帝在埃及降下了第十个灾难——在一夜之间杀掉所有埃及人及牲畜的头生子，终于迫使法老同意让所有的希伯来人离去。

思考与练习

1. 犹太民族是如何形成的？

2. 犹太教的信仰是什么？

3. 犹太教的重要经典有哪些？

4. 犹太教重要的节日有哪些？

5. 犹太教是什么时候传入我国的？为什么民族特征非常明显的开封犹太社团逐渐衰落了下去，直至最后完全融入中华民族之中？

6. 如何看待犹太人历经磨难，流散而不散？

第九章

邪　教

本章要点

- 邪教是宗教的异化，两者之间有着本质区别，这些本质区别表现在教义、组织活动、道德传统以及对待社会和政府的态度等方面。
- 当代邪教是伴随着新兴宗教的产生而产生的，因此必须注意区分邪教和新兴宗教的联系与区别。一般而言，新兴宗教都是在传统宗教的基础上演化发展而来的，其教义一般都来自传统宗教，只不过是获得了新的宗教启示。邪教却走到了新兴宗教的极端，如果新兴宗教对信众和社会存在严重危害，那么这种新兴宗教就演变为邪教。
- 邪教的产生除了一般人的认识原因、心理原因外，更多的在于当代的社会历史根源，这些根源包括政治根源、经济根源和文化根源。邪教的主要特征无非是打着宗教旗帜的歪理邪说，通过神化教主、思想控制、严密组织来实现教主的私人利益，这其中既有经济利益，也包括不可告人的政治目的，最终的结果都是危害信众、危害家庭、危害社会。因此可以说，邪教是危害社会的一个毒瘤，其本质是反人类、反社会、反政府。
- 全球邪教组织到底有多少，目前还没有准确的数字。据称，全球现有邪教组织 3 300 个，信徒达数千万。在美国和世界很多国家都有邪教组织的存在，中国也不例外。当代世界主要邪教组织有奥姆真理教、人民圣殿教、大卫教、科学教派、上帝之子、统一协会、太阳圣殿教、恢复上帝十戒运动等。

第一节　什么是邪教

宗教是人类社会历史发展到一定阶段的产物，尽管“一切宗教都不过是支配着人们日常生活的外部力量在人们头脑中的幻想的反映”,是唯心的,但是宗教仍是人类灿烂文化的重要组成部分,它满足了人类的精神需求和终极关怀,在一定的历史条件下,促进了人类的发展。然而,正如西方著名宗教社会学家缪勒所说:“哪里有人类生活,哪里就有宗教。而哪里有宗教,由宗教产生的问题就不可能长久地隐而不露。”①也就是说,宗教和邪教有着密切的联系,两者之间犹如孪生兄弟,相生相伴。但是两者之间有着本质的区别,尽管宗教和邪教都是有神论,但是宗教信仰形态高级、精致,这些宗教发展至今已有几千年的历史,各传统宗教都形成了自己的经典、教义、崇拜仪式、组织形式,并广为人们所接受,其组织形态井然有序,其精神追求相对地较为真诚、执著,崇尚真善美,在世界各国拥有数量众多的信徒。更为重要的是,传统宗教在其历史发展中,与社会相适应,是社会上层建筑和意识形态的一部分,是民族文化传统的代表,其价值观与主流社会吻合,在许多国家中,是社会统治者所依赖并在社会稳定中起积极作用的力量。邪教与宗教之间有着本质区别。

一、邪教和宗教的区别

(一)教义上的区别

正统宗教都有自己的正典教义,如正统的基督教唯《圣经》为圣典,很少再有其他典籍,即使有,也只是像“要理问答”这样的解释性资料。而邪教则不同,为了阐述其邪说理论,其编写散发了大量宣传材料。这些材料一般为邪教创始人的说教和讲道内容,有的则是从宗教教义中挖取部分观点加以歪曲,断章取义,形成异端邪说。在理论上鼓吹末世说、悲观厌世、祈求来世再生、服从教主死不足惜等;在教义上,大量盗用传统宗教的教义,以欺骗人们皈依。比如大卫教用《圣经》中有关教义,宣扬世界末日即将来临,天国即将到来;邪教“统一协会”则否认《圣经》,认为《圣经》已经过时,否认三位一体说,否认“基督的救赎”;有的邪教则神化教主,甚至宣称教主自己就是“基督再临”,是救世主弥赛亚。

(二)组织活动上的区别

正统宗教如基督教一般以地域为界活动,有固定的活动场所,其组织较松散,各教会之间一般没有隶属关系,教徒奉献的经费一般用于必要的活动开支和“做善事”。邪教则处于地下秘密状态,搞非法聚会活动,其组织严密,有严格的等级制

① 缪勒:《宗教的起源与发展》,上海人民出版社,1989 年版,第 154 页。

度，并经常跨地区活动。

邪教在组织上实行极权统治，宣称教主具有超凡驾驭能力和无限的权威，要求信徒对教主绝对服从。在组织内部，正统宗教的主教、牧师等神职人员与教徒都有正常的宗教关系。而在邪教内，教主对教徒实行严密控制甚至是残酷的统治，剥夺教徒的财产和诸多人身权利，集体自杀的悲剧不时发生。比如人民圣殿教实行家庭式的管理，内部实行严格的等级制。这个家庭的父亲是教主吉姆，以下分成三个等级。在这个“大家庭”内，人们集体生活，共同劳动，“家庭”内没有私人财产，个人财产全部上交圣殿，所有的收入重新分配。尽管吉姆要求他的信徒过清贫简单的生活，但是他自己的生活却越来越奢侈豪华。

（三）道德传统上的区别

正统宗教宣扬真、善、美，有着悠久的历史文化传统，而邪教则大多是新兴宗教，都是当代社会历史的产物，嘴上宣传的是“真、善、美”，但实际上干的却是谋财害命的勾当，有的甚至违背人伦。美国税务机关曾对邪教“科学教派”进行调查，确定教主哈伯德从“宗教”活动中捞取数百万美元并洗钱后存入瑞士银行。邪教统一教教主文鲜明经常用 72 小时的说教方式，把女信徒关在自己的居室内，用可以让女信徒生出救世主来骗取女信徒的贞操。“上帝之子”的教主甚至把自己的女儿封为“皇后”。

（四）对待社会和政府态度上的区别

正统宗教是维持社会稳定的重要力量，而邪教多有反现行社会的倾向，多数都有明显的政治目的。日本邪教“奥姆真理教”教主麻原彰晃 1984 年创立该教，具有强烈的政治色彩，甚至还制定了颠覆日本政府的计划，企图取代天皇。“统一协会”鼓吹最终统一所有国家，建立“地上天国”。

需要指出的是，当代邪教是伴随着新兴宗教的产生而产生的，因此必须注意区分邪教和新兴宗教的联系与区别。第二次世界大战后，伴随着社会的发展，特别是在西方发达社会，新兴宗教大量兴起，这一方面与西方社会的宗教世俗化有关，另一方面也与西方社会科学理性的流行有关，有的人甚至喊出了人类要靠自己来拯救自己，而不是依靠上帝来拯救自己。

一般而言，新兴宗教都是在传统宗教的基础上演化发展而来的，其教义一般都是来自传统宗教，只不过是获得了新的宗教启示，获得了新的宗教真理，而且在这种新的宗教真理指导下，获得了新的宗教体验。这种新的宗教体验满足了现代人的精神需求，增强人与人之间的亲和关系，消解现代社会带来的孤独冷漠以及竞争压力等精神危机,使信徒产生归属感和认同感。当然新兴宗教没有忘记宣传,只要全身心地跟从教主,就可以使信徒快速而便捷地得到来世的幸福。

从以上对新兴宗教的介绍可以看出,邪教也是新兴宗教的一种,邪教是新兴宗教的极端发展,对信众和社会产生了严重危害。在这种情况下,新兴宗教也就发展为邪教了,这也意味着这种新兴宗教走到了尽头。

二、当代邪教产生的社会历史根源

现代社会是科学文明高度发达的社会,那么在这样的社会中,为什么还有邪教的产生呢?这除了宗教产生的一般性的认识原因、心理原因外,更多的在于当代的社会历史根源。这些根源包括政治根源、经济根源和文化根源。

(一)政治根源

宗教与政治历来关系密切,任何一种宗教要发展壮大,与当时政治上的支持是分不开的,我们追寻一下正统宗教的历史就可以看出这一点。比如基督教当初是从犹太教中分裂出的一支异端,但是后来成为罗马帝国的国教,从而逐渐发展为世界三大宗教之一。

第二次世界大战后,民主思潮成为国际社会的主流,各国纷纷建立了民主制度,其中最重要的表现就是确立宗教信仰自由的政策。美国的宪法修正案中规定:严禁以法律形式确定国教或者禁止自由行使宗教权利,即社会在宗教问题上应采取“健康中立的态度”。西方各国也纷纷效仿美国这一宗教政策,民主政治、政教分离开创了宗教宽容和宗教信仰自由的新时代。而现代邪教正是利用了民主政治中的这些宗教政策,开始建立自己的组织。但是当邪教组织取得合法地位后,便利用民主政治中的一些缺陷和不足,大肆煽动人们对政府某些政策的不满情绪,宣扬反社会、反政府的教义,提出要“主宰”地球,建立新的世界和新的秩序,并开始以宗教社团和宗教政党的形式直接参与国家的政治生活,甚至利用自焚或搞恐怖活动向政府施加压力,企图把邪教意识纳入到国家意识之中,影响国家政治,有的邪教甚至想推翻现行政府,掌握国家政权。

(二)经济根源

当代邪教的产生有着深刻的经济根源,邪教也可以说是特定经济条件下的产物。《第三次浪潮》的作者托夫勒也认为:只有把所有这一切——伴随工业文明没落而来的孤独,生活秩序和生活意义的丧失——都拿来放在一起,才能对我们时代某些最令人困惑的社会现象有所了解。第二次世界大战后,资本主义国家获得了长足的发展,社会财富急剧增长,人们的生活得到了一定的改善,但是,伴随着财富的增长,也带来资本的高度集中,社会两极分化,有时失业反而增多,人民生活困苦不堪。正如列宁所说:现代宗教的根源就是对资本势力的盲目恐惧。在这种情况下,现实的传统宗教不能满足信仰者的需要,有的转向邪教。

在我国,由于处于社会经济转型期,原有的经济秩序被打破后,许多人在新制度中没有寻求到自己的位置,使他们迫切渴望寻求精神上的寄托。而邪教常常把一些社会问题无限扩大并诱导人们走向歧途,使有的人对社会现实产生抵触情绪,从而进入邪教的圈套。

(三)精神文化根源

在刚刚过去的20世纪里,人类创造了极大的物质文明和精神文明,人们的衣、食、住、行都有大幅度的改善。然而,人不仅有物质上的需要,还渴望有情感上的交流和精神上的追求。在高度工业化社会中,工业革命、社会革命和科技革命对传统的社会结构以及婚姻、家庭观念以巨大冲击。面对着高度自动化的流水线、电脑,人成了生产机器和消费机器,人们缺乏必要的情感交流。社会管理中高度理性的法制化、规章、制度,使人们的情感受到忽视,人们感到生活在一个没有温情的社会中。在当代发达的西方国家,虽然物质文明高度发达,但许多人在精神上是空虚的,这一方面导致了酗酒、吸毒、同性恋等一系列社会问题;另一方面,也导致了一些人转向宗教寻求精神上的寄托。此外,工业化带来的副产品也使人们变得恐惧和不安,如生态破坏、大气污染、矿产资源无节制开采,都给人们造成了巨大的心理压力。

就我国而言,我国是一个有几千年封建统治历史的国家,各种封建迷信心理根深蒂固,迷信活动土壤深厚。新中国成立后,虽然一度把肃清封建迷信余毒、移风易俗作为社会主义革命的一项重要内容,并采取政治高压和群众运动的形式进行清除,但这种反迷信活动有其局限性,并未从思想根源上解决群众根深蒂固的迷信心理问题。改革开放以来,在政治、思想、文化等领域宽松的氛围中,传统文化中的精华发掘出来,同时一些封建迷信糟粕也沉渣泛起,并以新的"伪科学"的形式传播开来。从20世纪70年代末以来,社会中一时流行过所谓"特异功能""气功大师""神医"等异端邪说,使一些不明真相者上当受骗。

目前,我国实行社会主义市场经济,这不仅使市场活动逐渐活跃起来,人们的思想也空前活跃起来,人们更多地关注自身的切身利益,表现为对自我价值的关心和重视,对自身一系列生理、心理现象的困惑,对生老病死、吉凶祸福问题的更多关注，乃至对人生的终极关切等，这些无疑给了邪教以可乘之机。①

三、邪教的特征

传统宗教和教会认定邪教主要是从教义、组织结构和道德传统等方面来判断，其中最重要的是邪教对其正统教义的歪曲和篡改。邪教除了在信仰上的偏离外，还会对教徒造成人身和精神上的伤害，破坏社会公共秩序，甚至给整个社会造成危害。由于邪教在世界范围内的广泛兴起以及给社会所造成的严重危害，对邪教的关注也越来越多，对邪教的研究也越来越广泛、越来越深入。这里我们列举世界各国政府和学者对邪教特征和邪教定义的判定，以助于我们更深入全面地了解邪教。

（一）罗德里格斯对邪教定义和特征的判定

西班牙研究教派问题的专家佩佩·罗德里格斯认为，邪教的危害主要表现在心理范畴、社会范畴和法律范畴这三大范畴内："邪教是指所有那些采取可能破坏（搅乱）或严重损伤其信徒的固有性格这样一种胁迫手段来招募教众和传布教义的团体或集群，那些为了自己的存在而完全（或严重）破坏其信徒同原有的社会生存环境乃至同其自身的感情联系及有效沟通的团体或集群，以及那些他们自己的运作机制破坏、践踏在一个法治国家里被视为不可侵犯的法定权利的团体或集群。"②他提出邪教具有以下 10 个基本特征：

1. 一个由一种以蛊惑人心的方式所散布的理论凝聚起来的，并由一个企图自封为神或神的代言人、被神化了的领袖或者一个自诩在任何一个社会领域里掌握了绝对真理的人所领导的团体。

2. 有着垂直和极权性质的神权结构，领导者的言谈话语就是信条。

3. 要求教众倾心投入团体，通过心理压力逼使他们断绝全部或部分社会交往及亲情联系，或放弃加入该团体前所从事的活动。

4. 过着与世隔绝的集体生活，或者完全依赖团体而生活。

5. 不同程度地剥夺人身自由和隐私权利。

6. 控制教众可能通过邮件、电话、报刊、书籍等渠道获取的信息。

7. 利用打坐或精神再生等合法、半合法性活动为幌子的一整套掌控、胁迫手段摧残教众的意志及思辨能力，使之产生严重的心理问题。

---

① 肖玉明：《现代邪教产生和发展的社会根源》，《理论导刊》2001 年第 6 期，第 46、47 页。

② 佩佩·罗德里格斯：《痴迷邪教》，新华出版社，2001 年版，第 14～18 页。

8. 倡导完全脱离社会及其各种机构。

9. 以通过隐蔽或非法手段招募教众，通过街头募捐、举办讲座、经商办厂乃至公然犯罪的方式聚敛钱财。

10. 通过心理压力逼使教众以培训、授课、就医、捐赠等名义，将自己的全部个人财产或大笔资金交给团体。

（二）欧美国家对邪教的定义和特征的判定

美国是世界上邪教最多的国家之一，对邪教的研究也较早。早在1985年，在美国威斯康星州举行教派专家代表大会时也给邪教下了一个定义：一切要求其成员绝对忠诚或效力于某一人或主张，其首领为实现自己的目的而不惜通过操纵、诱导和控制手段损害教众的家庭和社会环境的，以宗教、文化或其他性质的形式出现的集群或团体。

在欧洲国家中，比利时政府对“有害的邪教组织”有一个具有法律意义的基本表述：“有害的邪教组织，是指那些在组织上和实践上进行非法、有害的活动，危害个人、社会或人类尊严的哲学性或宗教性或自称具有此类性质的组织。”法国关于邪教的定义是：邪教是“一个极权性质的社团，申明或不申明具有宗教目的，其行为侵犯人的尊严和破坏社会平衡”。1995年，法国“国民议会邪教问题调查委员会”提出甄别邪教组织的10项特征，这些特征是：①扰乱公共秩序；②使人精神不稳定；③过分索求财物；④企图渗透公共权力机构；⑤诱使教徒脱离原来环境；⑥妨害身体完整；⑦隔离儿童；⑧言论或多或少反社会；⑨招惹司法诉讼；⑩侵扰国民经济主要领域。

用这一参考标准来衡量，在美国数以千计的教派和日本18.7万教团之中，有相当部分是邪教。据奥地利家庭部统计，人口仅780万的奥地利竟有5万邪教信徒，还有约20万同情者，而且数量呈增长之势。①

（三）我国对邪教特征的判定

我国法律对邪教的判定有明确的规定，《中华人民共和国刑法》以及2017年2月开始施行的最高人民法院、最高人民检察院《关于办理组织、利用邪教组织破坏法律实施等刑事案件适用法律若干问题的解释》对邪教有明确的认定。

我国《刑法》第300条规定：组织、利用会道门、邪教组织或者利用迷信破坏国家法律、行政法规实施的，处三年以上七年以下有期徒刑，并处罚金；情节特别严重

---

① 罗伟虹：《世界邪教与反邪教研究》，宗教文化出版社，2002年版，第14、15页。

的，处七年以上有期徒刑或者无期徒刑，并处罚金或者没收财产；情节较轻的，处三年以下有期徒刑、拘役、管制或者剥夺政治权利，并处或者单处罚金。组织、利用会道门、邪教组织或者利用迷信蒙骗他人，致人重伤、死亡的，依照前款的规定处罚。犯第一款罪又有奸淫妇女、诈骗财物等犯罪行为的，依照数罪并罚的规定处罚。

最高人民法院、最高人民检察院《关于办理组织、利用邪教组织破坏法律实施等刑事案件适用法律若干问题的解释》第 1 条对“什么是邪教”给出了具体判定：冒用宗教、气功或者以其他名义建立，神化、鼓吹首要分子，利用制造、散布迷信邪说等手段蛊惑、蒙骗他人，发展、控制成员，危害社会的非法组织，应当认定为刑法第 300 条规定的“邪教组织”。可见邪教组织的特征主要有神话教主、蒙骗他人、危害社会、控制成员，这与我国学界对邪教的判定大体相同。我国学界一般认为邪教具有以下特征：

1. 绝对的教主崇拜，组织内实行极权主义，让人们完全依附于教主。

2. 鼓吹反社会并有具体行动，如私自囤积武器、杀害他人生命、扰乱社会公共秩序等。

3. 利用末世论制造集体自杀事端。

4. 严重违反人性，违反公共道德，如强迫“洗脑”、致人死亡、集体淫乱等。

5. 用欺骗的方式不择手段地大量敛财。

6. 对信徒进行严格的精神控制，强行割断信徒与家庭、社会的联系。①

从以上世界范围内对邪教定义和特征的研究和概括来看，邪教无非是打着宗教旗帜的歪理邪说，通过神化教主、思想控制、严密组织来实现教主的私人利益，这其中既有经济利益，也包括不可告人的政治目的，最终的结果都是危害信众、危害家庭、危害社会。因此可以说，邪教是危害社会的一个毒瘤，其本质是反人类、反社会、反政府。我们可以从当代世界主要邪教的介绍中充分看出邪教的罪恶本质。

第二节　当代世界主要邪教简介

全球邪教组织到底有多少，目前还没有准确的数字。据称，全球现有邪教组织 3 300 个，信徒达数千万，其中美国的邪教组织最多，有 2 500 多个，堪称“邪教王国”。除了美国以外，在西班牙、德国、法国、日本、韩国、意大利等国家，都有大量的

① 罗伟虹：《世界邪教与反邪教研究》，宗教文化出版社，2002 年版，第 16 页。

邪教组织存在,中国也不例外。这里就当代世界主要邪教组织做一简单的介绍。

一、奥姆真理教

奥姆真理教的创立者是麻原彰晃,该教于1987年创立于日本。麻原原名松元智津夫,创立奥姆真理教的时候才改名麻原彰晃,据说麻原的姓取自梵语“玛哈拉佳”,意为王中王。

麻原1955年3月出生于日本熊本县一个贫穷的家庭,他的父亲是编织草垫的工匠,麻原在家排行第四。麻原生来残疾,眼睛是弱视。1978年,23岁的麻原同一位女大学生结了婚。婚后,麻原转向经营中药,他自制了一种由胡萝卜、蛇皮及其他配方熬成的药,据说这种药能强身健骨,他的药店逐渐红火起来。然而好景不长,1983年,他被指控贩卖假药而被拘留了20天,同时被罚款20万日元,药店随之倒闭。

经商失败的麻原此后转向宗教,开始通过宗教来达到他成为“王中王”的梦想。1984年麻原开设了一家瑜伽学校,称做“奥姆神仙会”,向人们传授瑜伽功夫,这也可以说是奥姆真理教的前身。从这时开始,麻原开始装神弄鬼,开始神化自己,他经常披长发、留络腮胡、身穿宽大的杏黄长袍,以此给人飘飘欲仙的感觉。他自己也深居简出,一副深不可测的样子。1985年秋,他花钱让一家杂志社为其刊登了一张颇具轰动效应的“飘浮神功图”照片。照片上,他双腿盘坐,“飘浮”在半空中。

从1986年起,麻原先后几次出国“修行”,回国后开始自吹他进行了八年佛教瑜伽功的修炼,在喜马拉雅山上找到了佛教的真谛,并实现了解脱。他自称依靠自己修炼得到的神秘力量和智慧而具有先知先觉的功能。一次参观埃及金字塔时,他居然对信徒说:“这个金字塔是我很久以前设计的。我凭追溯往昔的特异功能,知道我自己的前生曾是埃及首相。”

麻原自称是神的化身,大力宣扬世界末日已经逼近、大难就要临头的邪说,鼓吹只有入教方可得救。麻原预言第三次世界大战迟早要爆发,他将要在战争的废墟上建立起“奥姆王国”,甚至还写出了这个未来王国的“宪法”。为了实现自己的政治目的,1994年该教曾实施过“白衣圣爱战士计划”,其目的就是要培养士兵,准备武力与国家对抗。

麻原在宣传自己的所谓教义的同时,并没有忘记给自己捞钱发财。他一方面经营企业,另一方面利用传教活动来敛财。比如入会要交钱,入会后还要根据修炼的不同阶段交钱,有的多达几十万日元。如果是大师麻原亲自授课的话,那么费用还会更高。麻原还要求信徒奉献家财。此外,麻原的胡须、洗澡水都被杜撰成灵性物品出售,比如每500毫升麻原洗澡水都明码标价3万日元以上,而一枚像章要200万日元。短短几年,奥姆真理教就拥有超过25亿日元的巨额财产。

奥姆真理教的组织系统相当完备,组织机构完全模拟政府领导机构,如教内设防卫厅、法务省、谍报省、建设省、科学技术厅、车辆省、邮政省、文部省等,教内还有一套严格的教阶等级制,麻原自称"尊师",其余信徒依次为"正大师""正悟师""师长""大师""师"等。奥姆真理教创立时,连麻原和他妻子在内不过15人,但此后发展很快,平均每月有四五百人加入。信徒中既有普通工人、无业市民,也有企业主、自卫队军人等,还有许多受过高等专业教育者,其中还有许多名牌大学的高才生。

1995年3月20日,东京地铁发生沙林毒气事件,5 000多人中毒,12人死亡。据日本警方调查,这一恐怖事件系日本邪教组织奥姆真理教所为,麻原等人被警方逮捕,受到了应有的惩罚。

二、人民圣殿教

人民圣殿教的创立者是吉姆·琼斯。他1931年出生于美国印第安纳州波利斯市的一个小镇上,由于父亲很早就去世,他从小由母亲带大。琼斯的母亲是一个虔诚的宗教徒,非常乐于帮助穷人,而且经常带着年幼的吉姆上教堂,这些对吉姆·琼斯的未来产生很大的影响。因此,吉姆对宗教充满向往,而且将来的理想就是要在自己的教堂里当一名牧师。

1953年,22岁的琼斯终于在北新泽西建起了一座小教堂,取名"国民公共教堂",自任牧师。他的教堂随时为饥饿的人提供食物,帮助失业的人寻找工作,所以很多可怜无助的穷人都到他的教堂去。教堂中的活动不分种族,黑人白人同席共座,这在20世纪50年代仍实施种族隔离的美国较为罕见,这样他开始逐渐拥有许多忠实的追随者。

1960年,琼斯把他的教堂搬到北特拉华,并将教堂命名为"人民圣殿纯福音教堂"。从此,他开始鼓吹末世论思想,宣称自己就是基督,具有神力。为此,他制造种种"神迹"来"证明"自己的"神通"。有一次,一个老妇手拿鸡心冒充自己身上的肿瘤,说这是琼斯治疗的奇迹,其实这一切都是琼斯故意安排的。这些"神迹"使他名声大振,许多老年人、病人和穷人因此成为他忠实的信徒。随着琼斯的影响越来越大，他获得了很多荣耀和政治资本，其信徒也越来越多，据说已经达到3万多人。

为了管理越来越多的忠实信徒，琼斯对人民圣殿教实行家庭式的管理，内部实行严格的等级制。这个家庭的父亲是他自己，他以下分成三个等级：第一等级是“天使”，这是教会核心层次，直接向琼斯负责；第二等级是“计划委员会”，这是该教的决策机构，成员大多为知识分子，是教团骨干；第三等级就是广大的普通信徒。在这个“大家庭”内，人们集体生活，共同劳动，个人财产全部上交圣殿，所有的收入重新分配。尽管琼斯要求他的信徒过清贫简单的生活，但是他自己的生活却越来越奢侈豪华。

随着影响力越来越大，琼斯个人的权欲极度膨胀，越来越专横跋扈。他在教内实行独裁统治，成立了由30个人组成的手枪队，严格控制教徒们的言论与行动。入教的人不得擅自与外界接触和会见教外亲友，违规者将受到严厉体罚。他还大肆鲸吞教会财产和政界捐赠的大批实物、现金、不动产。据统计，1977年琼斯的个人财产已达1 500万美元。琼斯的私生活也极其荒淫，他可以对任何年轻貌美的女信徒提出性要求。许多教徒不堪忍受琼斯的严厉控制而叛逃。最后连他的妻子也离开了他。他把自己的信徒带到圭亚那的热带丛林，声称要建立平等自由的城市“琼斯敦”，这时的琼斯更加暴虐。

琼斯的恶行激起社会的强烈义愤，美国联邦政府还收到数以千计的揭发与指控人民圣殿教的信件。1978年11月14日，美国众议院民主党议员瑞安带人到“琼斯敦”进行全面调查，有十几个信徒不愿听从琼斯命令，跟着瑞安返回美国，一行人在返回途中被琼斯派的枪手追杀，瑞安众议员等5人丧生。琼斯在消灭了瑞安等人后，感到大势已去，命令信徒服毒自杀。除少数虔诚信徒服毒自尽外，大部分成员被强行注射毒剂或枪杀，其中包括227名婴儿。最后，教主琼斯用手枪自杀。

三、大卫教

大卫教的前身可以追溯到一个叫做“牧羊人之杖”的宗教组织。这个组织的创始人是维克多·霍特夫。他1885年3月2日生于保加利亚，后移居美国。1945年，霍特夫将“牧羊人之杖”改名为“基督复临安息日协会大卫派”，1955年霍特夫去世。到20世纪80年代末，弗农·豪威尔逐渐掌握了这个教派的权力，并将“基督复临安息日协会大卫派”正式称为“大卫教派”。

弗农·豪威尔1959年生于美国休斯敦，初中辍学后就开始流浪生活。

1981年,刚刚23岁的豪威尔加入了“基督复临安息日协会大卫派”,由于他外表俊秀、长相斯文、口才出色,吉他也弹得非常漂亮,很快博得67岁的女教主路易丝的欢心,这为豪威尔掌握这个教派的权力奠定了坚实的基础。1987年,他的老情妇死了之后,豪威尔便武力夺取了大卫教派的所在地卡梅尔庄园,成为新的教主。

1990年,弗农·豪威尔将自己的名字改为大卫·考雷什,自封“活先知”。他发展了大卫教派世界末日的教义,要求教徒们做好心理和生理上的准备,等待世界末日的到来。一些外国人受他的迷惑,甚至变卖家产、抛妻弃子、千里迢迢地来到卡梅尔庄园侍奉他。

考雷什在卡梅尔庄园以军事方式统治大卫教派。教徒入教后必须将薪金和存款全部交给教主,必须绝对服从家长式的统治,考雷什还组建了一支“勇士”队伍,以武力维护社团内部的团结。教徒必须每天清晨五点半出操,然后苦读《圣经》数小时,接下来男人被分配干重活,女人照看孩子做家务。在庄园内,男女教徒必须分开集体居住,食物也是定量配给,而且通常只能吃玉米。为了应付所谓的战时需要,考雷什在庄园里修筑了地下掩体,非法购买了大批价值不菲的武器军械。

考雷什要求教徒过清苦的生活,但自己的生活极度荒淫、放荡。他宣称上帝要他像以色列大卫王一样,娶更多的女人做妻子,多生孩子,建立一个大卫之家。他声称世界上所有的女人都属于他,他是教派内唯一可以拥有妻子的人,其他人没有这个资格。他欺骗女教徒说,世界末日时,他要把所有不信教的人杀死,而他和他的孩子则是未来世界的统治者。许多女教徒被他的谎言所打动,纷纷主动上门。

大卫·考雷什的独裁和糜烂生活引起一部分信徒的强烈不满,有的人离开了山庄,向媒体和警方披露了大卫教派的内幕。美国政府和烟酒枪支管理局经过大量调查,认定“大卫教派”是一个邪教组织,决定予以镇压。1993年4月19日,美国联邦调查局的快速反应部队动用坦克向他的老巢发动进攻,邪教内部有人故意纵火,75名信徒被烧死,其中有21名儿童,考雷什也被烧死,这就是震惊世界的“韦科惨案”。

四、科学教派

科学教派由美国人拉斐特·罗纳德·哈伯德于20世纪50年代创立于美国,但是科学教派的真正发达是在欧洲,法国和德国等国家的科学教派的信徒都非常活跃。

拉斐特·罗纳德·哈伯德1911年出生在美国内比亚斯加的蒂尔登。他的经历非常丰富,对心理学和精神分析学非常感兴趣,还学习过东方哲学,但他最擅长的还是写小说,尤其是写作科幻小说。

1950 年 5 月,他出版了后来被科学教派奉为经典书的《通灵术——精神卫生的现代科学》。哈伯德认为,人的心灵中有“恶魔”,会给人带来诸如关节炎、心脏病、高血压、精神分裂症等疾病,只有清除了印痕,恶魔才会消失,这时所有令人不快的症状都消失了。在这本书里,他提出了一门最先进的心灵研究科学,自称找到了医治精神创伤的方法,迎合了许多人要摆脱战争阴影、解除精神痛苦的需要。因而这本书一出版立刻风靡美国,据说在全世界也有上百万册的销量。1950 年,哈伯德开始在新泽西州伊丽莎白城的家中授课,并成立了“哈伯德戴尼提研究基金会”。1954 年,哈伯德在美国洛杉矶建立了科学教派的首座教堂———加利福尼亚科学教派教堂,进行传教活动,随之其他地方也都建立了该派的教堂。

哈伯德的成功实际上得益于美国当时精神科学的发展以及心理科学研究者的倡导,这些人大力宣传健康的人也可以从精神治疗中得到好处,因为这有助于健康人进一步了解自己,提高生存质量,这为哈伯德的成功提供了前提。打着科学的旗号,科学教派又成为一个心理治疗机构,很多好莱坞明星都是他们的客户,教派借此敛财,仅 1987 年,科学教派的收入就有 5 亿多美元。

1951 年,哈伯德出版了《生存的科学》一书,称人既不是精神的也不是物质的,而是一种灵魂体。而他的通灵术会帮助人移去精神障碍,让人从前世的精神创伤中恢复过来,超越物质和时空的限制,进入到比“净化”更高一级的层次。这样他不仅把自己的理论披上了科学的外衣,而且还披上了宗教的外衣。

哈伯德的科学教派先后获得了很多国家的认可,科学教派的活动和组织也迅速扩张,号称在世界 65 个国家建立了 700 个活动据点。科学教派下设 7 个大陆部:英国、美国东部、美国西部、欧洲、澳大利亚、新西兰和非洲。这些部都是由一个类似于他的特务性质的保卫部队要员来负责控制,然后再派人对下层的宗教活动和人员进行控制。

为了扩大影响,加速传教,哈伯德还制定过“特别地区行动计划”,鼓动他的信徒通过工作把科学教带入公司、社团,渗入社会。后来科学教派还成立了政府事务部,这个部门实际上就是科学教派的宣传和安全部,目标就是对社会要人、政府要人施加影响,从而达到使他们顺从科学教的目的。这也说明科学教派在努力地向政府渗透。

科学教派的活动引起世界各国的注意,美国、俄罗斯以及欧洲各国都加强了对科学教派的控制，有的核心成员因涉嫌敲诈勒索、恐吓利诱、坑蒙拐骗、绑架暗杀而被起诉，很多教派活动的据点也被查封。教主哈伯德畏罪潜逃，隐匿 5 年之后，于 1986 年去世，留下了高达 4 亿美元的巨额存款。接替哈伯德的新一任教主是戴维·米斯卡维基，在他的领导下，科学教派自 20 世纪 90 年代以来仍有发展。

五、上帝之子

“上帝之子”又称“爱的家庭”，由大卫·伯格于 1968 年创办于美国。这个邪教组织专门宣扬性乱和世界末日论，并认为唯有该组织是真正的基督教组织，其他组织都是假的。这是一个专门把目标对准青年，拉拢和毒害青年的邪教组织。

大卫·伯格于 1919 年 2 月出生于美国加州的渥仑市，他的母亲是宣道会的传教士，大卫·伯格后来也成了一名牧师。由于他与他所在的教会组织有矛盾，所以被解除了在当地教会的职务，于是他便带着全家四处游荡、四处传教。

1967 年，大卫·伯格全家搬到加利福尼亚亨廷顿海滩，与他的母亲住在一起。初时以办“咖啡屋”为名，免费供应咖啡、三明治给嬉皮士，并很快与他们打成一片，并在交往中向他们传道。伯格在传教中公开指责美国政府，攻击美国社会的政治、经济、教育及传统的宗教制度，煽动青年反对政府，反对父母。他成立了“基督少年会”，吸收赞成他观点的嬉皮士入会。

为了给自己披上神圣外衣，大卫·伯格宣称自己为神在末世的先知，是神所拣选的为其传达信息的人，宣称他接到了一个新的预言，说上帝已经放弃了旧教派的教堂，接受了一个新的教堂。他同时还宣称，他的夫人珍尼和秘书玛利亚是其教会的典范。也就是在此时，大卫·伯格提出性爱是这个组织思想中的一个主要成分。他歪曲《圣经》中对爱的解释，向青年男女教徒灌输“性”即“爱”的观点，说性爱是基督给人的最大礼物，如果爱一个人，但不付出牺牲，就是自私的行为，人们可以自由地享受性解放。他多次结婚，成为一夫多妻者，他说这是上帝的旨意。

实际上，大卫·伯格本人是一个十足的、无恶不作的大流氓。他提倡乱伦，同不少女教徒发生过性关系，还强迫儿媳妇与他发生性关系，甚至还和自己的女儿乱伦，并封她们为“皇后”，而皇帝就是他自己。伯格还把自己的性爱理论运用到吸收新成员中，他怂恿教徒广交朋友，把传道比做“钓鱼”，也就是去勾引异性，这就是他所说的“调情钓鱼法”，即靠色相来勾引异性加入该组织。他通过此种手段，把不少原本天真活泼、善良无辜的青年人引入歧途。

在所谓的传教过程中，“上帝之子”的成员有时破坏正常的宗教仪式，扰乱正常的公共秩序。他们还到学校去破坏正常的教学秩序,引起了学生家长和老师的强烈不满。家长们成立了家长会,并把“上帝之子”的活动向法院上告。大卫·伯格看到自己很难在美国落脚,于是便命令教徒出走,到世界其他地方进行活动,他把这次行动称为“出埃及记”。到 1975 年年底,“上帝之子”的成员发展到 70 个国家,有 4 215 名成员。

“上帝之子”有一套严密的组织,实行“金字塔”式的组织体制,对组织中的每个成员都进行严密的控制。他称自己的家族为“皇室”,自称“国王”,是最高的领导者。下面设立参谋、首相、部长、总监督、监督、总牧区、牧区和牧长,最基层的组织是“家庭”。每个“家庭”都有负责人,称为“牧长”。“家庭”与“家庭”之间经常组织活动,相互探望。信徒在“家庭”中过着有规律的生活,每个“家庭”成员都要按时起床,按时用餐。在“家庭”中,人人均无隐私可言,一切活动都是集体的行动,如一起学大卫·伯格写的“摩西书信”,相互交流学习心得,然后还要向牧长汇报。在“家庭”中也没有什么人身自由,成员只能看电视中的政治新闻,如战争、暗杀、枪击等,以示世界末日的到来。电视节目是限制看的,由“牧长”有选择地录像后,才给“家庭”成员看,内容主要是反对美国的片子和关于《圣经》的故事。

1994 年,大卫·伯格去世,之后由他选定的继承人继续控制和操纵这个邪教组织。1995 年,“家庭”通过了一个“爱情宪章”,其中包括两部分:一个是“责任和权利宪章”,另一个是“家庭的基本规则”。制定这个宪章是为了在实现该组织推行邪教的过程中,有一个书面的组织目的、组织信仰和组织方法。这个邪教组织曾经在 20 世纪 90 年代秘密渗入我国,但是被我国政府及时发现并制止。目前这个邪教组织处于秘密状态,在世界大多数国家都有成员分布。

六、统一协会

统一协会全称“全世界基督教会统一神灵协会”。该教于 1954 年创立于韩国汉城,创始人为韩国人文鲜明。该教自创立后迅速发展,到 1977 年,在全世界 120 多个国家和地区拥有 200 万信徒。1985 年,据说该教教徒已发展到 300 万之众。

文鲜明 1920 年出生于朝鲜平安北道一个农民家庭,他自小就对宗教神话感兴趣, 15 岁时,家里不断出现灾难,全家因此而加入基督教长老会。从那以后,文鲜明便迷上了基督教,34 岁时,他在汉城(今韩国首都首尔)城东区北鹤洞一间小房创立“世界基督教统一神灵协会”。

和众多的邪教主一样，文鲜明没有忘记神化自己，他公开宣称自己是“基督的使者”，是“第二基督”。他在自己的传记中对他的诞生增添诸多的神话色彩。他还编造说，一个星期天的早上，耶稣基督在他做祷告时突然显灵，对他说，2 000 年前拯救人类的使命尚未完成，现在拯救苦难中的人类的使命落到了你的身上。所以文鲜明说他比耶稣本人还要伟大。

为了论证“新的使者”已经来临，文鲜明苦心钻研以色列和西方历史，从中寻找基督降生前400年和最近400年的相似之处。经过潜心钻研，他编成了一本自己的《神圣原则》。在这本书里，文鲜明把人类历史分为三个阶段：第一是亚伯拉罕时代，即人类形成时代；第二是基督时代，即人类发展时代；第三是文鲜明时代，自己的降生将完成神圣的使命，使人类摆脱撒旦的统治，他将成为全世界、全宇宙的主宰。①

文鲜明的教义荒谬，生活也极其腐化。他宣称，由于亚当夏娃接受了撒旦的血统，作为他们后代的人类就成为撒旦的子孙，世界也成了撒旦的世界。为使撒旦的世界回归为神的世界，必须实行“荡减复归”。也就是说，人类的原罪因性交而来须以性交除去。他声称，一个人如要获救，就必须接受再临基督文鲜明的纯净血统，即与其通过性关系进行“血统转换”。谁和他保持肉体关系，谁就可以生出救世主，这实际上是他进行淫乱的“理论根据”。他还为所谓的“血统转换”制定了详细的仪式。文鲜明常常以讲授教义为幌子，把漂亮的女信徒关在自己的居室内，强迫夺取女信徒的贞操。

由于文鲜明理论荒谬、生活腐化，1981 年 7 月，美国司法部犯罪科在对文鲜明一伙进行了调查后，组成了陪审团，认定文鲜明一伙犯有逃税、共谋伪证和妨碍司法等罪行，同时否认“统一教会”是宗教团体。1984 年 7 月 20 日，文鲜明开始到康涅狄格州丹伯里监狱服刑，“神圣”的教主这时却不能拯救自己了。

七、太阳圣殿教

太阳圣殿教又名“国际太阳圣传骑士团”“玫瑰与十字会”，由迪·马布罗和吕克·朱雷联手于 1984 年创立于瑞士。

迪·马布罗是法籍加拿大人，太阳圣殿教的创始人之一。此人 1924 年出生，五短身材，他虽然没有受过良好教育，却天生具有鼓动宣传能力。他早年对神秘主

① 王跃：《邪教：人类的公敌》，珠海出版社，2000 年版，第 66～68 页。

义和精神灵性非常感兴趣,并冒充心理学家行骗并屡屡获得成功。1974 年他在法国和瑞士边境建立了一所“生命学校”,又称“迎接新时代中心”,在这个学校里,他自封为专职的精神导师,鼓励其学生们要抛弃世俗的东西,特别是金钱,这样他们才能达到更高的冥想境界。

吕克·朱雷,1947 年生于非洲,20 世纪 70 年代赴比利时布鲁塞尔自由大学医学系学习,26 岁毕业后,在瑞士与法国交界的辛格尔城开设了一家咨询性心理诊所。朱雷对灵魂、新时代等新兴宗教思潮深感兴趣,相信命运,热衷于各种神学,对古老的太阳崇拜尤为着迷。朱雷也善于演说,口才很好,演讲具有极强的煽动性和号召力,许多人就是听了他的演说之后加入该教派的。

太阳圣殿教的名称主要根据 12 世纪的圣殿骑士团而来。圣殿骑士团主要由法国骑士组成,因骑士团首领最早驻扎在耶路撒冷的一座圣殿而得名,14 世纪初被教皇克力门特五世宣布解散。当今世界至少有 30 余个教派声称自己是圣殿骑士团的继承者,朱雷和马布罗也同样声称是 12 世纪圣殿骑士团遗留下来的精兵。朱雷还说,他自己就是耶稣基督第三次转世的化身。

太阳圣殿教宣扬世界末日论,宣传世界末日不久将要降临,艾滋病的传播、臭氧层的破坏、环境的污染、政府的腐败、地区和种族的冲突等都是世界末日将至的征兆,而太阳圣殿教就是人类末日来临之后的“挪亚方舟”。该教一方面告诫说,那些没有被太阳圣殿教选中的人将在未来的日子里受到严厉的审判;另一方面,该教通过心理疗法,在一定程度上满足了人们希望把握自己命运、追求永恒的愿望。不少信徒对朱雷的崇拜达到了着迷的程度,认为他就是救世主,只有他才能拯救全世界。

太阳圣殿教发展信徒的程序极为严格复杂。首先要进行严格的体检,而后进行缜密的心理测试,最后还得学习秘密祭礼、入会仪式,接受教义灌输,培养对教会的荣誉感和自豪感。只有以上各项全部完全合格并发誓效忠于教会的人才能成为教会的正式会员。需要指出的是,太阳圣殿教一般不吸收贫苦百姓入教,所以太阳圣殿教的信徒都是些有钱有势、文化程度高、职业稳定、社会地位也比较高的人。由于吸收的对象是社会的中上层人物,所以加入教会要交巨额会费,退出太阳圣殿教也要交巨额赎金。有些教徒出于狂热,甚至变卖家产,把所得几十万美元都交给教主。

太阳圣殿教的组织非常严密,等级森严,信徒分为三个等级:最外层的参加者仅仅听课,领取书籍和录音带,每周缴费 25 美元;第二等级的成员除参加上述活动外,还要参加宗教活动,每周缴费 75 美元;最高等级是经过严加选择后的核心骨干,他们要参加隐秘的宗教活动,每周交会费 100 美元。教主因此也聚敛了不少钱财。

太阳圣殿教从成立以来,组织规模越来越大,到 20 世纪 80 年代末达到了顶峰。然而到了 90 年代,一切都发生了逆转,太阳圣殿教屡遭打击,陷入深深的内忧外困之中。由于教会从事诸如军火买卖等非法交易,太阳圣殿教在加拿大、澳大利亚等国先后遭到打击和限制。而在教会的内部,朱雷和马布罗两大首领也不时明争暗斗导致教会内部的帮派纷争,削弱了教会的凝聚力,给教会沉重的打击。朱雷和马布罗的精神世界开始崩溃,他们开始重弹世界末日论老调,并号召教徒们做好以身殉教、踏上“死亡之旅”的准备,一幕幕集体屠杀惨剧随即上演。

1994 年 10 月 11 日午夜,位于瑞士日内瓦东北 45 英里的切里的一处农场燃起大火。次日,在现场找到 22 具尸体,身上分别穿着白、红、黑、金四色道袍,面对画成基督形象的朱雷像围成一圈,这些死去的人有的面带微笑,有的则头上中了子弹或被塑料袋蒙住,有的双手被绑。4 小时后,距离切里 50 英里的三幢联体小木屋也火光冲天,消防人员在废墟中一共找到 25 具尸体,其中有 5 名儿童,最小的仅有 4 岁。经过警方调查,死者都是太阳圣殿教的信徒。这两场大火是朱雷和迪·马布罗亲手点燃的,他们自己也葬身于小木屋的火海之中。从此之后,太阳圣殿教的活动基本绝迹。

八、恢复上帝十戒运动

2000 年 3 月 17 日,非洲国家乌干达首都西南约 300 公里处的教堂发生了一场火灾,大火过后,警方发现至少有 470 人被烧死。伴随着警方的调查,乌干达邪教组织“恢复上帝十诫运动”被揭开了面纱。

该邪教组织成立于 1989 年,1997 年登记注册,创始人为约瑟夫·基布维特尔和克莉多尼亚·玛琳达。

玛琳达长得漂亮——皮肤柔细,五官端正,声音也悦耳动听,很有说服力。但她生性残暴,爱报复,性格极不稳定,有放火的嗜好,并且对金钱贪爱无比。在二十几岁时,她和当地一名负责卫生的官员恋爱,后来被抛弃了,经营酒吧不久又倒闭。玛琳达的 3 个哥哥先后不明不白的死去,于是她成了家中土地的唯一拥有者。

经营的酒吧倒闭后不久,她改信天主教,同时声称自己在城外的一个山洞里见到了圣母玛丽亚。从此她定期斋戒,睡觉时不用垫子,不苟言笑。她还周期性地身着黑色服装，出门去接收来自圣母玛丽亚的“信息”，直到遇见约瑟夫·基布维特尔。

约瑟夫·基布维特尔1948年出生，由当地的天主教会抚养长大，先后在当地的政府部门、教会担任过职务。当玛琳达遇到他的时候，他当时是当地一所私立学校的校长。玛琳达可能看中了他的钱财，向他说是圣母让他和一个叫约瑟夫·基布维特尔的男人一起共同恢复“十戒”。约瑟夫被她所打动，两人不久就住到了一起，共同组建了这个邪教组织，他成为这个邪教组织的头目。

该邪教组织大搞“恢复上帝十戒运动”，并宣扬世界末日、制造恐怖，约瑟夫先后预言地球和人类将在1999年和2000年毁灭。对世界末日进行宣扬的同时，约瑟夫还大肆夸大和宣扬现实社会中所存在的各种问题，宣称解脱的唯一办法就是遵从上帝的十戒。他经常煽动其信徒，要他们变卖自己的家产，将得到的钱捐给教会，唯有如此，日后方可进入天堂，否则会被打入地狱，永世不得翻身。当预言破灭后，教派首领遭遇到信任危机，处境尴尬，为了防止教徒索回钱财，他们不惜狠下毒手。

继2000年3月17日卡农古教堂大火造成数百人丧生之后，乌干达警方又接二连三地在邪教“恢复上帝十戒运动”曾经活动过的几个地方发现多处集体坟墓。到2000年3月30日，邪教受害者已超过900人。警方认为，随着更多集体坟墓被发现，最终死亡者将超过1 000人，这可能是世界上邪教戮害教徒死亡人数最多的恶性事件。

阅读材料

传统宗教·新兴宗教·邪教

传统宗教通常是指那些在时间上产生很早、具有悠久厚重的历史文化传统的宗教，如犹太教、基督教、佛教、伊斯兰教、印度教、中国道教等等，它们都有源远流长的历史和人数众多的信徒。传统宗教的主导方面与社会发展潮流是一致的，它们的存在有利于社会的和谐与稳定。

新兴宗教是当今世界的热点问题。所谓新兴宗教，是指那些随着世界现代化进程而出现的、脱离传统宗教的常规，并提出了某些新的教义、仪式或宗教运动的宗教团体。通常人们把20世纪以后或二战后兴起的宗教视为新兴宗教。相对于传统宗教,新兴宗教的教派、团体产生的时间短,最长的历史也不超过 100 多年,而传统宗教大多有千年以上的历史。

新兴宗教大多对传统宗教持一种批判的态度,提出了一些新的教义和新的仪式,活动方式也多样化。有的新兴宗教从母体宗教中分离出来,成为一种独立的宗教教派,如巴哈伊教、摩门教等,有的综合各种教义思想而形成,还有的是外来宗教和本土宗教相结合而形成。从发展趋势来看,新兴宗教还处在一个持续上升的发展阶段。

“邪教”是一个中文独有的词汇,在英文里没有对应词汇。在宗教社会学中,邪教是新兴宗教的一部分,最初往往并不邪,一般都在政府机构登记注册,享有宗教法人地位,只是后来逐渐走向极端,变成危害社会、危害人们身心健康的邪教。邪教所崇拜的对象一般都是能施行各种“神迹”、近在身边、至高无上的教主,所宣扬的一套歪理邪说则是以反科学、反文明、反社会为根本目的。所以,邪教的“邪恶”不仅从国家、社会、人民利益的角度看来是邪恶的,从正常、合法、有益的宗教角度看来也是邪恶的,对世界人类的生命尊严、公共安全和社会稳定造成严重威胁。这样看来,邪教既是“教”,又不是法律和纯正宗教意义上的宗教。

思考与练习

1. 邪教和宗教的区别是什么?
2. 邪教产生的根源是什么?
3. 邪教的特征是什么? 试举邪教案例说明。
4. 邪教和新兴宗教又有什么样的联系与区别?

第十章

宗教与社会的关联

本章要点

- 宗教本身就是一种有着悠久历史的、复杂的社会文化现象，其最主要特征是对某种神明的信仰和崇拜。宗教受整个社会文化系统的制约，它本身也是文化环境的产物和文化的一种表现形式。在人类文明史的绝大部分时期，在各个时代和各个国家，宗教是文化统一的核心力量。文化互动转型论认为，以宗教为核心的跨文化传播中，文化冲突和对抗是一种必然，但是文化融合也是可能的，而文化融合的结果不是文化的衰亡，而是文化的转型。
- 宗教与科学的关系随着人类社会生产力发展水平而变化。概括起来，这种关系的变化大致可分为四个历史阶段：原始时代二者融为一体，古代二者分化与分立，近代二者有矛盾与冲突，现代二者相互调适与共存。
- 道德是人们共同生活及其行为的准则和规范。在人类历史上，宗教信仰是历史最悠久的一种信仰，道德与宗教信仰的结合是最牢固的一种结合。在文化系统中，道德与宗教相比，具有明显的不对称性。在文化视域下，宗教是文化的核心，信仰是宗教的核心；道德的归宿是信仰，但宗教信仰不是道德的唯一宿主；宗教的功能系于道德，但宗教道德不能取代宗教信仰。
- 宗教应当成为和平的保证，和平是宗教的目的。应积极开展与推进宗教间对话以通向和平之路，宗教对话可分不同的层次：首先是宗教社团内部的对话；其次是不同宗教之间对话；最后是宗教与非宗教意识形态和主权国家之间的对话。

第一节 宗教与科学

一、原始时代宗教与科学融为一体

当人类社会的生产方式尚处在渔猎采集的原始时代的时候，社会生产力水平十分低下，只能生产最基本的、仅供维持生存和延续后代的极有限的劳动产品。原始时代的人类既没有较高的思维能力，也没有认识自然现象的科学手段，只能凭借极其有限的经验，通过原始思维的直观猜测来认识自然现象。当这种直观的猜测与生命的灵性现象联系起来的时候，就形成了原始人类的宗教思维模式，并用来解释人与自然之关系的这一原始人类生存的主要矛盾。在这样的时代，整个原始人类的生活都以宗教的思维模式来思考，宗教成为原始人类的总体文化，宗教的思维方式是原始人类把握自然和世界的唯一可能的认识工具。宗教在这一前科学发展阶段发挥着它力所能及的解释功能，使原始人类解释自然现象的需要得到一定程度的满足。在此意义上，我们说宗教与科学在原始时代是融为一体的。

宗教之所以能在原始时代长期起着解释自然现象的功能：一方面是由于人类在生产力极其低下的情况下，无法产生和形成像现代科学一样的实证知识，用于认识和解释他们想要了解的自然现象；另一方面则是由于人类最原始的宗教信仰也都是一种对外在客观世界的曲折反映，而非绝对的子虚乌有。宗教的知识与经典包含着许多对深奥的自然和社会现象的思考，有一定的合理性。这样，在科学诞生之前，宗教知识就是人类最早的思维成果，凝聚着人类在生产和生活中对于自己周围世界的各种探索和经验的积累，一些处于萌芽状态的科学知识也包含在内。宗教的解释功能根源于此。

宗教不仅具有解释功能，而且还具有某种力图解决实际问题的实践功能。这种功能经常表现在原始的法术、巫术和后来各种宗教的巫术性操作活动中。巫术力图以操纵神力来达到人们想要达到的目的，它的操作性与后来产生的科学实验有相似之处。原始人类在长期的操作性的巫术活动中逐渐积累了经验，有时候能够从错误的前提出发，达到某种程度的预期目的，或者偶发性地得到意想不到的实际结果。我们经常可以看到，原始宗教里的巫师同时也是最早的医生，占星术成为最早的萌芽状态的天文学。因此我们可以说，原始宗教或其他宗教中的那种控制和操纵神力的巫术活动，既是人类力图控制自然力的一种最初的尝试，也是一种具有萌芽性质的原始科学的实际操作活动。

二、古代宗教与科学的分化与分立

当人类社会由原始时代进入农业文明社会以后，社会生产力和思维能力都有了很大提高，产生了古代的哲学和科学。此时人们不再满足于仅仅用非理性的思维模式来思考问题，而且要遵循理性的原则来思考自然现象，对之做出合乎理性要求的解释。原先包含在宗教中的哲学发展起来，并从宗教中分化出来。古代社会还不可能建立起自己的科学实验体系，还没有能力完全独立地担当起解释世界的能力，因此古代的自然科学被包括在自然哲学之中，这就为宗教神学解释世界留下了较大的余地。随着宗教自身的发展，具有理性思维特征的宗教神学也随之形成。在这种情况下，古代的科学分别被包含在自然哲学和宗教神学之中，形成了分化与分立的关系。在这一时期，尽管宗教与科学形成了分化与分立的关系，但一些自然哲学和宗教神学的解释对于推动科学的发展却具有一定的积极作用，具体表现如下。

在古代，具有浓厚的巫术色彩的宗教解释往往包含着科学的萌芽。例如，占星术是原始的天文学，2 000 多年前，我国齐景公时的太卜通过观测星象的结果预言地震，注意到地球和其他天体之间的关系，考察地震的诱发原因，开了世界地震研究的先河。古人切割动物供奉神灵，并以观察动物内脏的形态来预卜上苍的恩宠或冷遇，这样的宗教活动使人了解到动物和人有着相似的器官，并逐步积累了有关人体结构的知识。因此，早在公元前 2000 年，埃及人就已经能够对人体进行手术治疗。诸如此类的活动显然具有促进科学知识积累的作用。

古代有许多宗教神职人员为了践履某些宗教教义，或追求某些宗教目标而进行科学工作，客观上为科学发展开辟了道路，或促进了科学的发展。我国春秋时代的许多占星家对天象进行观察，为后代天文历法的研究积累了有价值的资料。唐代僧人一行和尚制造黄道游仪，用来测定 150 余颗恒星的位置，并进行了世界上第一次测量地球子午线长度的实验。我国汉代道教炼丹术中的外丹，幻想用炉鼎烧炼矿石、草药来求得长生不死之药，但却成为原始化学的起点。道教炼丹术中的内丹，把人体比做丹炉，融炼体内的精、气、神，想要获得长生不死的方术，但客观上却为医学上的养生保健、气功强身等开辟了道路，至今仍不失为我国医学上一项值得研究发掘的重要课题。古埃及人为其宗教领袖法老修建金字塔，由于建筑工程的需要，推动了几何学和力学的发展。中世纪的基督教僧侣罗吉尔·培根虽长期徒劳地从事炼金术,但确实也做过许多有价值的物理化学实验,对欧洲实验科学的发展产生了一定影响。

有些宗教经典文献包含着丰富的科学内容,为以后科学的发展提供了宝贵的资料。犹太教的重要经典之一《塔木德》涉及天文、地理、医学、算术和植物等方面的知识。印度教的经典《吠陀》,佛经、道教典籍文献中所掺杂的有关科学方面的知识,更是丰富多彩,其中尤以道教典籍最为著称。《道藏》中辑录的各种内外丹经、黄白方术、阴阳五行、药饵术数等著作,记述了许多炼丹方法,仅《金丹》一篇所涉及的化学材料和矿物成分就有 22 种之多。它们还记载了一些用来炼丹的主要材料及其化学反应过程,相当透彻地阐明了强身保健、增强体质以抗风寒暑热的科学道理。凡此种种都对我国和世界化学及医药化学的发展做出了贡献。

在宗教传播活动中,宗教人士的传教活动也往往伴随着科学知识的传播,有助于科学的发展。我国唐代的鉴真和尚去日本传教时,带去了一批艺术、医药、建筑等方面的人才和大量的书籍,促进了日本医学、艺术、建筑等方面的发展。伊斯兰教在传播过程中吸收了希腊古典文化和印度、波斯的各种先进的科学,并在此基础上创造出了空前灿烂的阿拉伯文化,其中尤以医学、天文学、数学等最为卓著,并曾在几个世纪内对欧洲文明产生了重要影响。明末清初的基督教在传入我国的过程中,传教士们为了把所谓“上帝的福音”带给古老的东方大地,成为东西方文化科学的第一批媒介交流者,他们带来了西方在天文、历算、几何、地理、水利和火器等方面的新知识。著名的意大利传教士利玛窦是这批传教士的代表,他把欧几里得几何学、格里高利历法、世界地图、泰西水法和西洋奇器(三棱镜、自鸣钟、望远镜)带到中国来,也把中国的科学介绍到西方去,促进了中西方科学的交流。

三、近代宗教与科学的矛盾与冲突

科学在很长时期没有自己独立的形态。在人类的原始时代,它的萌芽被包含在宗教之中,在古代和中世纪分别被包含在自然哲学和宗教神学中,只是自 16 世纪的欧洲文艺复兴运动之后,科学开始从自然哲学中逐渐分离出来,形成了自己独立的理论体系和实验体系。此时,科学强烈地要求从宗教形态中完全独立出来,而中世纪末期欧洲基督教封建神权则仍旧想要把持解释自然的特权,仍旧想要把科学当做神学的婢女和论证基督教教义的工具,它不允许一切违反教义的科学解释,由此酿成了近代宗教与科学的深刻矛盾与激烈冲突。

科学有许多功能,其中最主要的功能是帮助人们正确地认识世界和解释人们想要了解的自然现象。科学的这种解释功能在性质和特点上与宗教的解释功能完全不同,科学要求这种解释建立在确实可靠的经验或实证知识的基础上并且强调理性,而宗教则将这种解释建立在各种已经形成的教义基础上,并且强调信仰。由于存在着这种根本差异,二者长期以来总是呈现相冲突的状态,既表现为两种不同解释的冲突,又表现为科学揭示和捍卫的真理同宗教所主张的谬误之间的冲突。这种冲突,自从科学获得独立形态之后便产生了,而自欧洲文艺复兴和工业革命以来一直到20世纪初,两者之间的矛盾日益尖锐。在这一斗争过程中,科学的理论体系和实验体系逐步地形成和发展完善,科学不仅要求摆脱宗教对它的控制,争取对自然现象自由的和正当的解释权利,而且以其对自然现象许多不同于宗教教义的解释,向宗教发起了严峻的挑战。

在宇宙学领域中,科学对宗教的挑战是以哥白尼提出"日心说"开始的。按照基督教教义,地球是上帝为人类创造的一个位于宇宙中心的特殊居住地,而神父哥白尼所著的《天体运行论》则证明,地球只是太阳系中的一颗行星,从而创立了"日心说",动摇了基督教教义的基础。于是,在1616年,"日心说"被罗马教廷宣布为异端邪说,《天体运行论》被列为禁书。哥白尼之后,伽利略比他的前驱更进一步地用天文望远镜观察天体,证明宇宙只是一个天体的自然世界,而不存在特殊的神的天体世界。此后不久,曾当过修道士的布鲁诺又在伽利略天体实验观察的基础上,更进一步推广和延伸了"日心说",认为整个无边无际的和无始无终的宇宙是没有中心的。这些科学论断意味着对"神创论"的全盘否定,因而导致基督教教会

在被宗教裁判所监禁了7年之后,1600年2月17日凌晨,布鲁诺被活活烧死在火刑柱上。

对伽利略采取囚禁终身、对布鲁诺甚至活活烧死等残暴的制裁。尽管如此,宗教(基督教)仍未能阻止科学前进的步伐。此后发现的行星运行的三大规律以及星云说、大爆炸宇宙学等一系列科学的宇宙起源学说,都一步一步地把基督教圣经《创世纪》中的说法变成了纯粹的神话,甚至连神学家们后来也不得不承认,《创世纪》只具有宗教意义了。

在物理学领域中,物理学上的伟大发现更进一步证实了上帝自由地创造世界的不可能性。比如19世纪初发现的能量守恒和能量转化定律表明,能量既不能创造也不会消灭,只能互相转化。后来,神学家力图用克劳修斯的"热寂学"来论证上帝创世说,但也很快就被证明是不正确的。物理学通过物质结构的理论,更进一步地证实了世界的物质性,从道尔顿的原子论,一直到基本粒子和共振态粒子的发现,都证明了这一点,即没有物质结构的实体是不存在的,从而否定了上帝这一纯精神实体存在的可能性。爱因斯坦的相对论进一步证明物质、运动、时间和空间是密切联系在一起的,也说明了超物质、超时空的上帝是不存在的。普朗克和海森堡所创立的量子力学,确立了连续和间断相统一的自然现象,否定了上帝的自由意志创造的任何可能性。

在生物学领域中,由施莱登和施旺所建立起来的细胞理论,证明了细胞是植物、动物和人发育的共同单位,否定了上帝分别创造每一物种的神话。达尔文的进化论,证明了高级生物是从低级生物发展而来的,人是由类人猿发展进化而来的,否定了上帝创造人的神话。谢切诺夫的《大脑反射》一书关于高级神经活动的研究新成果,说明了意识和无意识现象的一切动作按其起源来说都是反射,由此揭开了人类精神活动的奥秘,上帝赋予人类以精神的神学观念被否定了。巴甫洛夫进一步发展和完善了大脑反射学说。

实验心理学、精神病学、神经学以及控制论的发展,也证明了灵魂的实体化思想是没有根据的。这些科学把精神等同于一些心理现象,并证明"精神"受到多种形式的制约,既受到机体内部发生的生理现象的制约,又受到周围其他物理化学作用的制约,这就证明了独立的精神实体"灵魂"是不可能存在的。后来,奥巴林的生命起源论又证明生命物质是由非生命物质演化而来的,科学家还发现了遗传信息载体DNA的双螺旋结构,使人工改造和创造新物种成为可能,并且已经得到了部分实现。所有这些现代自然科学的巨大进步使有的神学家认为"上帝已经死了",连美国最高法院也于1987年做出了维护在学校讲授进化论的权利,并否定了一些州规定的教授神创论的法律。

自然科学自近代发展到现代，已把宗教的解释宇宙起源（可见宇宙）、生命起源和人类起源方面所设置的主要障碍完全扫除，以前对它们所做的宗教解释已被科学的解释所取代，现代科学已把解释自然现象的权利从宗教手中夺了回来。不过，宗教只是被迫把其已无法维持的解释自然现象的权利交还给科学，但并没有从一切区域退却，它仍然可以在不同的历史条件下继续发挥它其他方面的功能。

1859 年达尔文出版《物种起源》（On the Origin of Species）一书，全面提出以自然选择为基础的进化学说。该书出版震动当时的学术界，成为生物学史上的一个转折点。自然选择的进化学说对各种唯心的神造论、目的论和物种不变论提出根本性的挑战。

四、现代宗教与科学的调适与共存

自近代以来一直到进入 20 世纪后的一个相当长的一个时期内，宗教对科学的进展和挑战曾采取完全抵制和抗拒的态度。后来，由于现代工业的发展和科学真理的日益传播，使得宗教对科学的各种反对措施屡屡失败，于是宗教便逐渐改变了自己的立场而力求与科学调和。这主要表现在以下几个方面：

第一，改变原先否定许多科学学说的立场，转而承认和肯定这些学说，或者使自己的教义变得迎合这些学说，利用这些学说去说明它们各自的教义。这种现象最初发生于 19 世纪末，当宗教神学在与达尔文“进化论”的抗争中败北后，1885

年，罗马教皇庇护十二世专门发表了一个关于人种起源的“通谕”，认为进化论可以用来解释人的起源，说这同《圣经》是一致的，即就人的身体而言，人是从动物进化而来，但人的灵魂是属于上帝的，这是在力图把进化论同神创论结合起来。基督教应用自然科学的成果来解释神学的情况也早在 19 世纪末就已发生，当时的罗马教皇利奥要求用新的科学成果对神学的旧教义进行“推陈出新”的修改，要求用“新的东西丰富和完善旧的东西，以便不要让人们说教会反对科学和厌恶科学”。罗马教廷为了更好地运用科学成果去解释神学，还于 1936 年正式成立了罗马教廷科学院。

第二，宗教主动退出自然科学领地，并主张与科学“分工”。对于这种“分工”，现代神学家们提出了种种不同方案：有的认为，宗教只需保留“上帝创造世界”这一最后结论，而整个世界的具体变化发展则由科学去解释和研究；有的则认为，把已知领域交给科学，把未知领域留给宗教神学；有的更为明智地认为，宗教应把物质世界完全交给科学，宗教只管人的精神世界，这种观点在佛教界的大同法师所著的《广义宗教学》一书中得到鲜明的表现，该书认为，“科学的对象是物质，宗教的对象是精神，精神和物质是不能偏重的，宗教与科学是并行不悖、兼收并蓄、毫无冲突的”；①有些神学家还主张宗教应当主管道德领域的事，并可以用道德来约束科学，他们提出，科学如果没有宗教的扶正，就会导致有害于人类的事情。这种宗教与科学的分工合作论产生的影响，确实起到了缓解知识分子对宗教的离心倾向。

第三，为历史上受教会迫害的科学家平反昭雪，竭力笼络科学家。例如，罗马教宗主动承担历史上迫害科学家的责任并公开承认错误，罗马教廷对天主教历史上残酷迫害“日心说”先驱者们的行为做出了忏悔，并承认这是“教会发展史上不可磨灭的污点”。

第四，在宗教组织内建立宗教与自然科学关系的机构和倾听科学家的意见。为了缓解宗教与科学的冲突以及争取科学家并影响广大知识分子，罗马教廷于 1936 年正式成立了罗马教廷科学院，并两年一度举行科学讨论会，专门研究科学的发展和宗教神学的关系。自 20 世纪 80 年代以来，罗马教廷科学院已不把其研究的任务限于宗教与科学的领域，而把其视野扩大到如何运用科学来改善人类的生存环境，以体现所谓“上帝关心”人类的仁爱精神。自此以后，梵蒂冈便两年一度地邀请世界著名科学家赴会，讨论当代科学新问题和新成就，例如，讨论了“化学

① 大同法师：《广义宗教学》，台湾天华出版事业股份有限公司，1970 年版，第 104 页。

工业对环境的影响”“利用生物技术改革农业”等等问题。一家西方报纸为此发表评论说:“今天的教廷想要跟上科学发展的新步伐,以避免宗教和科学之间出现任何不必要的冲突,并把科学引导到有益于人类的方向上去。”

现代科学的发展迫使宗教采取了上述调整性措施,通过调适,现代宗教不仅使自己从过去同科学处于尖锐对立的状态中解脱出来,越来越能够适应当代科学迅速发展的形势,而且在科学界赢得了同情。这就使宗教与科学(界)之间的关系逐渐由对立、冲突、矛盾、紧张转变到宗教对科学的不断调和与一定程度的协调,以便形成宗教与科学的“分工”。宗教把解释功能交还给科学,把人的精神世界作为自己的主要领地,使科学家既坚信科学的真理性,又有宗教信仰的情感。

科学巨人爱因斯坦就是虔诚的宗教徒,他曾经说过这样的话:“科学没有宗教就像瘸子,宗教没有科学就像瞎子。”

现代宗教越来越多地放弃自己对许多自然与社会现象的解释权利,而更多地把视线转向人类生存的意义和感情的领域,转向伦理道德的领域,这种战略上的转变正是宗教的上述意图付诸实践的体现。在这些领域,科学无法并且永远不可能取代宗教,因为它们所涉及的都是价值的问题而不是关于客观现象的真理问题。正因如此,像爱因斯坦这样伟大的科学家也承认宗教存在的合理性。可以这样说,想要完全依靠科学来彻底战胜、取代和消灭宗教,是一种教条式的幻想,现代宗教似乎已寻找到它要避免科学冲击的最终避难所,在那里,它将继续获得新的信徒而不会直接同科学的任何新发现相冲突。只要有社会与个人的不幸和各式各样的情感挫折或生活上的不确定性,以及存在着人们对人类生存意义的不同追求,人们往往需要诉诸超自然的力量来寻求解脱,宗教便会在这个“避难所”不断发挥科学无法取代的作用,因而也就会继续同科学共存。

五、二者关系的若干种模式

罗素曾经说过,宗教与科学的冲突是不可避免的,科学最终将战胜宗教,这是西方近代无神论者的一般观点。在他们看来,宗教建立在非理性的基础上,是对超自然力量的崇拜和信仰;科学则是人类理性的结晶,是关于世界的客观知识体系;宗教与科学是天然的死敌。这一思想对20世纪的中国思想和社会都产生了深远的影响。当现代自然科学在20世纪初全面地从西方传入中国的时候,当时的中国知识界正弥漫着反传统和非宗教的情绪,反对基督教的态度尤为激烈。从那时起,大多数中国知识分子认为二者的关系是相冲突的。每当提起宗教与科学的关系,人们头脑中首先浮现的画面是西方科学家布鲁诺在“宗教裁判所”受火刑,而知道现代科学家爱因斯坦肯定宗教价值的人却不多。与20世纪下半叶中国社会的政治状况相结合,这一影响集中表现在完全负面地理解宗教的社会功能,否认中国传统文化中的宗教因素,在社会体制上压缩宗教的生存空间。可以说,冲突论至今还有很大的影响。

宗教与科学的关系极为复杂,涉及多个层面。在此,我们简要介绍一下现代物理学家伊恩·巴伯(Ian Barbour)对科学与宗教关系看法的四种类型:①

1. 冲突:属于这一类型的有科学唯物主义和圣经字句主义。科学唯物主义者认为,组成世界的只有物质,不存在心灵、精神或上帝,而且,他们还认为科学是获得真正知识的唯一道路,宗教不能告诉我们这个世界或人类的真正价值;圣经字句主义者相信应该按照字面意思来理解《圣经》,不需要任何解释说明,而且只有《圣经》才能给予我们关于世界、人类和上帝的真正的知识,他们通常把科学视为对圣经信仰的挑战。

2. 自主:持这种看法的学者认为,科学与宗教所使用的是相反的方法和相异的语言,科学与宗教都和对方保持着完全的隔离,既没有发生冲突的可能,也没有任何互动甚至对话。一些人认为,科学与宗教所使用的探求真理的方法完全不同:科

---

① 彼得斯、江丕盛、本纳德:《科学与宗教》,中国社会科学出版社,2002年版,第16页。

学以事实为基础,而宗教以价值为基础;科学是客观的,宗教是主观的;科学可以被证伪,而宗教则不能;科学语言所描述的是事物存在于世界上的方式,而宗教则利用语言来描述我们的感情、希望和信仰。

3. 对话:对话作为一种联系科学与宗教的模式,它包括边界问题和方法论上的类似。尽管科学可以告诉我们关于这个世界的很多东西,但是有些问题存在于科学的边缘或极限上,对这些问题科学却永远不能回答。例如:如果宇宙有一个开始,那么在开始之前发生过什么?为什么我们会有同情心或利他主义?宇宙为什么存在?在方法论上,一些人认为,科学检验理论的方法并非完全不同于神学的方法:两者都使用资料(对于科学来说是经验事实,对于宗教而言是神圣经典、宗教体验和仪式);两者都包括学者共同体,共同工作来找出什么是真实的;在相互竞争的理论中,两者都运用理性和审美价值进行遴选(在神学中,理论被称为"教义");等等。

4. 整合:整合类型主要包括自然神学。自然神学试图以世界为出发点,从中发现有关上帝的存在、本性、意志与目的等等。自然的神学则以神学为出发点,并试图将科学发现纳入到神学当中,它包括根据这些发现来对神学重新阐述。系统综合的目标是把神学与科学合并在一个单一的框架中。它通常以一个单一的形而上学体系来做整合,比如托马斯主义的形而上学。这样,在神学和科学的理论和研究中,诸如空间、时间、物质、因果关系、心灵、精神甚至上帝等概念的用法都是相似的。

自从巴伯的上述类型学说提出来以后,又有许多西方学者提出了各种新的类型解释,有的是对巴伯结论的补充,而巴伯的学说传入中国学术界后,也促使中国学者深入思考宗教与科学的关系问题。

巴伯学说的重要之处在于,它指出了宗教与科学有冲突的一面,也有互补的一面。以那些具有西方宗教背景的科学家群体为代表,他们认为宗教与科学分属不同的范畴,是人类生活的两大方面。科学为人类提供知识和理性力量,宗教为人类提供仁爱和精神力量。宗教与科学,前者重在解决人的精神难题,后者侧重于服务物质文明建设,是两股影响人类的最强大力量。二者相互补充,缺一不可。

在人类进入新千年和新世纪的时候,强化宗教与科学对话的必要性空前突出。当代科技的发展,既可以使人过上人间天堂的生活,也能够置人类于死地,而克隆人等技术的成熟更对人的价值、本质等问题提出了前所未有的拷问。现代科技武装下的宗教,在神学思想、组织形式以及社会功能上,也是日新月异,扑朔迷离。宗教与科学间的积极对话与沟通,必将有助于两者的互补与交融,进而从整体上造福于人类社会和人类生活。

第二节　宗教与文化

宗教文化是20世纪80年代以来中国学术界的研究热点之一,宗教与文化的关系是这一研究的核心问题。经过20余年的努力,已有学者将宗教文化视为一门相对独立的学科,而相关的研究成果更是不胜枚举。应当说,这些成果反映了中国学术界对二者关系的认识深化,是中国社会转型期文化建设的重要组成部分。

一、文化视域的形成

(一)西方学者对宗教文化问题的研究

西方学术界对宗教文化的研究实际上是20世纪西方宏观文化研究的主要部分。西方社会有着深厚的宗教背景,谈文化必谈宗教,而谈宗教又不可避免地涉及文化。正因为宗教文化研究与宏观文化研究的这种相关性,所以20世纪宗教文化研究的意义决不限于宗教学,也不限于某一种民族文化,而是具有跨文化的或世界性的特征。从总体上说,经过多年的研究和思考,西方宗教文化研究终于形成了一种面向未来的新的文化理念。这种新文化理念的具体表现就是一种新文化视域以及与其相匹配的阐述问题的理论框架和分析问题的跨学科方法。

西方社会是一个宗教传统悠久、宗教影响巨大的社会。西方学者一般认为;宗教与文化的关系,较之其他文化形式与"文化整体"的关系有着更深刻的意义。宗教不只是一种依附于文化整体的文化形式,而且可以有相对独立性或存在的必然性。也就是说,只要有人,就一定会有宗教的观念、宗教的情感、宗教性的追求,不论这些观念、情感和追求是公开的还是隐蔽的,都是客观存在。所以他们强调,宗教乃是普世的,体现在人性、人的社会性和人的文化性之中。围绕宗教与文化的关系,现代人文社会科学的一些重要成就,像心理学的、人类学的、神话学的、语言学的、符号学的等等,被引入宗教文化研究,深化着人们对"文化"和"宗教"这两个基本范畴及其关系的认识。

文化人类学的开山师祖马林诺夫斯基曾把文化人类学界定为"研究文化的特殊科学"。他的文化概念是传统的广义文化,即把文化看做人类社会生活中的物质现象和精神现象的总和,但他对宗教的认识却完全属于现代。他指出,宗教绝非超越整个文化结构的抽象观念 而是一种相伴于“生命过程”，有其特定功能的人类基本需要。这种基本需要既是生理的又是心理的，既是个体的又是社会的，归根到底是文化的。韦伯把宗教视为一种基本的文化特性，注重揭示宗教信念在西方近代文化起源过程中对社会文化心理产生的重大影响，十分谨慎地反复验证宗教经济伦理与世俗经济伦理之间的历史关系。汤因比更进一步，他把人类历史的载体规定为文明，而宗教信仰则是文明社会的本质体现，是文明过程的生机源泉。这样一来，文化与宗教的关系问题就被纳入文明通史。蒂利希接受了现代意义上的文化观念，进而认为广义的宗教不是人类精神生活的一种特殊机能，而是整个人类精神生活的“底层”，是贯穿于全部人类精神活动的一种“终极的关切”。他认为，人类文化的统一性就在于宗教，人类文化成果所体现的一切就其内涵来说都是宗教的。宗教构成了一切文化的实质，而文化是宗教的表现形式。文化若无宗教内容会显得空洞无聊；而当文化与绝对的意义相关时，它则获得了宗教的尺度。同样，宗教也要注意与文化的统一，脱离文化的宗教会变得原始低下、荒唐粗俗，会因为与社会主流文化发展格格不入而失去其生命力，在时代的变迁中逐渐消亡。

（二）中国学者对宗教文化问题的研究

西方学术界的这些观点传入中国以后，对于中国学术界的宗教文化研究起着重要的启迪作用。我们看到，自改革开放以来，中国学术研究的文化热和宗教热也是融为一体的。在这一中外文化交流的新时期，中国学者了解了西方学术界的研究态势，并相对独立地展开了自己的研究。而在这一多学科共同关注和研究宗教问题的过程中，宗教与文化的关系问题仍然处在显要的位置。

中国学者对宗教与文化关系的认识可以高度概括为一句话：宗教是文化（文明）的核心。在人类文化（文明）史上，宗教在特定的时期（比如原始社会或西方中世纪）就是整个文化系统，而经过宗教世俗化的过程，宗教在一般文化系统中的地位仍具有核心地位。

“宗教是文化的核心”这一命题的具体含义主要有：①宗教作为文化的一种形式渗透或包容一般文化的各个层面和各种形式，不仅渗透到文化的精神意识层，而且渗透到文化的器物、制度、行为层；不仅包容文学和艺术等文化形式，而且包容其他一切文化形式。②人类各大文化系统均以某种宗教为代表，现存世界各大文化体系均有宗教的背景，均以某种宗教信仰为支柱，如西方文化以基督宗教为代表，东方文化以儒教为代表，阿拉伯文化以伊斯兰教为代表等等。③宗教为人类社会提供了基本的信仰体系、价值规范、行为准则、组织体制。

经过20世纪的文化研究，宗教是文化的核心这个观点已经被中国学术界大多数学者接受。人们越来越深刻地认识到，宗教受整个文化体系的制约，它本身也是文化环境的产物和文化的一种表现形式。在各个时代和各个国家，宗教是文化统一的核心力量，它是传统的保护者、道德法则的维护者、智慧的传播者、人们生活的教育者，可以把社会控制在一个确定的文化类型之中。不了解处于文化核心的宗教信仰就不能理解这种文化所取得的成就，撇开宗教就不可能对文化做出完整的解释。从全人类的范围来看，宗教作为一种漫长的历史现象仍将继续存在，并将在现实社会的发展中起重要作用。

然而，在肯定宗教在文化系统中的地位和作用的时候，我们也应当看到，世界上的任何事物都有两重性，即都有其肯定和否定、积极与消极的两重性，并在一定条件下相互转化。我们肯定宗教在文化系统中所处的核心地位，这当然意味着对以往那种全盘否定宗教的态度的否定。例如，在一些国家由于曲解“宗教是人民的鸦片”而全盘否定宗教，但并不意味着“存在的就是合理的”，并不意味着对宗教所起社会作用的全盘肯定，不能把宗教视为解决一切现实问题的良药。

文化视域的形成也是中国学术界在20世纪取得的一项最重要的进步，它不仅是以往成就的前提条件，而且规定着新世纪宗教文化研究乃至于一般文化研究的基本走向。由于文化范畴的广义性，把与宗教有关的一切研究都纳入宗教文化的范围并无什么不可，这是广义的宗教文化研究；围绕宗教与文化关系这个核心问题阐述宗教在文化整体中的特性、本质、地位与作用的研究则可视为狭义的宗教文化研究。

二、宗教文化的传播

（一）文化传播的规律性

20世纪的文化理论研究经历了诸如文化定义的探讨、文化形态的分类、文化系统的描述、跨文化的比较、文化多元主义、文化冲突论与融合论一类的研究热点或浪潮。但是，现有各种研究并没有穷尽文化研究的对象，也没有提出一种能为学者们全然信服的理论体系。随着时间的推移，经过学术界的长期思考与争论，现有文化理论中有些观点已经落伍，而有些观点则由新论转化为共识或常识，这些共识就是我们建构新的文化理论的前提。

文化互动转型论以上述文化研究的理论成果为前提，但重在探讨文化传播问题。在此，我们尝试性地提出一种文化互动转型的理论，来解释宗教与一般文化传播的关系。这种理论以不同类型文化间的文化传播为解释对象,以强调本有文化与外来文化的"互动"与"转型"为主要特征,所以称做"文化互动转型论"。它的基本立场可以概括为以下几点:①跨文化的文化传播具有双向性,而非单向性的输出或输入;②文化冲突和对抗是一种必然,而非文化融合不可能的证明;③文化融合是可能的,消除一切差异的文化整合是不可能的;④肯定文化融合的最后结果不是文化的衰亡,而是文化的转型;⑤文化适应与外来文化的本土化是文化融合的有效途径。

文化互动转型论的提出不仅克服了以往文化理论的一些弊端,而且具有重要的理论意义和现实意义。用文化互动转型论的视野观察中西文化交流史,东方文化(或中国文化)与西方文化的相互影响确实是动态发展的,对这种历史的解释也必须具有双向互动的意识。现在,世界各国在越来越大的程度上被卷入到由西方开创的经济全球化潮流中,但是不同文化所固有的传统价值体系和宗教信仰却没有因此被取消,反而随着全球殖民体系的瓦解和政治意识形态冲突的结束而呈现出一种复兴的前景。就此而言,持续了200年之久的全球西方化潮流并没有从根本上结束世界文化的多元化格局,反倒使这种多元化格局在一种新的基础上,即在文化交融和自我更新的基础上得以重现。面对这种世界文化发展的大趋势,文化互动转型论的提出有助于中国文化的转型与更新,也有助于确立中国文化在未来世界文化中的重要地位。

(二)外来宗教本土化问题

在阐述了文化互动转型论的基本立场以后,让我们以基督教为例来分析一下宗教文化的传播问题。在文化研究的影响下,研究基督教的学者(包括教内的和教外的)把文化传播学的一些术语移植到宗教领域,用来思考基督教与文化的关系,反思基督教传播的历史,确定基督教传播的基本原则和恰当方法。现有各种文化理论会继续对基督教传播问题的研究产生影响,而这种研究成果也必将为文化理论提供例证或否证。

1. 宗教文化传播的双向性。依据文化互动转型论的第一条基本立场,即"跨文化的文化传播具有双向性,而非单向性的输出或输入",因此我们在看待基督教传播的历史与现状时,必须注意到这种双向性。基督教在中国传播的历史,可分为唐朝的景教、元代教廷使节的东来、明清之际耶稣会士在中国的活动、近代天主教的复归与新教的输入四个历史时期。由于研究基督教在华传播已经事先设定了基督教传教士为文化传播中主动的一方,而中国文化则是接受外来文化冲击的受体,因此学者们单向性地看待基督教在中国的传播是很自然的。然而,如果我们观察数次大传播的细节,就可以发现基督教在华传播也是一个双向的过程。也就是说,不仅是基督教对中国文化产生了冲击和影响,而且中国文化也对基督教产生了重要影响。这种影响不仅表现在教会的组织和礼仪层面,而且也表现在它的精神层面即神学上。

提到中国文化对教会神学的影响,某些教会学者可能会不以为然。然而,基督教神学在其传播过程中会受到文化环境的影响而发生形变是基督教整个发展史所证明了的事实。当基督教跨越种族与文化的疆界,教会的宗教仪式、道德价值、组织形式以及神学的类型都在发生激烈的变更。有了文化互动转型论的视野,无论是西方学者和中国学者都能较好地理解基督教的传播与中国文化的关系,可以比较深入地考察历史上各次基督教传教中所发生的双向运动。

2. 宗教传播中文化冲突与对抗的内在含义。在基督教传教史上,民族文化对基督教的抗拒常常被夸大。然而,即使在圣经中,也有材料证明文化障碍是可以消除的。

基督教在中国的几次大的传播运动都曾引起过激烈的冲突和对抗。唐朝的景教虽一度呈现"法流十道、寺满百城"的景象,但是,由于景教教士在释经时过多地使用了佛教的语言,并将主要精力花费在结纳权贵上,因此缺乏下层信众的基础,当上层政治斗争以灭佛的形式波及景教时,它便迅速地衰亡了。元代东来的教廷使者和天主教教士,以其宗教的热忱使教堂和十字架重新耸立于中国广大的土地之上。但是,元代是一个由蒙古族统治中国的王朝,占全国人口绝大多数的汉族被置为异类,而天主教传教士的宣教对象主要是蒙古族以及各类色目人,在建立本地化教会和向汉人传教的工作几乎是一片空白,所以,当明太祖朱元璋以光复汉室攻陷大都时,天主教很自然地被视为蒙古的文化,随着元朝的覆亡而消失于历史的舞台上。以利玛窦为代表的在明清之际来华的耶稣会士,开启了基督教与中国社会和文化互相沟通的先河。他们并不想把上帝与中国社会对立起来,其传道之际,多着眼于教义和儒学的沟通,在渐进之间不仅获得士大夫的友情,而且进入了宫廷之中。然而好景不长,随之而来的保守派士大夫的反教和后来的"礼仪之争"阻断了这一进程。近代以后,天主教和新教终于在中国取得了长足的发展,然而近代基督教入华是在一系列不平等条约保护下进行的,它本身的活动也与西方殖民主义侵华扩张活动紧密地结合在一起,这使得中国人因民族矛盾而排教,也使教会无法依靠宗教本身的力量与中国人进行心灵上的沟通。

大秦景教流行中国碑

碑上有楷书汉字以及外国文字，记述唐代景教由大秦国输入并流行于我国之事，对研究我国宗教史有重要价值。此碑久埋土中，明崇祯年间（公元1628—1644年）在长安崇仁寺出土，原碑现存西安碑林。

历史的教训值得记取，基督教对华传播的四次运动都值得我们认真研究。然而，有些学者以基督教与中国文化之间的冲突和对抗为证，得出基督教与中国文化根本不相容的结论。而从文化互动转型论的视野来看，它们只能证明文化传播双方目的之相左和传播方法上的不妥。中国文化与西方文化及其代表基督教文化差异显著，这就使得双方的文化吸取变得复杂和缓慢，在一定时期则引起激烈的冲突，但这并不能证明基督教与中国文化融合的不可能。正确理解异质文化传播中的冲突与对抗直接影响着学者们的研究结论。

3. 宗教传播过程中的文化融合。依据文化互动转型论的第三条基本立场，即文化融合是可能的，消除一切差异的文化整合是不可能的。那么，基督教传播的目的决不应定为使中国文化基督教化，而中国社会接受基督教文化的目的同样也绝不是使基督教与中国文化完全同化。这两种目的实际上都是在希冀使两种文化达到完全同化的境界，而从世界文化发展的多元化趋势来看，这是做不到的。

在现代社会科学中，学者们一致认为不同文化之间的调和是必然的。在与其他文化的接触中，宗教文化可以吸取对自身发展有用的东西。尽管少有基督徒对此抱肯定态度，但这种吸取在过去发生了，在现在也在发生，并由此丰富着普世基督教的内涵。在中国，作为一种外来的宗教，基督教自始至终存在着一个如何与中国本土的社会与文化相互沟通、适应与融合的问题。基督教作为一种宗教文化总是处在具体的民族文化的情景之中，与民族文化相互作用，所以世俗社会对基督教的影响是不可避免的。

当然，我们也必须指出，在保卫基督教方面，所有的基督徒"在一定程度和一定意义上，都是基要主义者"。① 基督教的历史在宗教与世俗文化的关系上就是一部抗拒世俗化的历史。通过综合，基督教可以与民族文化达到调和，但不会完全被民族文化消融以至完全丧失它的独立性，否则它就不再是基督教了。从基督教传播的角度来看，基督教发展的目标应当是保持它的相对独立性，而不是保持它在绝对意义上的纯洁性。

4. 宗教文化的转型。依据文化互动转型论的第四条基本立场，即文化融合的最后结果不是文化的衰亡，而是文化的转型，那么从文化发展的角度看基督教的传播和中国文化对基督教的接纳，其积极作用应是促进中国文化的转型，也促进基督教文化发生型变。从基督教对华传教的四次运动来看，近代基督教入华给中国人心中留下的记忆最惨痛，当时来华的传教士多半挟有战争打出来的民族优势，在19世纪盛行于西方的所谓"进步"观念的支配下，对中国文化知之甚少，甚至觉得无需尊重中国文化，这种倾向使基督教与中国社会之间的融合成了一个难题。因此，在新的世纪，如何进行文化传播、如何进行有效的文化对话，对基督教和中国社会来说都是一个严肃的课题。

在基督教方面，我们应当看到，基督教在与民族文化调和方面是足够柔韧的。基督教不是一个僵硬的公式，而是一个灵活机动的能够使自身适应环境的动力源。从民族文化的范围来看，基督教文化已经成为中国社会中的亚文化，成为中国文化的有机组成部分，并将在中国文化的更新中发挥重要的作用。

5. 本土化问题。依据文化互动转型论的第五条基本立场，即文化适应与外来文化的本土化是文化融合的有效途径，那么参与基督教传播的双方都应高度重视本土化问题。

我们从文化互动转型论的视野下观察本土化问题，或将之纳入这一理论体系，

① 卡普兰：《宗教基要主义研究》，1987，香港英文本，第22页。

作为其中的一个组成部分，那么我们可以用“本土化”这个术语来指称导致基督教与民族文化综合的整个过程：它不是基督教在传播中对民族文化的消极适应，而是一种积极的适应；它也不是基督教被其文化环境的同化，而是基督教与民族文化间的积极调和与融合。基督教传播到其他民族，与各种民族文化发生冲突与调和，由此基督教的信仰显现为激励、引导、改造这种文化的动力，并在这个过程中改造自身。

20 世纪下半叶以来的一系列事件给整个世界和教会带来了深刻的影响。我们可以说，以适应文化的方式进行传教已经是教会本身的呼吁和一种实际的努力了。而这种努力的成功与否，不仅取决于教会自身，而且也取决于接受文化传播一方对基督教的认识。正是在这个意义上，文化互动转型论可以使传播方和接受方在许多层面达到平衡的意识，避免文化传播和融合中的诸多复杂问题。

自改革开放以来，中国社会在短短的数十年里从引进西方先进的产品和技术，到借鉴西方的各种经济制度，显示出前所未有的自觉性和主动性，因此，如果把这一时期的文化交流视为西方文化对中国文化的单向输出是不符合事实的。实际上，这一时期也是中国文化对西方产生最大影响的时期。西方人比以往任何历史

身着儒服的利玛窦，习汉字，着儒装，说汉语，以求融入中国社会。利玛窦本人不但通晓中文，而且熟读五经，善借儒家学说讲解基督教义。在他看来，儒教与基督教可以相互包容，从根本上说追求的是同一目标，即充盈的心灵、完美的伦理、高度的智慧。

时期都更加深刻地理解了中国社会与中国文化,对中国文化精神及其价值的肯定也超过以往。这一现实告诉我们,每一种具有牢固的精神根基和历史传统的文化体系都不会从根本上被其他文化所取代,但是随着时代的变化,任何一种有着悠久历史传统的文化体系都不可能不变。中国学术界普遍承认,中国社会正处在一个深刻的转型时期,它的文化也必将发生深刻的型变。面对这一现实的中国文化的发展趋势,中西思想界应该认清基督教在中国文化和宗教中的地位,避免许多极端的论点,进而达成更多的共识。

第三节　宗教与道德

一、宗教与道德在文化系统中的不对称

(一)以往学术界的探讨

宗教与道德的关系在宗教学界和伦理学界都是一个无法回避的大问题,要在文化视域下分析宗教与道德的关系,我们有必要简单回顾一下中国学术界以往对这个问题的探讨。

对宗教与道德关系较为系统的探索在大陆宗教学界最早和主要见于吕大吉先生的论著。

吕大吉先生指出:

第一,宗教与道德,就其自身而言都不能成为对方的根据和源泉。因此把宗教说成是道德的源泉,无异说一种观念形式产生另一种观念形式,这是以观念自身说明观念产生的原因,没有触及问题的根本。宗教不仅不是道德的源泉,而且在二者发生、发展的历史层次上,应该说道德先于宗教。

第二,宗教不是道德的基础和保证。

第三,宗教虽然不是道德的源泉,也不是道德的基础,但这并不意味着二者之间就没有任何关系。既然宗教与道德共存于同一社会体系之中,共生于同一经济基础之上,它们之间就不可能没有联系。在上层建筑、意识形态各部门之间,事实上存在着互相影响、互相作用、互相制约乃至在一定条件下互为因果的情况。①

① 吕大吉:宗教——道德问题初探,载中国社科院世界宗教研究所编《宗教・道德・文化》,宁夏人民出版社,1988 年版。

吕先生的观点具有代表性，是20世纪后半叶大陆学术界的主导观点，其观察问题的视角是单一学科的（即宗教学原理的或哲学原理的），其基本理论依据是唯物史观，其理论框架是经济基础决定论。这种观点虽然不能视为简单的机械因果论，但由于它对经济基础的决定性作用给予了过分的强调，因而在特定实践活动中它成为某些错误宗教政策的理论依据也有其必然性。

（二）文化视域下道德与宗教的关系

在把握以往观点的基础上进行理论创新，我们需要将宗教与道德纳入文化视域中加以考察。可以看出，二者并不具有传统观点所说的那种对称性（都是一种意识形态，都由经济基础所决定，因而解释任何具体的宗教和道德现象的产生都不能离开对经济基础的分析，否则就陷入用意识解释意识的唯心论），而是呈现出明显的不对称性。它们都属于文化，也都是文化的重要组成部分，但在统一的文化系统中，它们所处的地位和作用方式是不一样的。

在文化视域下，宗教首先是一种重要的文化现象。它以特定方式反映了人的社会生活，而宗教意识又被实体化而成为一种社会体系和生活方式，宗教在文化系统中处于核心的地位。我们现在要问的是：处在同一文化系统中的道德处在什么位置上？

按最一般的定义说，道德是人们共同生活及其行为的准则和规范，道德意识形成以后通过社会成员的自觉遵守来调节人们的社会关系，由此保证社会的存在和社会生活秩序的正常有序。

在文化系统中，道德与宗教相比，具有明显的不对称性，具体说来就是：

1. 在文化的意识层面上，道德虽然也和宗教一样，是诸意识形式之一，对其他意识形式也具有渗透性和包容性，但这种关系更多地表现为依赖性，如受经济的决定和对政治或宗教的依附。从历史上可以看到道德依附性的减弱恰恰就是其无法发挥正常作用的开始，亦即社会产生深刻的道德危机的时候。西方资产阶级革命之后的道德衰退和中国“十年动乱”后的道德危机可以为证，前者使个人道德行为与宗教脱钩，后者使个人道德行为与政治意识形态脱钩。

2. 在行为层面上，道德意识的行为化缺乏宗教意识行为化那样的多重保证，道德意识只提供了一种价值判断标准，而人们的行为是否符合某种道德，并不能由道德本身来加以保证，而要依靠个人自身养成的道德境界，也就是说，道德实施的唯一保证是人们的“良知”对道德规范的自觉认同。

3. 在体制层面上，道德无法做到像宗教那样的实体化，因此道德的社会功能无法与宗教的社会功能相比。

由此可见,道德显然不具有宗教那样强大的包容性,也不太可能像宗教那样实体化,因此,道德无法像宗教一样贯穿、渗透文化的各个层面,更不能像宗教那样自成一个文化子系统。由于道德这种意识形式的依附性大于宗教,即它不仅在发生学的意义上依附于经济和社会,而且在发挥社会功能时仍然要依附于其他意识形态方能体现自身。因此我们可以说,道德是文化系统的重要组成部分,但在文化系统中并不具有宗教那样的核心地位。

二、以信仰为中介把握宗教与道德的关系

解释宗教与道德的关系我们不能陷入“鸡生蛋还是蛋生鸡”这样的决定论怪圈,去追问先有宗教还是先有道德,也不能简单地问哪一个重要,而应当分析具体文化环境中双方的作用和功能。

(一)信仰的特性

为了能够说明宗教与道德的关系,我们先来分析一下包含宗教信仰和非宗教信仰在内的一般信仰的特性。何谓信仰?信仰是人对世界的一种能动的把握,是对人生最高价值和社会最高理想的反映、评价和把握,是一种动态的运作过程,由这种运作过程而构成的人类信仰活动是在人类精神生活领域中占据核心地位的一种文化价值活动。可以说,对个人而言,它构成个人行为的支柱;对国家而言,它构成国家政治意识形态的核心;对民族而言,它构成凝聚国民心智的民族精神。

就信仰的性质而言,信仰是人类的一种精神现象,表现为社会成员对一定观念体系的信奉和遵行。信仰的内容以观念形态出现,但它并非一般的观念,而是统摄、指导其他一切意识形式乃至社会心理的最高意识形式。历史上流行的信仰体系,除去原始信仰以外,都是由杰出的宗教大师和思想家对社会文明和时代精神综合加工的成果,表现为某种形式的学说。通过这些学说,信仰为人们提供一定的宇宙观、社会观、人生观、价值观,信此为真的人便可得到明确的生存背景、生活准则和生活目的。因此,信仰是人的精神支柱和行动指南,丧失信仰不仅会对个人的生存意义茫然失据,而且会在社会生活中无所适从,从而生活在空虚和迷惘之中。

就信仰的功能而言,信仰为人类在无限的空间和永恒的时间中建构精神家园,在茫茫的社会生活中为人们确定行为规范和价值尺度,在漫漫的人生中为人们指

示目的和归宿。建立信仰，就是确立世界观、价值观、人生观，确定生活的目的和意义，借此排除围绕人生的无知、怀疑、虚无和绝望，得到知识、价值、理想和希望的慰藉，满怀信心地活下去。

信仰作为一种意识形式还具有以下特性：

1. 形而上学性。作为信仰的意识形式是对人类生存背景、生存条件、生存结局的全面反映，是对人类存在的整体审视与反思，是人类对自身与宇宙关系的自觉体认与主观调整。虽然在信仰的内容和方式上不免要打上深深的社会印痕，但人类的意识却不以人的社会存在为限，它把人的社会存在置于广阔的宇宙背景之中，以此确定它的位置和价值，因此信仰具有的形而上学性体现在对宇宙本源和人类自身起源的探求和说明上。这在原始信仰中是创世神话，在宗教信仰中是万能之神的存在，在哲学信仰中是宇宙本体的存在。

2. 超越性。信仰的超越性在于它能把人从他处身的物质世界提升到精神世界，从现实世界提升到理想世界，让人从一种事实的存在变为一种价值存在。信仰为人提供的生命归宿则把人从自然的生存中、从世俗的社会生活中解脱出来，使人由一种个别的肉体存在，变为一种普遍的精神存在。信仰的追求表现为与世俗利益无关的对意义的追求。在这种追求中，人便自觉到一种超越尘世、超越自身的精神满足，个人的特殊存在亦融合到信仰所指示的普遍存在之中。

3. 神圣性。信仰的价值性、权威性要求神圣性给以保证。信仰之不同于相信、信任、信念、理想等心理状态之处就在于它的神圣性。神圣性使信仰观念变为信仰者毋庸置疑的、坚忍不拔的信念与不屈不挠的、奋不顾身的实践。信仰所指示的生命归宿是人生的最高目的，信仰所标定的价值尺度是人的行为准则。这些东西的施行主要依赖于信仰者的自觉，而做到这些信念自觉的最好办法莫过于把它们与世俗目的、世俗价值、世俗道德相区别，使它们从日常生活存在的尘嚣和世俗琐事的繁杂中显露出来，独立出来，具有新颖、高尚、超越的特征。这将使奉行者体验到与众不同的自豪感，从而激发出更为虔诚的信心和实践的热情。

（二）宗教、道德、信仰的关系

把握了信仰的一般性质，我们可以做出推论：道德的归宿是信仰，至于这个宿主是宗教信仰还是非宗教信仰，则视具体文化环境而定。

原始道德是原始人在聚集群居、共同劳动中为维护部落或氏族生存及部落之间关系而产生的调节个人之间、个人与集体之间、集体与集体之间的行为规范。道德起源的逻辑起点是社会分工。只有当社会分工出现,对社会提出了解决个体与群体间调节彼此间关系的要求,才出现最早的道德观念。原始社会的部落氏族道德可以被视为人类道德的第一个历史类型。这一时期道德的特征是,人类还不可能自觉地理性地调整彼此间的关系,而要依靠宗教、禁忌、风俗等外力制约来接受道德调节,形成道德行为。在原始社会中,宗教力量和道德力量是一个不可分割的综合体。对超自然力量的崇拜与对道德完善的追求紧密结合,两者互相依赖。人类初期社会的秩序和稳定,就是靠宗教与道德力量共同维持的。这种基本关系可以说被以后的各个历史时期的人类社会所保持。

道德的信仰化和神圣化是一个必然趋势。在人类诞生之初,就存在人与人之间、人与群体之间的关系规范和调整,这种规范和调整以一些自然形成的传统、习惯、风俗等形式固定下来。它们尽管极为简单和粗糙,但却是人类对自身生活方式有意识的反映和确认,由此构成最初的行为准则和社会规范。通过一定的道德约束与引导造成群体内部的秩序、和谐与团结,会给该群体以更强大的生存能力,在自然和其他群体的威胁下更长久、更兴旺地生存下去。经过类似一种自然选择的进化过程,道德的积极作用被人类明确意识到,并把道德规范的遵行和传承作为社会成员的首要义务。这就是为什么在所有的人类学资料中都可以看到的原始部落对传统习俗的敬畏与严格恪守的根本原因。为了有利于道德规范的保持、传继和严格遵守,它的权威化和神圣化是必不可少和必不可免的。在最初的人类信仰意识和信仰形式中,那些原始的道德规范有的直接成为原始崇拜的仪式,如各种献祭和禁忌;有的则升华为神明,如对长老的敬畏演变为祖先崇拜和英雄崇拜;而原来一些模糊不清的行为规范,则为信仰规定为明确的律条,如由同族相爱的一般义务,到血亲复仇的明确责任。这就使道德的保存和遵行变为一种信仰行为,而具有了神圣性和权威性。

道德的信仰化在开始是人类群体为保种求存而选择的一种自然发展方向,带有明显的自发特征,表现出幼稚、混乱、迷信和刻板,以及天真、质朴、利群和自觉等。由于人类阶级社会的出现和与此相应的专职的祭司、巫师等特殊社会成员的产生,道德的信仰化开始了系统化、理论化的过程。统治阶级意识到信仰是比道德更为普遍、更为强大的精神力量,作为驯服民众的思想工具,信仰比道德有大得多的权威性和约束力。在宗教成为社会的主要信仰形式的条件下,把道德意识和道德规范纳入宗教体系之内,给它的起源一个神性的说明,给它的施行一个神性的保证,就是方便而又自然的事。

所谓宗教信仰,是指信奉某种特定宗教的人们对所信仰的神圣对象由崇拜认同而产生的坚定不移的信念及全身心的皈依。这种思想信念经过特定的宗教仪式和宗教活动进一步强化,支配着宗教信徒及宗教团体的个人行为和社会行为。成熟形态的系统宗教(例如佛教、道教、基督教等)均以某种特定的信仰(通常是信奉某种神明)为核心,同时又有一整套伦理规范与之相匹配。总之,宗教在现实社会中所表现出的影响力主要在于它的道德规范,另外,道德规范也是宗教的坚实基础。

在人类历史上,宗教信仰是历史最悠久的一种信仰,道德与宗教信仰的结合是最牢固的一种结合,人类的道德在宗教中找到归宿是一种必然,而不是偶然现象。道德的出现也许早于宗教、哲学、政治、艺术等意识形式,几乎与人类的自身同时产生。但在其以后的发展中,它在人类的精神生活中却越来越失去其独立地位,靠依附于一定的信仰体系而存在、而施行。这一方面是因为信仰作为人类的最高意识形式,有包容、统摄其他意识形式的奢望和能力,借此给道德以理论的根据和指导;另一方面是道德作为自身的神圣化、权威性而自觉地趋向于信仰的结果,是在漫长的历史过程中逐步形成的。在此意义上,我们说,道德的信仰化与神圣化是道德发挥社会作用和功能的必由之路,道德的归宿是信仰,但宗教信仰不是道德的唯一宿主,因为信仰化与神圣化并不完全等于宗教化。

道德可以宗教化(指道德要在信仰中寻找归宿,宗教信仰可以成为道德的宿主,道德的实施得到宗教信仰及其体制的保证),那么宗教能否道德化?在文化视域下,这个宗教学界争论了多年的问题基本上可以当做一个假问题来对待。历史上任何一种系统宗教都有其相应的道德规范,而这些规范都已经融入信仰体系。宗教道德之所以能起作用,就在于信仰这种意识形式所起的保证作用。然而道德在宗教的功能体系中所发挥的重要作用并不意味着宗教可以归结为道德,宗教可以道德化。道德宗教信仰化后已不是原来意义上的道德,宗教信仰也并非全部具有道德的意义。宗教信仰中虽然不可以没有道德成分,但道德不能成为宗教信仰的全部,即绝对意义上的道德宗教信仰化。

我们可以把宗教与道德的关系概括如下:在文化视域下,宗教是文化的核心,信仰是宗教的核心;道德的归宿是信仰,但宗教信仰不是道德的唯一宿主;宗教的功能系于道德,但宗教道德不能取代宗教信仰。

三、宗教伦理的共通准则

宗教伦理是宗教学与伦理学交叉研究的一个领域，具有重要的理论意义和应用价值。用伦理学的范畴和概念来研究宗教道德大体包括两个层面：首先是理论层面，研究宗教道德的结构层次，阐明宗教道德与世俗道德的关系，说明两者之间的异同和相互影响，论述宗教道德的基本特征，阐明宗教道德在社会历史进程中的发展变化及其社会作用的两重性，历史地和实事求是地来说明宗教道德的正负功能，特别要研究宗教道德在当代社会中的现实作用；其次是应用层面，通过对一系列宗教道德规范的研究，阐发宗教伦理对解决当代现实问题的作用，如本章所涉及的世界和平、制止战争、展开对话、维护宗教信仰自由、正确处理宗教社团之间关系等问题。

从理论上说，在宗教体系内部，宗教与伦理的结合并不存在什么大的障碍。"事实上，从一开始起，宗教就必须履行理论的功能同时又履行实践的功能。它包含一个宇宙学和一个人类学，它回答世界的起源问题和人类社会的起源问题。而且从这种起源中引出了人的责任和义务。"①但任何宗教都是现实社会的组成部分，任何宗教信仰者都是社会的一分子，因此都无法逃脱一般的社会道德之网。因此从宗教的角度看，面向全球、面向未来、面向世俗社会的开放型的宗教在宗教与伦理相结合的问题上着重考虑的是如何吸纳和推介那些能够为全人类普遍接受的某些伦理准则，而非那些与某些宗教或某些意识形态特有的信条直接挂钩的伦理准则，例如敬仰某种宗教所信奉的神祇或忠诚于世俗领袖；而从全社会的角度看，涵盖宗教道德在内的一般社会道德，应着重考虑如何吸取和诠释宗教道德规范的现实意义，从而为推进全球伦理或普遍伦理的形成做出贡献。在这方面，中外宗教学家和伦理学家已经做了长期的研究，并力图在实践中加以推行。问题在于，各种具体宗教如何超越自身的局限性，寻求一种可以为各种宗教和非宗教组织普遍接纳的全球伦理或普世伦理。

（一）全球伦理

1. 普世伦理的提出与背景。1990 年，德国神学家孔汉思先生率先提出了全球伦理的口号。1993 年 9 月，世界宗教议会迈出了历史性的一步，通过了创始性的《走向全球伦理宣言》。世界上大大小小的宗教以及一些非宗教组织的代表，就一

① 卡西尔：《人论》，甘阳译，上海译文出版社，1985 年版，第 120 页。

种人人都可以同意的最低限度伦理,签署并发布了由孔汉思起草的声明。后来又由联合国教科文组织哲学与伦理学处出面,在巴黎、那不勒斯、北京召开了关于全球伦理的研讨会,引起了学术界的普遍关注。

孔汉思与他的全球伦理展

美国神学家斯威德勒(Leonard Swidler)为使全球伦理运动走出宗教界的范围,而成为信教和不信教的各国人民的共同事业,另行起草了一份《全球伦理普世宣言》。在其中他不仅把伦理的“基本规则”简化为“己所不欲,勿施于人”,而且提出了八项“基本原则”和十项“中程原则”,强调每一个人在法律、宗教、言论、决策、财产、男女关系、工作与休闲、儿童与教育、和平以及环境保护等十大方面均负有责任。

全球伦理运动有着深远的理论根源和广阔的社会背景。从性质上看,全球伦理运动是由基督教神学界发起而得到世界各宗教响应,并进而影响全球的思想运动。西方社会从20世纪60年代西方青年的嬉皮士和造反运动以来,传统道德和价值观的危机引起了越来越多有识之士的关注。在努力挽救传统道德、阻止道德滑坡的社会运动中,基督教成了一支主要的力量。尽管在一些“前沿”的敏感的伦理争议问题上,基督教中的保守派和开明派有明显的分歧,但在维护社会基本道德方面,双方毫无疑问是一致的。这项运动的宗旨,就是要在这个文化危机、道德滑坡的世界上,在宗教的差异会被用来为冲突和对抗辩护的情况下,强调基本道德生死攸关的重要性,展示基本道德在不同宗教中的基础以及各种宗教平等对话、和平共处的可能性。

2. 全球伦理的核心价值。经过长时间的理论探讨与大量宗教间的实际对话,全球伦理的倡导者们提出了两条基本原则:第一,每一个人必须得到人道的待遇! 第二,己所不欲,勿施于人!(肯定性说法为:你想让人如何待你,就如何待人!)

全球伦理的倡导者们进一步指出:蕴涵在这两条基本原则中的两个基本价值是人道与共同性(互惠性)。

在此基础上,他们又发展出四项不可取消的规则:

第一,坚持一种非暴力与尊重生命的文化。

第二,坚持一种团结的文化和一种公正的经济秩序。

第三,坚持一种宽容的文化和一种诚信的生活。

第四,坚持一种男女之间的权利平等与伙伴关系的文化。

他们还指出,蕴涵在这四项规则中的有八个核心价值:尊重生命/非暴力;团契/公义;宽容/诚实;平等/伙伴关系。①

上述四项规则及其涵盖的八个核心价值实质上都是伦理学"金规则"的某一方面的延伸。"金规则"高度浓缩化地表达了这一处理人与人之间关系的基本准则,即互惠性原则。面对全球化的发展趋势,当代宗教学家和伦理学家通过对世界各大宗教、伦理思想共性的概括和总结,提出这些规则和价值,视之为"最基本的人类道德共识"。这些认识有着深厚的宗教信念的支撑,也触及道德的根基。

(二)"金规则"在各宗教传统中的体现

"金规则"在世界上各种大大小小的宗教及伦理思想体系中都非常普及,但具体表述不一样:

在中国儒家思想中,"金规则"的经典表述出自孔子。当被问到"有一言而可以终身行之者乎?"的时候,说"己所不欲,勿施于人"。孔子还用不同的说法表述过同一意思:"我不欲人之加诸我也,吾亦欲无加诸人"。

佛教的各种经典也出于较晚时期:以己比人曰,我如是,彼亦如是,彼如是,我亦如是,故不欲杀人,亦不使人杀人。我既爱生而不欲死,喜乐而不欲痛。设若有人欲取吾命……倘我取其命而其爱生……我岂能加之于人?

印度史诗《摩诃婆罗多》宣称,其"金规则"(它既有肯定表述又有否定式表述)

---

① 孔汉思、库舍尔:《全球伦理:世界宗教议会宣言》,何光沪译,1997 年,第 12 ~ 26 页;孔汉思:《世界伦理与中国传统伦理》,载《基督教文化学刊》,第 4 辑,2000,第 292 ~ 293 页。

乃是全部印度教学说的总结:毗耶婆说,你自己不想经受的事,不要对别人做;你自己想往渴求的事,也该希望别人得到——这就是整个的律法,留心遵行吧。

拉比犹太教义的主要创立者希勒尔生活在耶稣之前的时期,他教导说,“金规则”乃是托拉(律法)的核心,别的一切都不过是评注:“你不愿施诸自己的,就不要施诸别人”。

遵循这一犹太教传统,耶稣用一种正面形式表述了“金规则”,并说明它总括了全部的律法和先知教导:你们要别人怎样待你们,就得怎样待别人,这就是摩西律法和先知教训的真义。

在公元第7世纪,据说穆罕默德曾宣布“金规则”为“最高贵的宗教”:最高贵的宗教是这样的——你自己喜欢什么,就该喜欢别人得什么;你自己觉得什么是痛苦,就该想到对别的所有人来说它也是痛苦。

许多宗教学家把“金规则”视做世界各大宗教的核心。信奉“金规则”并不意味着想要废除或消除“本真的自我”,而是倾向于为了本真的自我而去关注利他主义的措施。它要求人们“勿维护自我甚于维护他人;要关怀他人恰如关怀自我。”废除利己主义,就是废除利他主义,反之亦然。所以,本真的利己主义与本真的利他主义并不相互冲突,前者必然走向后者,达到这种境界乃是人类社会发展的最高理想。这样的阶段不能成为人类社会的基础,但它必须成为人类社会的目标。人类社会的基础首先必须是本真的爱自己,但这种本真的自爱也包含着向外的运动,即走向爱他人。

四、发挥宗教道德在现时代的积极作用

(一)宗教信仰自由的原则

上述宗教伦理的共通原则适用于一切个人、团体、民族、国家、宗教。而在一个国家和一个地区中要贯彻人道原则,重要的问题在于切实保障公民的宗教信仰自由。

宗教信仰自由权利作为一项基本人权,作为人权不可分割的重要组成部分,一直受到国际社会的普遍关注。联合国通过的一些重要人权文件,如《联合国宪章》《世界人权宣言》《公民权利和政治权利国际公约》《消除基于宗教或信仰原因的一切形式不容忍和歧视的宣言》《联合国关于在民族或种族、宗教和语言上属于少数群体的人的权利宣言》《德黑兰宣言》《维也纳宣言和行动纲领》等等之中,都有明确的有关宗教信仰自由的规定。这些规定或声明,比较集中地反映了世界上大多

数国家和大多数人口对宗教信仰自由的基本看法,为国际社会保障人类的这项基本人权提供了公认的原则和主要依据。

1. 基本人权原则:宗教信仰自由是一项基本人权。

2. 不歧视原则:反对基于宗教信仰原因的一切形式的不容忍和歧视。

3. 法律保障原则:宗教信仰自由需通过各个主权国家的立法及有关措施付诸实现并加以保障。

4. 加强对话原则:提倡宽容,以对话代替对抗,促进世界和平友好。

5. 尊重别国主权原则:不得利用宗教干涉别国内政。

以上五项重要原则,也是中国维护宗教信仰自由的理论和实践中一直坚持不懈地奉行的基本原则。在贯彻以上这些基本原则的过程中,中国基于自己的历史传统、现实国情和丰富实践,创造了自己的经验,为实现《世界人权宣言》的基本精神,做出了应有的贡献。

中国尊重宗教信仰自由,有深厚的历史文化传统作为基础。中国传统文化以儒家思想为主流,提倡求同存异、兼容并蓄,积极吸纳世界上各种思想和文化,主张"和为贵","己所不欲,勿施于人","慎终追远","以人为本"。中国文化的这种追求和谐互补、多元并存和"以人为本"的传统,为近现代在全社会提倡尊重宗教信仰自由的精神,奠定了深厚的历史、文化、人文和社会基础。虽然由于中国文化的特殊品格,在中国历来信仰学术意义上的宗教的人只占总人口的相对少数,但中国历史上在信教与不信教者之间、在信仰不同宗教者之间,极少因为宗教信仰而发生大规模的纠纷或争斗,更没有发生过西方中世纪那样野蛮的宗教战争,而是更多地像西方近代著名思想家洛克的《论宗教宽容》一书中所主张的那样,体现出对不同宗教的理解与宽容。

(二)中国尊重和保护宗教信仰自由

在领导中国人民进行社会主义革命、建设和改革,不断拓展中国特色社会主义道路、探索中国特色社会主义建设规律的过程中,中国共产党坚持把马克思主义宗教观基本原理同中国革命、建设和改革中的宗教实际、时代特征相结合,正确认识和妥善处理革命、建设和改革不同时期的宗教问题,先后形成了毛泽东思想、邓小平理论、"三个代表"重要思想和科学发展观关于宗教的基本观点和基本政策。这些基本观点和基本政策既贯穿了马克思主义立场、观点、方法,坚持了马克思主义宗教观基本原理,又体现了我国的民族特色和时代特点。其中重要的一点就是尊重和保护宗教信仰自由。

宗教信仰自由，是我们党对待宗教问题的一项长期基本政策，是宪法赋予公民的一项基本权利，尊重和维护宗教信仰自由，是我们党尊重客观规律、维护人民利益、尊重和保护人权的重要体现，也是最大限度团结人民群众、凝聚他们的智慧和力量，共同建设中国特色社会主义、实现中华民族伟大复兴的中国梦的需要。

宗教信仰自由政策的主要内容包括三个方面：

一是公民有信仰宗教和不信仰宗教的自由。宗教信仰自由是宪法赋予全体公民的一项基本权利，而不是仅针对信教公民的权利。要尊重和保护全体人民信仰宗教和不信仰宗教的自由权利，而不论他们人数的多寡。任何国家机关、社会团体和个人不得限制公民信仰宗教或者不信仰宗教的自由，不得歧视信仰宗教或者不信仰宗教的公民。不能因为信仰宗教或者不信仰宗教而出现权利和义务上的不平等现象。

二是国家实行政教分离。我国新型政教关系主要包括四个方面的内容：宗教在国家法律、政策允许的范围内开展活动，不得干预行政、司法、教育等国家职能的实施；国家对待各个宗教一律平等，一视同仁，国家政权不能被用来压制某种宗教，也不能用来扶持某种宗教，任何宗教都不能超越其他宗教在法律上享有特殊地位；政府依法对涉及国家利益和社会公共利益的宗教事务进行管理，但不干涉宗教团体内部事务，宗教组织不能以政教分离为借口不服从政府的依法管理；虽然实行政教分离，但信教公民同其他公民一样，享有同等的政治以及经济社会文化等方面的权利，不得因宗教信仰不同造成权利上的不平等。

三是坚持权利和义务的统一。涉及宗教方面的自由权利主要包括两个层面，即信仰宗教的自由和实践宗教的自由。宗教界人士和信教群众应牢固树立国家意识、公民意识和法律意识，在行使宗教信仰自由权利的同时，要自觉履行相应的义务，既要做一个好教徒，也要做一个好公民。①

第四节 宗教与和平

进入21世纪以来，在世界范围内，尽管“和平”和“发展”仍是时代的主流，但因民族、宗教、领土等因素引发的局部冲突时起时伏，世界并不安宁。而且，许多热

① 国家宗教事务局党组理论学习中心：《中国特色社会主义宗教理论学习读本》，宗教文化出版社，2013年12月，第35－45页。

点问题均同宗教有着或多或少的关联,有的冲突直接因宗教问题而引发,有的冲突又因宗教因素而加剧、扩大,变得扑朔迷离。“9·11事件”的发生似乎证实了一些西方学者的预见:人类不同文明、种族和宗教之间的冲突将会取代意识形态和其他形式的冲突而成为世界上最主要的冲突形式。

面对风云变幻的国际形势,人们常问:宗教是战争的根源还是和平的保证?这个两难推理式的问题令许多人百思而不得其解,因此我们需要清理一下自己的思路,求得对这一问题的合理解答。

一、战争与宗教的关系

战争与宗教是什么关系?对历史的回顾使我们明白宗教与战争的关系问题不是什么新问题。20世纪90年代以来的现代战争中宗教因素激增的表象,只是由于以意识形态的强烈对峙为主要标志之一的冷战结束,而使宗教因素凸显的结果。从一种大文化的观念出发,思考战争问题必须引入宗教的维度,思考新世纪的战争与宗教的关系问题尤其如此。

自古以来,战争就是人类社会一种相当普遍的现象,“在人类的活动中,再没有像战争这样经常而又普遍的偶然性接触活动了”①。人类的战争与宗教难分难解,历史上大部分战争都带着宗教的面孔,或者至少得到宗教的某种辩护。追溯世界历史和宗教史,我们确实可以找到大量的实例来证明,宗教与战争的关系十分密切,在此意义上称宗教为战争的根源恐不为过。

然而另一方面,我们看到有不少宗教宣称自己是反战、爱好和平的,并在实际中从事着争取和平的工作。例如,在解决阿以冲突、北爱尔兰冲突、波黑冲突及整个巴尔干半岛的冲突中,各大宗教的领袖们都曾付出了巨大的努力,进行了积极的调解工作。2000年,包括中国各宗教领袖代表团在内的世界著名宗教领袖参加了联合国召开的世界和平千年大会,签署了“世界和平宣言”。

回顾上述正反两方面的历史事实,面对“宗教是战争的根源还是和平的保证”这个问题,人们似乎只能说“有些宗教是战争的根源,有些宗教是和平的保证”,但这样的回答是一种对宗教的误解,是堕入思维陷阱以后的回响。这个时候,重要的不是马上给出答案,而是先清理一下我们的思维方式。

① 陈鸿猷等:《马克思主义军事哲学史》,军事科学出版社,1993年版,第78页。

二、思考战争问题的不同维度

（一）传统思考战争问题的思维方式

现代人对战争与和平的看法基本上仍旧沿袭着近代传统的思路，主要表现为以下思维方式：

第一，认为战争是政治的工具，战争不可避免地具有政治的特性，它必须用政治的尺度来加以衡量。因此，战争就其主要方面来说就是政治本身，政治在这里以剑代笔，但并不因此就不再按照自己的规律思考了。①

第二，马克思主义的军事哲学家们认为，战争与和平都以社会经济基础为根源。战争与和平都以政治、经济目的为动因，战争是阶级之间、民族之间、国家之间、政治集团之间矛盾发展到不可调和的结果，和平则是这些矛盾继战争之后的相对缓和，二者都是实现某种政治、经济目的的手段。战争与和平是对立统一的关系。

第三，宗教学者在分析当今世界的局部战争时仍旧突出战争的经济和政治根源。例如有学者说："宗教纷争虽然也涉及宗教自身的利益，但实质上是现实经济、政治这一根本利益纷争的一种特殊表现形式，其特殊之处就在于它涉及宗教信仰这一十分敏感的问题。"②

上述思考问题的思想有其合理之处，但宗教的因素或者完全没有进入思考者的视野，或者被边缘化。由于认定新时代的宗教纷争的实质是现实经济与政治的特殊表现形式，因此宗教纷争的根本解决当然也有待于现实经济、政治问题的解决。在这样的认识前提下，无论是谴责以宗教名义进行的战争还是倡导宗教争取和平的运动，都不可能对于其作用和意义给予充分的肯定。

（二）文化裁军论

在国际学术界，学者们在思考当代战争问题时普遍考虑到了宗教的因素，但旗帜鲜明地提出要从宗教角度思考和平问题的是西班牙神学家雷蒙·潘尼卡（Raimon Panikkar）。他早在20世纪90年代中期就明确地提出要从人生本质的深度、从宇宙本体的高度思考和平的真义，要以文化裁军为手段，解决宗教纷争与宗

① 克劳塞维茨：《战争论》，商务印书馆，1978年版，第43、902页。

② 龚学增：《宗教纷争与国际地区冲突》，载王作安主编《宗教：关切世界和平》，宗教文化出版社，2000年版，第42页。

教战争。

在《文化裁军》这部篇幅不大的著作中,潘尼卡指出:“战争有各种动机:经济的、民族主义的以及其他的,而我们发现宗教动机总处于核心地位。”①

人们通常总认为,和平要靠战争来获得,而潘尼卡指出:“现在和过去的经验事实表明,尽管有种种美好的愿望,但为和平而战都是事与愿违。为和平而战通常带来另一场战争,并马上产生不平衡,从长远看,会引起新的不稳定,这种不稳定与原先相比,可能有过之而无不及。”②

为了消除人们对和平问题的误解,潘尼卡指出了和平的特性——“被接受性”。他说:“和平可能是应得的,但它确实不是给予的,也非赢得的,和平是被接受的。”③

通过上述引文,我们可以清楚地看到潘尼卡对和平的理解确实超出常人,思考和平问题的宗教维度表现得非常清晰。他的思维有着广阔的文化视野,是对和平问题的现实与理想、内在与外在、世俗与宗教、现世与来世的多层次综合,他总结的“和平哲学之链上的九块珍宝”正是这一思维的宝贵结晶:①和平是对存在节律之和谐的参与。②没有外在的和平难以生活,没有内在的和平不能生活,其关系是非二元的(不二的)。③和平既不是为自己争来的,也不是向别人强加的;和平是被接受的,也是被发现被创造的;和平是(圣灵的)礼物。④胜利决不会通向和平。⑤军事裁军以文化裁军为必要条件。⑥没有一种文化、宗教或传统能够独立解决这个世界的种种难题。⑦和平本质上从属于神话的秩序而非逻各斯的秩序。⑧宗教是通向和平之路。⑨只有宽恕、复和和不断的对话才通向和平,粉碎业报律。④ 这样的和平哲学值得各种文化与宗教背景的人士聆听,它不一定能迅捷地取代人们思考和平问题的传统思维方法,但可以帮助我们走出前述那个思维陷阱。

在和平问题上,潘尼卡没有开和平处方,而是指出了一条通向和平之路,即文化裁军。据他自己说:“走向和平之路要求文化间沟通,这种沟通不是作为一种奢侈的学术活动,而是作为人类面临危机所做出的反应,这就是我所称的文化裁

---

① 潘尼卡:《文化裁军》,四川人民出版社,1999 年版,第 40 页。
② 潘尼卡:《文化裁军》,四川人民出版社,1999 年版,第 7 页。
③ 潘尼卡:《文化裁军》,四川人民出版社,1999 年版,第 10 页。
④ 潘尼卡:《文化裁军》,四川人民出版社,1999 年版,第 19 ~ 29 页。

巴以冲突的关键就是宗教圣地的争夺

军。”[①]“我把文化裁军理解为，我们应放弃由起源于西方的现代文化所挖掘并固守其中的战壕”。[②] 他还说：“若不裁军，和平就不可能。但这里所要求的裁军，不仅是核武器的、军事的和经济的裁军，另外还要进行文化裁军，裁减主流文化，因为当今的主流文化有成为垄断文化的危险，它可以吞噬其他所有文化，最后自身也连同它们一起湮灭。”[③]潘尼卡这方面的思想很丰富，但在我们看来，最本质的一点是要求人们“克制文化扩张的欲望”。出于本文的目的，下面讨论宗教的和平使命问题。

三、宗教的和平使命

在联系宗教谈论战争与和平问题时，人们会在思维习惯的作用下想到某种具体的宗教，但在这种时候恰恰要把宗教的真义与体制性的宗教组织区分开来，宗教不能与制度相混淆。也就是说，宗教本应尊重生命、爱好和平，和平不是手段而是目的，各种宗教不是为了去做其他事而拥有和平。相反的，宗教的本质就是追求和平，处于和平时，宗教才能达成生命的圆满。

现在我们可以再次面对本节开头提到的那个问题了，宗教是战争的根源还是

① 潘尼卡：《文化裁军》，四川人民出版社，1999 年版，第 44 页。
② 潘尼卡：《文化裁军》，四川人民出版社，1999 年版，第 45 页。
③ 潘尼卡：《文化裁军》，四川人民出版社，1999 年版，第 93 页。

和平的保证？现在我们可以毫不犹豫地回答:宗教应当成为和平的保证,和平就是宗教的目的。如果有人指出这世上有许多宗教和宗教信徒在从事战争,那么我们同样可以毫不犹豫地回答:由这种宗教和宗教徒进行的战争正在毁灭宗教自身。“作为有宗教信仰的人,有特别的责任去创建一个和平的世界共同体,而且也能为此做出独特的贡献。”①

在当今社会发展中,人类文化在其物质层面和结构层面上出现了接近和共融,经济合作、社会交流已达成了不少共识,取得了显著成果。但在精神层面上,人们却仍在突出或强调其区别和不同。由于不了解或误解,不同的社会和宗教之间总存有各种各样的裂缝和防范戒备心理,从而增强了当代社会的紧张趋势,影响到人类的理想共存。为了人类发展的美好未来,为了当代世界的和谐共存,这种深层次意义上的社会结合和精神对话就显得非常必要和重要。宗教领袖和宗教徒的精神世界是复杂的,不仅会受到宗教精神的影响,也会受到母体文化传统、政治意识形态的影响,因此宗教领袖与宗教徒在对话中既要捍卫宗教信仰自由,又要尊重人类多元的文化传统、政治理念和价值体系。如果不适当地片面强调和夸大宗教信仰的排他性,就会与世界许多国家和民族非宗教性的意识形态或价值观发生冲突,造成不良后果。

四、大力推进宗教对话

从宗教的漫长发展历史来看,20 世纪乃是自古以来最典型的“宗教对话的世纪”。例如,基督教随着宗教学带来的启迪和认识而于 20 世纪初开始了“与东方的对话”,寻求对佛教、印度教、儒教、道教等东方精神和灵性的认识和理解;20 世纪 60 年代以来,基督教又从强调自身各派的“对话”“谅解”“普世”“合一”,而走向与世界上各种宗教、各种信仰乃至各种政治思潮和意识形态的对话与交流。宗教对话已由其内部各教各派之间的对话扩展到宗教与世俗社会各个组成部分的对话,比如宗教与政治、宗教与哲学、宗教与科学间的对话等等。正是在这种意义上,宗教界的有识之士认识到,没有各宗教间的对话,便没有各宗教间的和平,从而亦没有各文明间的和平及全世界的安宁。他们以“宗教对话”为起点来探求一种能建立起新的世界秩序的“全球伦理”或“世界伦理”,使对话的意义得到进一步的升华,因此对话是 20 世纪最为响亮的口号之一。

---

① 潘尼卡:《文化裁军》,四川人民出版社,1999 年版,第 45 页。

近年来，大量宗教团体与组织所发起的宗教和平运动所起的作用是不容置疑的，在此意义上我们可以说，积极开展与推进宗教间对话是对世界和平的重大贡献。

宗教对话可分不同的层次：首先是宗教社团内部的对话；其次是不同宗教之间的对话；最后是宗教与非宗教意识形态和主权国家之间的对话。这些不同层次的对话对世界和平皆有十分重要的作用。

认为宗教社团内部不需用对话来沟通，这种认识显然不符合实际，而且容易产生误导；教际之间的对话可以通过宗教领袖而真正发挥作用，但宗教领袖必须超脱狭隘的宗派意识、宗教归属意识，通过对话和协商缩小分歧、化解矛盾。宗教社团内部的对话与教际之间的对话对解决地区冲突和争端是十分重要的。

宗教对话还应从教际扩展到宗教与非宗教意识形态的对话，这类对话要想真正富有意义，首先需要转变观念，放弃试图改变对方的念头，非宗教意识形态要尊重和审慎地对待人类的宗教信仰、宗教文化，宗教也要尊重和正确对待非宗教意识形态的世界观。

进入新世纪以后，我们身处一个多元共存的世界。多元的政治体制、经济结构、文化类别、价值体系构成了一个丰富多彩的世界。全球化的时代虽然已经大踏步地到来，但世界上的各个民族仍将在多元共存的状态中长期生活，让我们在这样一个新时代努力促进宗教对话，为争取世界和平而奋斗。

阅读材料

西方科学家的宗教情结

西方大多数有成就的科学家都是虔诚的宗教徒，都有着极其浓厚的宗教情结。在他们看来，宗教与科学是和谐的、一致的。上帝以理性和秩序的方式创造了这个世界，这反映了上帝自身的理性性质。世界的秩序对人类的探索是敞开的，科学是达到这种探索的途径。自然秩序被发现，它就显示着上帝的智慧。

近代天文学的始祖哥白尼不但是一位伟大科学家，同时也是一位虔诚的宗教徒，对上帝存在及有关上帝之一切的信心既坚定又明确，因为他曾以极肯定的口吻说："假如真有一种科学，能使人类灵魂高贵，脱离世间的污秽，这种科学一定是天文学。因为人类果若见到上帝管理下的宇宙所有的庄严秩序时，必要感觉到一种力量,催迫自己趋向于规律的生活,去履行各种道德,可以从万物中认出造物主,确是真善之源。”

牛顿是一位虔诚的基督教徒。在他看来,科学的价值在于:一是认识自然,掌握自然规律;二是论证上帝的存在,维护对上帝的信仰。这两者是统一的、密不可分的,因为上帝赋予自然界和谐的秩序,科学发现了隐藏在自然界里的规律,从而从某种程序上认识了上帝,体现了上帝的伟大与智慧。牛顿在科学研究中公开宣称,自己是以自然哲学的研究来论证上帝的存在,更好地侍奉上帝,甚至认为自然哲学研究就是要通过从事物的表象来论证上帝。

达尔文是19世纪英国杰出的生物学家、物种起源和发展学说的创始者、生物进化论的奠基人。他认为宣传进化论同信仰上帝完全没有冲突。到了晚年的时候,他信仰了耶稣。他说:“是的,这个世界是神创造的!”

西方众多的科学家如爱迪生、赫胥黎、海森堡、霍金等等在从事科学活动中从不怀疑自己的追求与宗教信仰的一致性。正如爱因斯坦所说:“没有科学的宗教是瞎子,没有宗教的科学是瘸子。”曾有人于1932年调查英国皇家学会约200多位会员们的宗教信仰及对宗教的看法,此调查表曾发表于德罗布利支所主编的《科学家的宗教》一书内。调查所得结果是96%的人都认为人对于自己的行为应负全责,同时也信仰创造万物的造物主,并且承认“真”宗教与科学丝毫不相冲突。

思考与练习

1. 当代宗教与科学应当处于一种什么样的关系之中?
2. 宗教与文化的关系是什么?为什么外来宗教本土化是一种必然现象?
3. 为什么说“道德金律”可以成为最基本的人类道德共识?
4. “文化裁军”的具体含义是什么?
5. 宗教对话对于促进世界和平有什么积极意义?

第十一章

社会主义中国的宗教

本章要点

- 新中国成立后，在中国共产党的正确领导下，国内的各种宗教组织开始调整和适应，把宗教信仰和政治信仰分开，参加到建设新中国的行列中来。
- 宗教信仰自由是中国共产党的一贯主张，无论是在革命时代还是在建设时代，中国共产党都始终坚持贯彻和实行这一政策。这不仅壮大了革命队伍，也巩固了人民民主专政的基础。宗教信仰自由还被写进宪法，成为我国公民的一项基本权利。但是，在“十年动乱”时期，宗教信仰自由遭到了严重的破坏，从而给中国的建设事业和社会稳定带来了不可估量的损失。
- 宗教“五性”是中国宗教特征和状况的基本写照，这“五性”分别是群众性、民族性、国际性、长期性和复杂性。
- 新时期党的宗教工作的基本方针是：一是全面贯彻党的宗教信仰自由政策；二是依法管理宗教事务；三是坚持独立自主自办原则；四是积极引导宗教与社会主义社会相适应。全面正确地贯彻执行党的宗教信仰自由政策，是依法加强管理和积极引导的必要前提；依法加强对宗教事务的管理，本身就包括了保护与限制的两个方面，是全面正确贯彻政策和积极引导的法律保证；而积极引导宗教与社会主义社会相适应，则是全面正确贯彻政策和依法加强管理的根本目的。

第一节　新制度下宗教的调适

中华人民共和国成立后，随着社会主义制度的确立，从根本上改变了中国社会的结构和组织体系。宗教作为一种和整个社会主义制度不甚协调的社会组织制度和观念信仰,在剧烈革命后的新制度下如何存在与发展,它的社会功能如何,成为一个突出的问题。

一、新中国成立时国内的宗教格局

在20世纪上半叶,中国境内的宗教已经基本形成了今天的格局:主要是佛教、道教、伊斯兰教、天主教和基督教(世界上称基督教新教)五种宗教,并大体上分为以下三种类型。

第一种类型是以汉民族群众为主信仰的佛教与道教。这两种宗教的历史最长,在群众中影响最大,在封建统治者的扶植下都有过鼎盛的时期,它们同儒家思想一起成为中国封建社会的主要思想支柱,是占统治地位的儒家思想的补充。宋以后儒、佛、道三家逐渐相互影响,三教合流的趋向越来越明显:一方面佛道两种宗教在教义教规和教义的诠释上,都吸收了大量维护封建制度的内容和形式;另一方面,两种宗教受世俗化影响越来越大,功利性很强,研究教义的信徒比例很少,主要的崇拜形式是烧香拜神佛,求签保平安。

第二种类型是以伊斯兰教、藏传佛教为代表。这几种宗教或教派的主要特点是具有很强的地域性、民族性、封闭性。它们与特定的民族有着十分密切的联系。一方面,只在一个或几个民族中传播,只在这个或这几个民族生活的地域及社区内存在,离开了这些民族和这些民族生活的地域(社区),基本上不存在什么影响。例如,伊斯兰教只在回族、维吾尔族、哈萨克族等10个少数民族中传播,地域上集中在这些民族聚居的新疆、宁夏、青海、甘肃、陕西等西北地区,以及回族在各地聚居的社区内;藏语系佛教只在藏族、蒙古族、土族、裕固族、羌族、普米族、门巴族、洛巴族等少数民族中传播,地域也限制在上述民族生活的地区,集中在西藏、四川、云南、青海、新疆、内蒙古及甘肃一带;而巴利语系佛教则主要在傣族、阿昌族、德昂族、布朗族居住的云南省西双版纳和德宏地区。另一方面,在这些民族和这些民族所居住的地域(社区)内,其特定的宗教影响非常大,许多民族是几乎全民族信仰某一种宗教,这种宗教同信仰该宗教的民族在文化、习俗以及心理上都融为一体,对当地的语言、历史,艺术、饮食起居禁忌、民族节日等的形成都有着直接的关系。宗教活动场所往往既是这些民族的文化教育中心,又是社会交流活动及集合的地方,宗教领袖也是民族的精神领袖,特定的宗教信仰成了维系这些民族内部团结、共同抵御外部势力侵犯的主要因素,甚至可以成为识别其成员是否属于该民族、忠于该民族的一个重要标志。

第三种类型是以天主教和基督教为代表。这两种宗教都是19世纪中叶以后才大量传入中国内地的,它们的发展主要是依靠帝国主义强迫清政府签订的不平等条约,来中国传教的各国传教士中不少人成为帝国主义侵略中国的工具,始终遭到中国人民的坚决反对,由此引起了无数次"教案"。而信仰天主教、基督教的中国信徒中绝大多数人是出于信仰,并具有一定的爱国主义思想,但是,这并不能改变鸦片战争以后发展起来的中国天主教和基督教会是受控于各帝国主义政府,为各帝国主义国家侵华扩张政策服务的工具的性质。这一状况一直保持到新中国成立。

二、在新制度下宗教的调适

社会主义革命为中国带来了一个全新的时代,它结束了中国社会的长期动荡,进入一个新的社会整合时期。新的社会制度必然要衍生出新的社会组织与机构,一切社会结构的改革都围绕着适应社会主义的经济基础和政治制度进行。而此时,宗教与新社会制度的不适应之处是显而易见的。它主要表现在:宗教意识与社会主义社会的主导意识形态存在着根本分歧;宗教的领导权曾被反动政治势力所控制;宗教内部存在着封建特权和压迫剥削;帝国主义势力仍利用宗教从事反对新社会制度与干涉中国内政的活动。在这些方面,中国的天主教和基督教所面临的不适应性在各宗教中最为明显。

据统计,在1949年新中国成立之前,当时在中国活动的基督教会有70余个,分属世界各地121个外国差会,其中美国差会约占一半。大批外国传教士掌握了在中国的教会领导大权,听命于国外的差会,在经济上也基本依靠外国的差会,特别是对美国的依赖。对于这种状况,中国人民十分不满,中国的广大基督教徒和爱国基督教人士也期盼着改变这种受控于外国的状况。

新中国成立以后,摆在中国基督教界爱国人士和广大信教群众面前的一个重大课题,就是中国基督教向何处去,应以什么样的面貌加入到新中国的建设事业中来,怎样才能改变中国人民对基督教的看法。正当他们充满忧虑、希望有所改变的时候,1950年5月间,中国基督教的代表人士先后三次被邀请参加了周恩来总理主持召开的座谈会。

在这三次谈话中,周恩来总理阐明了中国共产党和人民政府对基督教的基本认识,指出了基督教在中国的前途,即应当把宗教信仰同政治问题分开,信仰上保护,但在政治上必须摆脱帝国主义控制,完成基督教会内的反帝反封建任务，才可能跟上时代的步伐，参加到建设新中国的行列中来，并为中国人民所理解、所接受。这三次谈话，对中国基督教界给予了极大鼓舞，使他们明确了前进的方向，进一步坚定了中国基督教界爱国人士彻底割断同帝国主义联系的决心和信心。

1950 年 7 月，经过中国基督教界人士的充分讨论，以吴耀宗为代表的基督教 40 位教会领导人联合发表了题为《中国基督教在新中国建设中努力的途径》的宣言，向全世界宣告中国基督教决心彻底摆脱帝国主义控制，进行三自（自治、自养、自传）爱国的革新运动。宣言发表以后，立即得到了中国基督教界和社会各界的热烈欢迎，全国基督徒的响应尤为热烈。这场三自革新运动给中国基督教教会带来了一派新气象，各地教会纷纷在爱国主义这面大旗下团结起来，打破了帝国主义与外国教会造成的教派林立、各自为政的局面，联合成立起地方的三自革新组织，或者共同制定三自革新章程及办法，以推进三自革新运动的不断深入发展。

1954 年 7 月 22 日至 8 月 6 日，在北京第一次召开了在中国土地上由中国基督教徒自己选举的代表参加的“中国基督教全国代表会议”，出席会议的有来自全国 18 个省、自治区、直辖市基督教各教派和团体的代表共 232 人，会议宣布成立“中国基督教三自（自治、自养、自传）爱国运动委员会”，吴耀宗当选为该会第一任主席。从此，中国基督教走上了三自爱国的道路，开始了一个崭新的历史阶段。

中国天主教会同中国基督教会有着十分相似的问题，那就是同样具有殖民地性质，在政治上充当着外国帝国主义侵略中国的工具，其反对中国人民争取民族解放的政治作用和充当外国帝国主义侵华帮凶的程度，比起基督教来有过之而无不及。

外国控制的中国天主教会在政治上极力反对中国人民争取民族独立的斗争，对此，爱国的天主教神职人员和广大教徒群众早已忍无可忍，他们要求进步，赞成中国共产党的领导，愿意同全国人民一起建设自己的国家，对于改变中国天主教这种殖民地状态的呼声，更为高涨。

1950 年 11 月 30 日，属于中国天主教成都教区的四川省广元县神父王良佐等人共同发起、召开大会要求实现天主教会的革新，大会向全国发表了《自立革新宣言》。

1951 年，中央人民政府邀请天主教人士座谈，向天主教界人士阐述了政府的宗教信仰自由政策，并对他们的爱国行动表示支持。

1957年7月15日至8月12日,中国天主教友代表会议在北京举行。会议认真地讨论了今后中国天主教会同天主教罗马教廷的关系问题,最后做出了这样的决议:“会议一致认为,为了祖国的利益,为了教会的前途,中国天主教会必须彻底改变旧中国时代帝国主义给我们教会的殖民地半殖民地状态,实行独立自主,由中国神长教友自己来办,在不违反祖国利益和独立尊严的前提下,同梵蒂冈教廷保持纯宗教的关系,在当信当行的教义教规上服从教宗。但必须彻底割断政治上、经济上和梵蒂冈教廷的关系,坚决反对梵蒂冈教廷利用宗教干涉我国内政、侵犯我国主权、破坏我们正义的反帝爱国运动的任何阴谋活动。”

从以上事实可以看出,中国天主教走上独立自主、自办教会的道路,是中国人民近代反帝反封建斗争的重要组成部分。1957年的会议通过了中国天主教爱国会章程,正式成立了“中国天主教友爱国会”(后改为“中国天主教爱国会”)。中国天主教友爱国会为中国天主教神长教友组成的爱国爱教的群众性团体,其宗旨为:团结全国神长教友,发扬爱国主义精神,积极参加祖国社会主义建设和各项爱国运动,保卫世界和平,并协助政府贯彻宗教信仰自由政策。

1958年4月,由于外国传教士离开了中国,中国的许多教区主教空缺,为了正常开展教务方面的活动,汉口、武昌等地教区的神父、修女和教徒代表经过严肃认真的研究,选出董光清、袁文华等神父为这些教区的主教,并根据天主教的传统向天主教罗马教廷做出报告。天主教罗马教廷对此不仅不予认可,竟要以给予“绝罚”相威胁。中国天主教爱国神职人员与广大教徒得知消息后,再也不能忍受天主教罗马教廷对中国天主教的无理指责,由此彻底断绝了同罗马教廷的一切联系,中国天主教成为中国天主教徒完全独立自主自办的宗教事业。由于天主教罗马教廷始终坚持敌视中国的立场与态度,这种关系一直保持到今天。

第二节 中国宗教五性的提出

对于宗教和人们信仰宗教的问题,新中国成立后存在许多不同的看法。一些人认为既然宗教在阶级社会中曾经充当过统治阶级统治人民的工具,是“麻醉人民的鸦片烟”,在意识形态上属于唯心主义的思想体系,同马克思主义唯物论是相对立的,现在我们建设社会主义,宗教不可能长期存在,也不需要长期存在。这种把复杂的社会现象简单化的观点,在“以阶级斗争为纲”的思想指导下,再加上受国际上某些错误理论的影响,就产生了在宗教问题上的“左”的错误看法与错误做法,同时也引起了宗教界人士与广大信教群众的疑虑。针对这些情况,以周恩来、李维汉为代表的老一辈无产阶级革命家,坚持马克思主义、毛泽东思想对于宗教问题的正确观点,进行了耐心的说服教育。

李维汉提出的中国宗教所具有的长期性、群众性、民族性、国际性和复杂性,反映了中国宗教的基本社会属性,为许多人所接受。下面介绍它的具体内容。

一、长期性

在社会主义社会,宗教是长期存在的社会现象,宗教的自然消亡还十分遥远,所以说,宗教具有长期性。

按照历史进化论的思想观点,宗教是人类社会发展到一定阶段的历史现象,有其发生、发展和消亡的客观规律。原始人类思维发展到一定的程度产生了抽象思维,由于原始社会的生产力极其低下,人们对自身生活以及他们同自然界的现象无法解释,出现对自然的恐惧和崇拜,进而产生了图腾崇拜,这是宗教产生的自然根源。进入阶级社会以后,除了自然力量以外,社会力量产生了作用,以社会经济地位不同而产生的阶级压迫和阶级剥削造成的巨大苦难和绝望,形成盲目的异己力量对人们的支配,这是宗教产生的社会根源。在自然崇拜和图腾崇拜的基础上产生了一神教,然后产生了世界宗教。可见宗教的历史与人类的抽象思维同步,与人类文明的历史同步。宗教经历了原始社会、奴隶社会、封建社会、资本主义社会和社会主义社会五种社会形态,至今仍然是社会的一种不可或缺的文化现象和文化载体,对人类的思想意识、文化形态、心理素质、法律思想、政治制度等都产生了不可忽视的影响,宗教的影响将会长期存在和延续下去。

按照马克思主义的观点,宗教赖以产生、存在和发展的自然根源、社会根源和认识根源深深植根于社会关系之中,从发展的趋势来看,宗教产生的三大根源在相当长的历史阶段中是不会消失的。在我国社会主义社会,社会生产力尽管有了极大的发展,人们的物质生活有了很大的改善,人们征服自然的能力有了很大的进步,但是,社会物质财富并没有极大丰富,人与人之间的关系远非尽善尽美,人们对整个自然界的认识只是对无限物质世界认识的一个局部,人们征服自然、驾驭自然的能力还十分有限,因此,宗教产生的自然根源和社会根源远远没有消除。只有当人们对无限物质世界的认识达到很高的程度,由现在“谋事在人,成事在天”转变为“谋事在人,成事也在人”的时候,宗教产生、存在和发展的自然根源和社会根源才会自然消亡。这个目标,显然在社会主义社会的几代人,特别在社会主义初级阶段是远远达不到的。宗教产生的根源长期存在,宗教也就必然长期存在。

二、群众性

在我国,信仰宗教的群众在总人口中所占的比例不大,但绝对数字不小。1991年《中国人权状况白皮书》公布的数字是:伊斯兰教信众有 1 700 多万人,天主教信众有 350 万人,基督教信众有 450 万人,道教在我国群众中也有相当的影响。宗教工作关系到亿万群众的思想信仰问题,宗教工作同时就是群众工作,所以我们必须了解宗教的基本属性。

在国外,信仰宗教的人数更为众多。东欧一些前社会主义国家搞了几十年无神论宣传,但信仰宗教的人数仍占总人口的60% ~95%不等。原苏联解体前,尽管搞了70 年的无神论宣传,信仰宗教的人数仍占总人口的50%以上。宗教的群众性在国际上也鲜明地体现出来。

宗教在我国港、澳、台同胞中和旅居海外的侨胞中,受到广泛信奉和尊重,有很深的群众基础和影响。在我国经济发展的现阶段,发挥宗教的独特优势,对争取团结港、澳、台同胞和海外侨胞维护祖国统一、促进"一国两制"的实施、吸引他们回内地投资、加快我国经济发展,都有极为重要的意义,这是宗教的群众性。

三、民族性

我国宗教有鲜明的民族性。我国的汉族主要信仰佛教、道教、天主教和基督教,许多少数民族分别信奉佛教、伊斯兰教,也有信奉天主教和基督教的。我国有回族、维吾尔族、哈萨克族、塔塔尔族、柯尔克孜族、乌孜别克族、塔吉克族、东乡族、撒拉族、保安族等 10 个民族广泛信仰伊斯兰教;有汉族、白族、满族、彝族、朝鲜族、壮族、瑶族、土家族、布依族、侗族、拉祜族、高山族、毛南族、京族、仫佬族等 17 个民族信仰汉传佛教;藏族、蒙古族、汉族、土族、羌族、纳西族、普米族、门巴族、裕固族、洛巴族、达斡尔族、鄂温克族、柯尔克孜、赫哲族、鄂温克族、锡伯族、怒族等 17 个民族全民或者部分信仰藏传佛教;傣族、佤族、景颇族、德昂族、阿昌族、布朗族等 6 个民族全民或者部分信仰上座部佛教;汉族、苗族、瑶族、彝族等众多民族中,有相当一部分群众信仰天主教和基督教;道教在汉族和一些少数民族中也有广泛的传播;此外,还有许多少数民族信仰原始宗教和本民族的宗教。有许多少数民族的宗教信仰与民族感情互相交织,融为一体,有的宗教节日或宗教仪式同时也形成了民族的传统节日。这是宗教的民族性。

四、国际性

宗教的国际性是宗教的一项重要特性。佛教、伊斯兰教和基督教被称为三大世界宗教，占据世界信仰宗教人数的主流派地位。基督教广泛分布在世界五大洲，以欧、美、澳三大洲最为集中，在欧美等西方经济发达国家最为盛行，信徒数量约占世界总人口的1/3；伊斯兰教主要流传于亚洲、非洲的西亚、中亚、北非、南亚次大陆等广大地区，信教人数约占世界总人数的17%；佛教主要分布在东北亚、南亚和东南亚一带，目前在欧洲、美洲、澳洲等地也有广泛流传，信教人数占世界总人口的6%。有许多国家以某一宗教为国教，如泰国、缅甸、斯里兰卡等国以佛教为国教，伊朗、沙特阿拉伯等45个国家以伊斯兰教为国教等等。此外，世界各地的人们还信奉着许多地方性的民族、民间或部族宗教。

西藏地方护法神“嘎东曲琼”。“嘎东”指西藏雄龙德庆县嘎东地区，“曲琼”是信守誓盟、坚守佛法的天神。

第二次世界大战以后，随着各国宗教界人士友好交往的日益发展和扩大，产生了许多世界性宗教组织，如“世界宗教者和平会议”“世界佛教徒联盟”“世界宗教徒联合会”等。世界宗教徒之间的友好合作，是促进各国人民之间友好交流的重要渠道之一。在许多国家中,宗教是受到普遍尊重的,甚至有的国家要求本国公民必须信仰某一种宗教,政府和社会各界对待宗教很宽容。在当代,国际上宗教的友好交流是维护世界和平的一支重要力量。

总之,在我国,落实好宗教信仰自由政策对于扩大我国的政治影响、加强我国与世界各国人民的友好关系,粉碎国外敌对势力攻击我国公民无宗教信仰自由的谣言,对于促进我国的改革开放、经济发展,维护亚洲和世界和平事业等,都具有重要的现实意义。

五、复杂性

宗教的复杂性,除前面所说的宗教的长期性、群众性、民族性、国际性这四个方面构成了宗教的复杂性外,还有如下几点:

就信仰宗教的群众来说,有不同的阶级、阶层信仰同一种宗教的,也有同一个阶级、阶层信仰几种不同宗教的;就信仰宗教的民族来说,有不同的民族信仰同一种宗教的,有同一个民族信仰几种不同宗教的。各民族之间,各阶级、阶层之间,其宗教仪式、信仰程度、宗教心理、宗教感情等都异彩纷呈、千差万别,宗教与民族习惯、民族文化互相交织、互相融合,表现出复杂的形态。

宗教表现形式也具有多样性。撇开一切地方性的、古老的、原始的形形色色的民族宗教不谈,单就世界三大宗教来说,每一宗教、每一教派又在历史上形成了难以数计的宗派,各个宗派又组成了各种各样的宗教组织,创制了各种各样的宗教经典和宗教仪式等,其错综复杂的情况难以尽述。

宗教思想内容的丰富性。宗教的教理、教义和思想经过长期的历史发展,其中有一神的、有多神的、有泛神的乃至包含无神因素的,形而上学的乃至包含辩证因素的,有唯心的乃至包含唯物因素的,未可一概而论。宗教与各种意识形态,如哲学、文学、艺术、法律、教育、科技等互相交叉、互相影响、相互作用,更表现了宗教的复杂性。

另外,宗教与政治有千丝万缕的联系。宗教不等于政治,宗教与政治属于两个不同的范畴,政治立场相同的人,往往信仰几种不同的宗教,政治立场不同的人又往往信仰同一种宗教。但是,宗教与政治又有联系,在阶级社会里,宗教不仅为剥削阶级提供了统治的理论,而且也曾给进步阶级的革命斗争提供了意识形态的外衣。

宗教的复杂性还表现在宗教的普遍性和适应性上。到现在为止,宗教在一切社会形态、一切国家、一切民族、一切阶级和阶层中，都有程度不同的存在和发展，具有无可比拟的文化继承性和社会适应性。这一切都说明宗教的复杂性。

第三节　新时期我国宗教工作的基本任务

一、历史的曲折与教训

在中华人民共和国成立以后至“十年动乱”这一时期，以毛泽东同志为核心的第一代党和国家领导集体，根据马克思列宁主义的基本理论，结合中国革命的实践，摸索和总结出一整套对待中国宗教问题的正确政策与方针，在坚持实行宗教信仰自由的同时，积极引导中国各宗教改变旧时代那种依附帝国主义、封建势力并受其控制利用的殖民地半殖民地性质，使各宗教的发展跟上时代的变化，动员与团结广大信教群众参加到建设一个独立、民主、富强的新中国事业中来。这一系列政策措施，总的来说是符合中国国情的，因此取得了很大成绩，这是无可否认的事实。

从 1957 年以后，由于受原苏联“无神论”宣传的影响，我国在宗教问题上逐渐脱离了中国宗教的实际，“左”的指导思想逐渐滋长，20 世纪 60 年代中期更进一步发展起来，特别是“十年动乱”，国家和人民遭受到巨大的劫难，宗教界受到严重冲击。

“文化大革命”的主要目的不是反宗教，而是为了“无产阶级专政下继续革命”，是要把所谓被“走资派篡夺的那些权力”重新夺回来。但是，“文化大革命”是以极“左”的面目出现的，以红卫兵“破四旧”的形式开始的，因此，宗教自然而然地成了这一场大浩劫的牺牲品。

“十年动乱”中，对于宗教政策、宗教工作、宗教活动及群众宗教信仰的摧残，完全违背了马克思主义、列宁主义、毛泽东思想关于宗教问题的科学论断，也违背了中国共产党建党以来一贯坚持的对待和处理宗教问题的方针和政策。因此，严重地破坏了党领导下全国各界人民的爱国统一战线，破坏了全国各民族的大团结，破坏了在反帝反封建长期斗争中建立起来的党群关系、政群关系和军民关系，大大激化了民族地区的民族矛盾和人民内部矛盾，给国内外敌对势力以可乘之机，给中国的建设事业和社会稳定带来了不可估量的损失。

二、中国宗教现状

中国是一个多种宗教并存的国家,中国宗教徒信奉的主要有佛教、道教、伊斯兰教、天主教和基督教,此外还有萨满教、东正教、东巴教等宗教。据不完全统计,中国现有各种宗教信徒一亿多人,经批准开放的宗教活动场所近 13.9 万处,宗教教职人员 36 万余人,宗教团体 5 500 多个。宗教团体还办有培养宗教教职人员的宗教院校 100 余所。①

在我国宪法和其他部门法、专项法规中都对宗教信仰自由政策有特别的规定,比如《民族区域自治法》《民法通则》《教育法》《劳动法》《义务教育法》《人民代表大会选举法》《村民委员会组织法》《广告法》等法律。修订后的《宗教事务条例》已经国务院通过,自 2018 年 2 月 1 日起施行。该条例包括总则、宗教团体、宗教院校、宗教活动场所、宗教教职人员、宗教活动、宗教财产、法律责任、附则等九章内容。在宗教信仰自由政策以及相关法规的支持和保护下,在中国传播的各大宗教都得到较大程度的发展。

2005 年 3 月 17 日(农历二月初八),适逢释迦牟尼佛出家纪念日,中国佛教协会主持建造的世界和平吉祥塔在北京隆重问世,祈愿祈祷世界和平、祖国昌盛、人民安康、佛法久住。

① 《中国宗教概况》,http://www.gov.cn/guoqing/2005-09/13/content_2582714.htm

佛教从公元1世纪前后由古印度传入中国，至今有近2 000年的历史，经过长期的发展演变，又分为汉语系佛教、藏语系佛教（俗称喇嘛教）和巴利语系佛教（亦称上座部佛教）三大支派。由于佛教没有严格的入教仪式和规定，所以信教群众人数很难统计：藏语系佛教在藏、蒙、裕固、门巴、土族等少数民族中基本上全民信仰；巴利语系佛教在傣族、布朗族、德昂族、佤族等少数民族中基本上也是全民信教。中国佛教三大语系共有高、中、初三级佛教学院校19所，其中汉语系14所、藏语系4所、巴利语系1所，三大语系高、中、初三级佛教教育体系已初步形成。现在中国有佛教寺院1.3万余座，出家僧尼约20万人，成立于1953年6月3日的中国佛教协会是中国各民族佛教徒的联合组织。

道教是中国土生土长的宗教，至今有1 800多年的历史。道教在历史上的教派很多，后来逐渐演变为全真道和正一道两大教派，主要在汉族地区和一些少数民族地区的农村中有较大的影响，由于道教没有严格的入教仪式和规定，信教人数难以统计。中国现有道教宫观9 000余座，乾道、坤道5万余人。成立于1957年4月12日的中国道教协会是道教徒的全国性组织，道教协会还开办了中国道教学院。

伊斯兰教于公元7世纪传入中国，至今已有1 300多年的历史。伊斯兰教分逊尼派和什叶派两大宗派，中国主要是逊尼派。在回、维吾尔、塔塔尔、柯尔克孜、哈萨克、乌孜别克、东乡、撒拉、保安等少数民族2 100多万人口中，绝大多数信仰伊斯兰教。中国穆斯林大多数聚居在新疆维吾尔自治区、宁夏回族自治区，以及甘肃、青海、云南等省，其他各省、自治区、市也有分布。现有清真寺3.5万余座，伊玛目、阿訇4.5万余人。成立于1953年5月11日的中国伊斯兰教协会是伊斯兰教界的全国性组织。2001年中国伊斯兰教教务指导委员会在北京成立，该委员会为中国伊斯兰教协会的专门委员会。

天主教传入中国较早，1840年鸦片战争后大规模传入。中国现有天主教徒约550多万人，教职人员约7 000人，教堂、会所6 000余处。天主教的全国性组织有中国天主教爱国会和中国天主教主教团。天主教开办的神哲学院有11所、修女院数十个。

基督教在中国是指基督教新教，19世纪传入中国，鸦片战争后，基督教在华的传教活动大大增加，建立了大批传教机构。据教会统计，全国现有基督教教堂2.5余座，简易活动场所3万余处，基督教徒近2 305万人，教牧传道人员3.7万余人。此外，基督教在全国还开办有13所基督教神学院。基督教的全国性组织有中国基督教三自爱国运动委员会和中国基督教协会,这两个组织统称“基督教两会”。1980 年成立的中国基督教协会是中国基督教的全国性教务组织,中国基督教协会是世界基督教会联合会成员。

中国在实行宗教信仰自由的政策下,特别注意尊重少数民族的宗教信仰,保护少数民族文化遗产。国家投入大量资金用于维修少数民族地区具有重要历史、文化价值的寺庙和宗教设施。自 20 世纪 80 年代以来,中央政府对西藏专项拨款2 亿多元人民币,用于维修、修复著名的布达拉宫、大昭寺、扎什伦布寺、桑耶寺等寺庙。国家还专门拨款,支持佛教界整理出版了藏文《大藏经》等重要藏语系佛教典籍,还支持佛教界在北京和拉萨分别开办了中国藏语系高级佛学院和西藏佛学院。

中国宗教团体在国家宪法和法律的保护下,坚持独立自主、自办教会的原则,坚持“自治、自养、自传”的方针,独立地组织宗教活动,办理教务,开办宗教院校,培养年轻宗教职员,印刷发行宗教经典,出版宗教刊物,兴办社会公益服务事业,同时开展同外国宗教团体及宗教界人士之间的友好往来,出席国际宗教会议和宗教学术会议。

20 世纪 80 年代以来,中国部分地区出现了一些邪教组织,打着宗教旗号进行违法犯罪活动,严重危害人民正常的生活和生产秩序,广大人民群众和宗教界人士对此深恶痛绝,中国司法机关对这类严重危害社会和公众利益的违法犯罪分子依法惩处。此外,国际敌对势力利用宗教问题来分裂中国的图谋仍然存在,中国政府对这些敌对势力也进行了坚决的回击。中国政府不允许邪教组织的存在,也坚决反对利用宗教问题分裂国家,反对在宗教领域搞对抗,反对利用宗教干涉别国内政,也绝不容忍这类打着宗教旗号进行违法犯罪甚至进行分裂国家的活动。

2015 年 7 月 7 日,中国人民大学发布《中国宗教调查报告(2015)》(以下简称《报告》)。《报告》称:宗教已经成为中国社会和谐的积极力量;中国宗教信仰者的结构正在发生深刻的变化;中国宗教活动场所体现出一定的现代性;佛教依然是最具影响力的中国传统宗教。《报告》指出,中国宗教信仰者的结构正在发生深刻变化,传统的“老人多”已经不是事实,半数以上宗教信仰者年龄已经在 60 岁以下,超过 15% 的信徒年龄在 30 岁以下。不过,五大主要宗教平均超过 62% 的信徒是女性。文化程度低也依然是宗教信仰者的一个特征,43% 的宗教信仰者学历是小学文化及以下,只有不到 5% 是大学及以上。

《报告》数据表明，宗教教职人员在年龄与受教育程度等方面有积极的呈现。大多数教职人员的年龄在30至60岁之间，11%拥有大学及以上文化程度。在接受调查的4 382名宗教活动场所负责人中，平均年龄为55岁，女性占21%，大学以上文化程度为15%。可以说，20世纪80年代以来，中国宗教教职人员青黄不接的局面已经得到根本性改变，中国的宗教教职人员已经实现了代际转换，这为宗教在中国的健康发展奠定了坚实的基础。

《报告》认为，中国宗教活动场所体现出一定的现代性。从管理方式的现代性来看，《报告》中说，超过77%的宗教活动场所有民主管理委员会，34%的宗教活动场所有信徒组织的管理小组，超过55%的宗教活动场所的大额财务支出由民主管理委员会决定，当遇到重大决策等事项召开面向信徒的会议时，信徒参加会议并发表意见的比例高达54%。在信息化程度方面，《报告》中说，超过32%的宗教活动场所可以宽带上网，有10% 的场所使用网站、论坛、博客、微博、微信、QQ等网络方式传教，另有10%的宗教活动场所活动时使用多媒体投影仪。

《报告》认为，改革开放以来，五大主要宗教都得到了长足发展。佛教依然是最具影响力的中国传统宗教。佛教是五大主要宗教中在公益慈善方面贡献最多的宗教，平均每座佛寺每年的慈善支持为4.1万元，远高于平均数1.8万元。佛教也是使用互联网传教比例最高的宗教(14%)。佛寺门票等经济问题经常成为舆论热点，但真实情况与此有很大差距，今天的中国佛教总体上依然保持了出家人宗教的清修传统。道教是中国最为本土的宗教，实际上却是具有很强国际性的宗教。有11%的道观开展了国际交流，在五大教中独占鳌头，这似乎表明今天的道教颇有几分墙内开花墙外香的意味。随着现代化与全球化的发展，世界人民越来越重视道教的价值，并很喜欢到中国一探究竟。另外，9%的道观在民政部门登记了社会服务机构，在五大教中比例最高。

《报告》结论部分认为，在全球化与"一带一路"建设过程中，倡导人本与理性精神的中国宗教必将大放光彩。中国是世界上唯一既保持了固有宗教文化传统、又学习汲取了世界宗教并使其成功本土化的国家。以五大主要宗教为代表的当代中国宗教，鲜明地呈现了中国文化自信开放、兼容并包、博采众长、为我所用的境界，正从民众的灵性、道德、心理以及社会的政治经济等各个方面，对中国社会的现代化、全球化做出独特的、不可替代的贡献。中国的宗教也必将在这一过程中赢得长足进步，成为世界宗教版图中温和、健康的建设性力量。

三、新时期党和政府宗教工作的基本任务

中共十一届三中全会以后，中共中央遵照邓小平同志提出的解放思想、实事求是的思想路线，认真总结了在宗教工作中正反两个方面的经验教训，制定了《关于我国社会主义时期宗教问题的基本观点和基本政策》（中发[1982]19号文件）。

中共中央[1982]19号文件指出："宗教信仰自由政策的实质，就是要使宗教信仰问题成为公民个人自由选择的问题，成为公民个人的私事。社会主义的国家政权当然绝不能被用来推行某种宗教，也绝不能被用来禁止某种宗教，只要它是正常的宗教信仰和宗教活动。"其目的是"使全体信教和不信教的群众联合起来，把他们的意志和力量集中到建设现代化的社会主义强国这个共同目标上来，这是我们贯彻执行宗教信仰自由政策、处理一切宗教问题的根本出发点和落脚点。任何背离这个基点的言论和行动，都是错误的，都应当受到党和人民的坚决抵制和反对。"①

中共中央[1991]6号文件指出："今后一个时期，党和政府对宗教的工作的基本任务是：认真贯彻党的宗教政策，维护公民宗教信仰自由的权利，加强对信教群众和宗教界人士的爱国主义和社会主义教育，调动他们的积极因素，支持他们开展有益的工作，巩固和发展同宗教界的爱国统一战线，依法对宗教事务进行管理，制止和打击利用宗教进行违法犯罪活动，坚决抵制境外宗教敌对势力的渗透活动，为维护稳定、增进团结、统一祖国、振兴中华服务。"②

1993年，中央提出要引导宗教与社会主义相适应。2004年，国家颁布《宗教事务条例》，使宗教事务管理工作更加规范。2007年，中央提出发挥宗教界人士和信教群众在促进经济社会发展中的积极作用，积极引导宗教与社会主义社会相适应。

社会主义时期，中国共产党和中国政府对于宗教问题的基本观点和基本政策，总起来说，可以归纳为以下10点：

第一，宗教有其发生、发展和消亡的客观规律，在社会主义社会中宗教还将长期存在，正确对待和处理宗教问题，是建设有中国特色社会主义的一个重要内容，我们不能用行政的力量去促进宗教的消亡，也不能用行政的力量去发展宗教。

---

① 中共中央文献研究室综合研究组、国务院宗教事务局政策法规司：《新时期宗教工作文献选编》，宗教文化出版社，1996年版，第60页。

② 中共中央文献研究室综合研究组、国务院宗教事务局政策法规司：《新时期宗教工作文献选编》，宗教文化出版社，1996年版，第914页。

第二，宗教信仰问题是每一个公民个人的私事，宗教信仰自由的民主权利受宪法和法律的保护，每个公民都有信仰宗教的自由，也有不信仰或改变信仰宗教的自由。

第三，在社会主义的中国，无神论者和宗教信仰者在政治上和经济上的根本利益完全是一致的，他们在思想信仰上的差异是次要的，应坚持在政治上团结合作、思想信仰上互相尊重。

第四，在社会主义历史阶段，我国宗教方面的矛盾主要是人民内部矛盾，但在一定条件和一定范围内也可能出现对抗性的问题。处理宗教问题一定要坚持维护人民利益、维护法律尊严、维护民族团结、维护祖国统一这一根本立场。

第五，一切宗教活动都必须在国家法律与政策规定的范围内进行，国家依法对宗教事务进行管理，保护正常的宗教活动，制止和打击一切利用宗教进行的违法犯罪活动。

第六，要善于体察民族问题与宗教问题的区别和联系。在民族地区处理宗教问题时，应着眼于民族的发展与进步，着眼于促进各民族的团结，着眼于有利于民族地区经济与文化的繁荣，促使其从根本上摆脱落后与贫困，赶上发达地区的水平。要特别警惕和反对利用宗教狂热煽动分裂、破坏民族团结与国家统一的言论和行动。

第七，在对外关系上，在互相尊重、平等友好的原则基础上，支持宗教方面与各国进行交往。在交往过程中一定要坚持我国宗教独立自主、自办教会的方针，不允许境外宗教组织和个人干预我国的宗教事务，坚决抵制境外敌对势力利用宗教进行渗透。

第八，要争取、团结和教育宗教界人士，鼓励他们爱国爱教，团结进步，同时有计划地培养年轻一代的爱国宗教教职人员，充分发挥各爱国宗教团体的作用。

第九，从一定意义上讲，如何对待宗教问题，实质上是一个如何正确对待群众的问题。在信教人数较多的地方，要注意保护不信教群众的利益；在不信教人数较多的地方，则要注意保护信教群众的利益。我们对待和处理宗教问题的根本出发点和落脚点，是把信教与不信教的群众联合起来，把他们的意志和力量集中到共同建设社会主义这一伟大目标上来。为此，必须积极引导宗教与社会主义社会相适应。

第十，要坚持向人民群众特别是广大青少年进行辩证唯物论和历史唯物论的科学世界观（包括无神论）教育，不断提高全民族的思想道德素质和科学文化素质。

2016年4月22日至23日，全国宗教工作会议在北京举行。中共中央总书记、国家主席、中央军委主席习近平出席会议并发表重要讲话。习近平强调，做好宗教工作，必须坚持党的宗教工作基本方针，要全面贯彻党的宗教信仰自由政策，依法管理宗教事务，坚持独立自主自办原则，积极引导宗教与社会主义社会相适应。

2017年10月，党的十九大胜利召开，报告指出：全面贯彻党的宗教工作基本方针，坚持我国宗教的中国化方向，积极引导宗教与社会主义社会相适应。这是我国新时代宗教发展的根本指针。

阅读材料

中国共产党宗教信仰自由政策的历史沿革

对于宗教问题，中国共产党从一成立就依据马克思主义的基本原理，结合中国的实际情况，提出一套适合中国国情的政策，坚持执行宗教信仰自由的原则。可以说，尊重宗教信仰自由是中国共产党的一贯主张。

建党初期，中国共产党就在自己的奋斗纲领中明确指出，只要是革命的阶级和人士，不分党派、宗教和阶级，都是我们党团结的朋友。

1927年，毛泽东在《湖南农民运动考察报告》中对中国农民信仰宗教的问题提出了明确的主张，他指出，广大农民的解放只能靠自己去争取，同时还指出，“菩萨是农民立起来的，到了一定时期农民会用他们自己的双手丢开这些菩萨，无须旁人过早地代庖丢菩萨”“别人代庖是不对的”。

1931年，在中国共产党领导的江西中央根据地制定的《中华苏维埃宪法大纲》中明确规定：“中华苏维埃政权以保障工农劳苦民众有真正的信教自由为实际目的”。

抗日战争期间，在中国共产党领导的陕甘宁边区同样实行了宗教信仰自由政策，边区政府的《陕甘宁边区施政纲领》第6条规定：“保证一切抗日人民（地主、资本家、农民、工人等）的人权、政权、财权及言论、出版、集会、结社、信仰、居住、迁徙之自由权”。

1949年9月，中国人民政治协商会议第一届全体会议通过了《共同纲领》，其中第5条明确规定，中华人民共和国人民有宗教信仰自由权。

1952 年,中央人民政府主席毛泽东在接见西藏地方致敬团时,再次声明:"共产党对宗教采取保护政策,信教的和不信教的,信这种教或信别种教的,一律加以保护,尊重其宗教信仰,今天对宗教采取保护政策,将来也仍然采取保护政策。"

1954 年公布的《中华人民共和国宪法》规定:"中华人民共和国公民有宗教信仰的自由"。

1982 年,中共中央制定的《关于我国社会主义时期宗教问题的基本观点和基本政策》(中发〔1982〕19 号文件)指出:"宗教信仰自由就是说每个公民既有信仰宗教的自由也有不信仰宗教的自由,有信仰这种宗教的自由也有信仰那种宗教的自由,在同一宗教里面有信仰这个教派的自由也有信仰那个教派的自由;有过去不信教而现在信教的自由,也有过去信教现在不信教的自由""尊重和保护宗教信仰自由是党对宗教问题的基本政策。这是一项长期的政策,是一直要贯彻执行到将来宗教自然消亡的时候为止的政策"。

1982 年 12 月 4 日全国人大五届五次会议通过的《中华人民共和国宪法》规定:"中华人民共和国公民有宗教信仰自由。"

1991 年 2 月,中共中央、国务院《关于进一步做好宗教工作若干问题的通知》(〔1991〕6 号文件)重申全面正确贯彻执行宗教信仰自由政策。指出今后一个时期,党和政府对宗教工作的基本任务是:认真贯彻党的宗教政策,维护公民宗教信仰自由的权利,加强对信教群众和宗教界人士的爱国主义和社会主义教育,调动他们的积极因素,支持他们开展有益的工作,巩固和发展同宗教界的爱国统一战线,依法对宗教事务进行管理,制止和打击利用宗教进行违法犯罪活动,坚决抵制境外宗教敌对势力的渗透活动,为维护稳定、增进团结、统一祖国、振兴中华服务。

1997 年 10 月 16 日,国务院新闻办发表《中国的宗教信仰自由状况》白皮书,就中国的宗教现状、宗教信仰自由的法律保护、宗教信仰自由的司法行政保障和监督、对独立自主自办宗教事业的支持、对少数民族宗教信仰自由权利的保护五方面阐述了中国充分尊重和保护宗教信仰自由。

2001 年 12 月,中共中央、国务院召开了全国宗教工作会议,会议在坚持马克思主义宗教观和我们党关于宗教问题的基本观点、基本政策的基础上,重申"宗教信仰自由受宪法保护,公民有信仰宗教的自由,也有不信仰宗教的自由。"

2007 年,胡锦涛总书记主持中央政治局学习,强调做好宗教工作,提出要:"坚持党的宗教工作基本方针,发挥宗教界人士和信教群众在促进经济社会发展中的积极作用,全面贯彻党的宗教信仰自由政策,坚持依法管理宗教事务,坚持独立自主自办,坚持积极引导宗教与社会主义社会相适应。”

2016年4月22日至23日,全国宗教工作会议在北京举行。中共中央总书记、国家主席、中央军委主席习近平出席会议并发表重要讲话。习近平强调,做好宗教工作,必须坚持党的宗教工作基本方针,全面贯彻党的宗教信仰自由政策,依法管理宗教事务,坚持独立自主自办原则,积极引导宗教与社会主义社会相适应。党的宗教工作基本方针是我们党坚持马克思主义宗教观、从我国国情和宗教具体实际出发、汲取正反两方面经验制定出来的。实行宗教信仰自由政策,出发点和落脚点是要最大限度把广大信教和不信教群众团结起来。积极引导宗教与社会主义社会相适应,是要引导信教群众热爱祖国、热爱人民,维护祖国统一,维护中华民族大团结,服从服务于国家最高利益和中华民族整体利益;拥护中国共产党领导、拥护社会主义制度,坚持走中国特色社会主义道路;积极践行社会主义核心价值观,弘扬中华文化,努力把宗教教义同中华文化相融合;遵守国家法律法规,自觉接受国家依法管理;投身改革开放和社会主义现代化建设,为实现中华民族伟大复兴的中国梦贡献力量。

2017年10月,党的十九大胜利召开,报告指出:全面贯彻党的宗教工作基本方针,坚持我国宗教的中国化方向,积极引导宗教与社会主义社会相适应。

思考与练习

1.“宗教五性说”的具体内容是什么?

2.如何正确理解“尊重宗教信仰自由”的原则?

3.如何正确理解宗教信仰与爱国主义的关系?

4.如何准确理解“积极引导宗教与社会主义社会相适应”?

参考书目

[1] [美]摩迪凯·开普兰. 犹太教:一种文明[M]. 黄福武,张立改,译. 济南:山东大学出版社,2002.

[2] [美]坎默. 基督教伦理学[M]. 王苏平,译. 北京:中国社会科学出版社,1994.

[3] [美]史密斯. 人的宗教[M]. 刘安云,译. 海口:海南出版社,2001.

[4] [美]爱德华. 哲学百科全书[M]. 纽约:麦克米兰公司,1967.

[5] [美]奥戴. 宗教社会学[M]. 北京:中国社会科学出版社,1990.

[6] 彼得斯,江丕盛,本纳德. 科学与宗教[M]. 北京:中国社会科学出版社,2002.

[7] 陈兵,邓子美. 二十世纪中国佛教[M]. 北京:民族出版社,2001.

[8] 陈智敏,张翔麟. 邪教真相[M]. 北京:当代世界出版社,2001.

[9] [日]池田大作,[英]威尔逊. 社会与宗教[M]. 成都:四川人民出版社,1996.

[10] 崔大华. 儒学引论[M]. 北京:人民出版社,2001.

[11] 李养互. 道教概况[M]. 香港:中华书局,1989.

[12] 戴康生,彭耀. 宗教社会学[M]. 北京:社会科学文献出版社,2000.

[13] 范立舟. 论宋元时期的外来宗教[J]. 宗教学研究,2002(3):93.

[14] 方立天. 中国佛教与传统文化[M]. 上海:上海人民出版社,1988.

[15] 辅仁大学神学著作编译会. 英汉信理神学词汇[M]. 台北:光启出版社,1986.

[16] 王作安. 宗教——关切世界和平[M]. 北京:宗教文化出版社,2000.

[17] 关松林. 吸收与改造:儒学在日本的传播与发展[J]. 辽宁大学学报(哲学社会科学版),2004(3):64.

[18] 牟钟鉴. 中国宗教与文化[M]. 成都:巴蜀书社,1989.

[19] 陈麟书. 宗教学原理[M]. 北京:宗教文化出版社,1999.

[20] 孙尚扬. 宗教社会学[M]. 北京:北京大学出版社,2001.

[21] 黄陵渝. 当代犹太教[M]. 北京:东方出版社,2004.

[22] 黄心川. 印度教在中国的传播和影响[J]. 宗教学研究,1996(3):77.

[23] [荷]霍伊卡. 宗教与现代科学的兴起[M]. 成都:四川人民出版社,1991.

[24] [德]卡西尔. 人论[M]. 甘阳,译. 上海:上海译文出版社,1985.

[25] 克洛斯. 牛津基督教会辞典(英文版)[M]. 牛津:牛津大学出版社,1957.

[26] 孔汉思. 世界伦理与中国传统伦理[J]. 基督教文化学刊,2000(4).

[27] 雷彗萃. 试论儒教在越南的传播与发展[J]. 东南亚纵横,2003(2):59 - 62.

[28] 李申. 中国儒教史[M]. 上海:上海人民出版社,1999.
[29] 李申. 高科技与宗教[M]. 天津:天津科学技术出版社,2000.
[30] 李顺连. 孔子的人生哲学及其在韩国的影响[J]. 华中师范大学学报(人文社会科学版),2003(3):74.
[31] 李兴华,等. 中国伊斯兰教史[M]. 北京:中国社会科学出版社,1998.
[32] 刘蔚华. 儒学与未来[M]. 济南:齐鲁书社,2002.
[33] 吕大吉. 宗教学通论新编[M]. 北京:中国社会科学出版社,1998.
[34] 罗传芳. 道教文化与现代社会[M]. 沈阳:沈阳出版社,2001.
[35] [英]罗素. 宗教与科学[M]. 北京:商务印书馆,1982.
[36] 罗伟虹. 世界邪教与反邪教研究[M]. 北京:宗教文化出版社,2002.
[37] 马克思,恩格斯. 马克思恩格斯全集[M]. 北京:人民出版社,1972.
[38] 马贤,马忠杰. 伊斯兰教基础知识[M]. 上海:东方出版中心,1997.
[39] 苗润田,杨朝明. 儒学与现代文明[M]. 济南:齐鲁书社,2004.
[40] [英]缪勒. 宗教的起源与发展[M]. 上海:上海人民出版社,1989.
[41] 方立天. 中国佛教与传统文化[M]. 上海:上海人民出版社,1988.
[42] 欧东明. 印度教与印度种姓制度[J]. 南亚研究季刊,2002(3):68.
[43] 潘畅和. 对日本儒教特征的再诠释[J]. 东疆学刊,2004(1):10.
[44] [西]潘尼卡. 文化裁军[M]. 王志成,译. 成都:四川人民出版社,1999.
[45] [西]潘尼卡. 宗教内对话[M]. 王志成,译. 北京:宗教文化出版社,2001.
[46] [西]佩佩·罗德里格斯. 痴迷邪教[M]. 北京:新华出版社,2001.
[47] 秦惠彬. 伊斯兰文化与现代社会[M]. 沈阳:沈阳出版社,2001.
[48] 荣格,凯伦伊. 论神话的起源和基础. 外国美学第二辑[M]. 北京:商务印书馆,1995.
[49] 石磊. 儒教伦理精神与日本现代化[J]. 理论导刊,1997(1):25-26.
[50] 万俊人. 寻求普世伦理[M]. 北京:商务印书馆,2001.
[51] 王树英. 南亚印度教与文化[M]. 北京:中央民族大学出版社,1999.
[52] 王晓朝. 罗马帝国文化转型论[M]. 北京:中国社会科学文献出版社,2001.
[53] 王跃. 邪教:人类的公敌[M]. 珠海:珠海出版社,2000.
[54] 王作安,卓新平. 宗教:关切世界和平[M]. 北京:宗教文化出版社,2000.
[55] 肖玉明. 现代邪教产生和发展的社会根源[J]. 理论导刊,2001(6):46-47.
[56] 中共中央文献研究室综合研究组,国务院宗教事务局政策法规司. 新时期宗教工作文献选编[M]. 北京:宗教文化出版社,1996.
[57] [美]休斯顿·史密斯. 人的宗教[M]. 刘安云,译. 海口:海南出版社,2001.
[58] 徐新. 犹太教在中国[J]. 世界宗教研究. 2000(2):13-20.
[59] 尹志华. 道教生态智慧管窥[J]. 世界宗教研究. 2000(1):93-96.

[60] 詹石窗.道教文化十五讲[M].北京:北京大学出版社,2003.

[61] 张立文.儒学精华[M].北京:北京出版社,1996.

[62] 张绥.犹太教与中国开封犹太人[M].上海:上海三联书店,1990.

[63] 张志刚.宗教文化学导论[M].上海:东方出版社,1996.

[64] 赵骏河.儒学的价值观——以仁的价值观为主[J].开封大学学报,1997(1):55.

[65] 周可真.儒教之"天"与基督教之"上帝"[J].哲学研究,2003(12):48.

[66] 朱明忠.论印度教的特点及在印度社会发展中的作用[J].当代亚太,2000(7):56.

[67] 朱明忠,尚会鹏.印度教:宗教与社会[M].北京:世界知识出版社,2003.

[68] 朱仁夫.儒学传播新加坡两百年[J].云梦学刊,2003(6):48-51.

[69] 朱越利,陈敏着.道教学[M].北京:当代世界出版社,2000.

[70] 崔志鹰.儒教文化与韩国现代社会[J].同济大学学报(社会科学版)第14卷,2003(4):98.

[71] Caplan, L. Studiesin Religious Fundamentalism[M]. Hong Kong, 1987.

[72] Flannery, G., ed. Vatican Council II, The Conciliar and Post Conciliar Documents[M]. Dublin, 1988.

[73] Harnack, A. What is Christianity? [M]. London, 1904.

[74] S. J. H. Carrier. Evangelizing the Culture of Modernity[M]. New York: Orbis Books, 1993.

[75] S. J. Nicolas Standaert. Inculturatie Evangelie en Cultur[M]. 1933.

[76] Senior, D. &Stuhlmueller, C. The Biblical Foundations for Misson[M]. New York, 1983.

[77] Taylor, E. B. Primitive Culture[M]. London, 1871.

[78] Tillichi, P. Theology of Culture[M]. Oxford University Press, 1959.